變革時代卓越的
校長領導——國際觀點

Successful Principal Leadership in Times of Change:
An International Perspective

Christopher Day，Kenneth Leithwood 主編

林新發 校閱　　　謝傳崇 譯

SUCCESSFUL PRINCIPAL LEADERSHIP IN TIMES OF CHANGE

An International Perspective

Edited by

CHRISTOPHER DAY

University of Nottingham
UK

and

KENNETH LEITHWOOD

University of Toronto, ON
Canada

目　錄

——— 主 | 編 | 者 | 簡 | 介 ———

Kenneth Leithwood 為加拿大 Toronto 大學教授,他研究學校領導、教育政策與組織變革,撰寫了超過七十篇期刊論文,著作或編輯逾三十本書,是 *International Handbooks on Educational Leadership and Administration* 的主編,最近的作品 *Leadership with Teachers' Emotions in Mind*、*Making Schools Smarter*(3rd edition)、*Teaching for Deep Understanding* 都膾炙人口,每一本書均對學校領導者如何能影響學生學習帶來不同程度的啟發。

Christopher Day 是英國 Nottingham 大學教授,他研究教育領導、學校發展與改革、教師的生活與工作,目前在八個國家進行跨國的卓越學校領導研究,以及九個歐洲國家進行跨國的城市卓越學校領導研究。在這位「教育領導思想家」的著述中,不論 *Teachers Matter*、*Effective Leadership for School Improvement*、*A Passion for Teaching*,甚至 *International Handbook of the Continuing Professional Development of Teachers* 等不同面向的論述,幾乎都對學校教育現場的脈動有著非常深入的觀察與探討。

——校│閱│者│簡│介——

 林新發

現 職

- 國立台北教育大學校長

學 歷

- 國立台灣師範大學教育研究所博士

經 歷

- 國立台北師範學院代理校長
- 國立台北師範學院教務長、學務長、圖書館館長
- 國立台北教育大學教育學院院長
- 教育部科長

重 要 獎 勵

- 行政院國科會研究著作甲種獎助等共 15 次
- 教育部青年研究發明獎研究著作甲等
- 考試院教育行政人員高考及格
- 台灣區教師及教育行政人員專題研究論文競賽特優獎
- 奉總統核定為行政院所屬中央機關保舉最優人員

譯│者│簡│介

謝傳崇

 現職

- 國立新竹教育大學教育學系助理教授
- 國立台北教育大學教育經營與管理研究所兼任助理教授

 學歷

- 英國 Nottingham 大學教育學院博士候選人
- 國立台北教育大學教育政策與管理博士

經歷

- 苗栗縣公館國中校長
- 苗栗縣西湖國中校長
- 苗栗縣中興國小校長
- 苗栗縣汶水國小校長
- 苗栗縣校長主任儲訓班主任
- 國立政治大學教育學院校長培育班兼任助理教授

重要獎勵

- 教育部最高榮譽——教學卓越獎「金質獎」
- 全國學校經營創新特優獎
- 全國創意教學特優獎
- 教育部標竿一百學校獎
- 教育部全國特色學校獎

前｜言

　　縱觀整個西方歷史，每隔數百年就會發生一次劇烈的轉變。在
數十年間，整個社會被重組——無論它的世界觀、它的基本價值、
社會與政治結構、藝術、關鍵制度。五十年後將會有一個新的世
界，而在那個世界裡出生的人們甚至無法想像他們祖父輩所生活於
其中，以及他們父母所出生於其中的那個世界。[1]

　　這段引言簡潔地抓住了我們今日所處之變動的轉型時期。變革是人類
進化中永遠存在的面向之一，自 1980 年代中期，環繞於世界周遭之變革的
範疇與步伐已經急劇加快。國際政治與經濟趨勢已經為全世界的各個組織
創造出一個新的全球情境。這些變革最先是由在國際間從事商務營運之民
間部門組織所感受到。對新興之全球化變革威力的調適雖然並不容易，但
卻是必要的。

　　相對落後於民間部門有數年之久的政府組織，也遭逢到類似需要適應
外部快速無情變革之壓力。今日社會機構中很少有像學校那樣，更能深切
體驗到這些壓力。然而，它們的反應仍然是裹足不前，而且經常是不確定的。

　　未來學者 Kenichi Ohmae 表示：「廚房與櫥櫃的內容物可能有改變，但
文化維繫它們的本體特性，並讓它們下一代社會化的核心機制大多不受影
響。」[2] Ohmae 的引言凸顯了學校在文化傳承中所扮演的關鍵角色，而且反
映了負責保護社會文化價值與規範的組織變革總是比其他組織更緩慢的事實。

1　Drucker, P. (1995). *Managing in a Time of Great Change*. New York: Talley House, Dutton, p. 75.

2　Ohmae, K. (1995). *The End of the Nation State: The Rise of Regional Economies*. New York: Free Press, p. 30.

全球化社會中的變革也在重新形塑學校領導之情境。十年前，一份《UCEA 評論》（*UCEA Review*）的文章中，我宣稱國際視野在未來教育的領導階層中，將扮演愈來愈重要的角色。我將目前業已持續加快腳步趨勢的基本理由，敘述如下：

> 就實務方面，隨著世界的縮小，組織的領導人正轉變成為各國之間的重要聯繫人。國家日益的獨立性加上國際旅行的更加便利，讓領導人能有更多的個人互動。這在教育與其他部門都是事實，此反映在來自國外之學者與學校行政人員的國際訪問活動之快速增加上。
>
> 對資訊與通訊科技之國際性取用愈來愈增加，也對組織之管理有所影響。在真實層面上，它意味著在某一國家情境被用來因應問題之政策與解決方案，大有可能被其他國家所知悉及考慮使用。因此，對全世界的學者及專業人士而言，文化如何形塑領導階層的本質與知識的可攜性兩者的了解，將日益顯著。[3]

如今十年過去，未來已經到來。教育的政策及實務已經走向全球化，各國的政策制訂者審視跨國之教育趨勢，以尋求增加他們在全球經濟中競爭的新方法。此外，有關與學習標準、績效責任、學生爲中心的學習、學習科技、有效能的學校、領導學的發展、以學校爲本位之管理，及與專業學習社群相關聯之管理實務，透過網際網路與高速急流（jet stream）所承載之複雜的政策網絡而被散播。

這就是全球教育的變革情境，Day 與 Leithwood 在此背景下編輯此一新書。全球的領袖如今視教育管理爲國家教育政策執行的重要工具。原因爲

3　Hallinger, P. (1995). 'Culture and leadership: Developing an international perspective on educational administration, *UCEA Review 34*(2): pp. 1, 4.

何？因為研究人員與政策制訂者兩方面都認同，這些教育趨勢相關政策成功的執行，均仰賴學校層級有技巧之領導。

然而，對於能影響卓越學校變革之領導的本質則仍處於灰色地帶，特別是當我們考量到不同社會間之情境差別時。例如，Evans 所表示的：

> 在過去這幾十年來的知識基礎，關於……變革已明顯地增長。
> 某些學者感到我們比過去以往更加能了解創新……，雖然我們確實
> 已經學到許多，然而在我們的知識中卻仍有兩大斷層：訓練與執行
> （Evans, 1996, p. 4）。

將此牢記在心，Day 與 Leithwood 的這本書基於幾個方面的原因，對教育領導領域做出及時的貢獻。首先，本書增加我們對處於不同社會文化情境下，學校中變革之領導有何不同的知識基礎。編者提供了在多個國家情境中，對學校領導變革成功之實證研究個案蒐集。其在情境之廣度與敘述之深度的結合，是超乎尋常而且有助益的。

其次，作者用已知成功的有關變革之學校領導的絕佳總結，提供一個從過去到未來的跳板。他們提出從教育以及組織領導之廣泛文獻中得來的架構，對後續實證研究可說是很有助益的出發點。

其三，本書針對學校領導之理解，明確地採用文化的國際性觀點。其接受欲理解領導須先了解其所運作於其中之情境的脈絡。將領導去情境化，會剝奪我們對於何以領導者做出其作為之理解。因此，本書藉檢視領導在不同文化情境中之作為，並尋求辨識共同點以及歧異處，而使我們對學校層級領導之理解有所貢獻。

其四，學者與從事實務者雙方面，都將會了解在不同國家中學校領導階層之實證敘述。包含書中「實證」的資料，其在本質上為「質性」的。基於我們欠缺對不同社會中情境與領導間之了解，這一點在我看來是適當

的。的確，領導者如何因應他們不同社會文化情境需求的共同點與歧異處兩者，使得本書更加吸引人。

雖然我對國家之廣度主要限於「西方的」文化情境有些許失望，但我對於作者的努力仍給予讚揚。我相信這本書將對這個領域，藉由領導之多國研究所得到的潛在可能性，做出重要的貢獻。

最後，我發現作者在本書結論中總結關鍵論題之嘗試既迷人而且有助益，他們提到：

> 因此，重要的是要驅散此雙重迷思，即：(1)作為「英雄式」或「魅力型」的校長是必要之善或惡，因為它們是互相依存關係……以及(2)除非校長認同決策流程中分佈式的領導，及全體成員合作式的管理，否則他們不能達到成功。在這些國家中之成功範例說明了兩種校長都能夠導致永續卓越。

要了解的是，由作者所得到結論的有效性是暫時性的。然而就我的觀點，他們試圖弄清楚學校領導如何在不同的情境中運作，使得從這類研究中所能取得之價值得到證實。在讀完這本書時，我對於從跨國研究取得潛在效益之個人觀點已經有所轉變。我開始視全球社會如同在不同文化所衍生之學校教育的作為中，進行一種自然的實驗。每個社會都滋長出適合它們本身文化之價值、傳統，及規範不同形式之領導。

綜合言之，我認為這本書對全世界教育管理的學者提出隱而不宣的挑戰。除去來自中國篇章的話，本書所納入之其他八個「個案研究」篇章，只描述了不到世界人口 10% 之社會中學校的領導階層。我會主張藉著以 Day、Leithwood 及其同事們在這本書中所完成之絕佳起點為根據，藉以完成更多。

泰國 Mahidol 大學教授 Philip Hallinger

——校|閱|者|及|譯|者|序——

「領導」會讓人們喜歡上他們原來不喜歡的事物。

懂得「學校領導」的校長，會堅持：事情應該用不同於以往的方式來完成。

「領導」可以讓這個學校變得更美好。

「學校領導」是一項複雜的工程，從建構願景到凝聚共識、從制定目標到策略規畫、從發展人才到組織再造、從管理教學到策略聯盟、從績效管理到創新經營，其包含範圍廣泛。領導也是一門持續發展中的學科，隨著外在環境的變化，領導的理論一直受到不同文化背景和歷史的挑戰與檢驗。透過這樣不斷的淬鍊，也逐漸促使「領導」成為現代社會的顯學。在整個教育發展的進程中，全世界的領袖大多視學校領導為國家教育政策執行的重要工具，他們發現唯有有效能的學校領導，才能成功地執行教育政策。在整個學校領導理念發展的進程中，有不少學者付出畢生的心力，其中又以本書的主編者 Kenneth Leithwood 和 Christopher Day 最為當今教育學者所推崇。

此刻的台灣社會，正面臨世界性金融風暴的衝擊、社會價值觀混淆，以及學校教育轉型「向上提升或向下沉淪」的關鍵時刻，看到這樣巨大的變遷，許多人不免憂心忡忡。事實上，面對環境變遷的挑戰是學校經營的常態。變革領導是領導者因應組織變革的重要課題。本書主編者 Kenneth Leithwood 和 Christopher Day 認為，惡劣的學校環境常常也是學校經營上突破的契機，不過只有具備雄心與創新的學校校長，才能掌握這樣的契機，改變學校的發展，進而提升學生的學習成效。

這本書描述「國際卓越校長計畫」（International Successful School Principal Project, ISSPP）的第一階段跨國研究結果。從 2001 年開始，針對十個

國家或地區（塔斯梅尼亞、維多利亞省、澳洲、英國、加拿大、中國大陸、美國、挪威、瑞典、丹麥），六十三所學校的卓越領導校長，研究其領導的本質，與他們的領導如何影響學生學習，及其背後所支持和引起的力量。

從這些實際的個案中，藉由檢視學校領導在不同文化情境中之作為，尋求共同點以及歧異處，冀望對學校領導之理解有所貢獻。從卓越學校校長的領導中，作者歸納出五項卓越領導的實踐，包括：(1)設定組織的方向（Setting Directions）：建立共同的願景、方向感與清楚的目標；設定並持續提升標準與期望；分析脈絡與澄清問題；建立改進計畫；清楚地表達核心的個人價值。(2)發展人才（Developing People）：提供個別的支持與關心；提供智性的刺激；建構個人的能力與承諾；挑戰當前的教學實踐；建立信賴；促進學校廣泛專業的學習；塑造價值與實踐；大部分的時間在學校可以看見校長。(3)重新設計組織（Redesigning the Organization）：鼓勵合作決策、團隊工作，與分佈式領導；建立支持性的（開放、參與）學校文化；協助創造安全無慮的環境；創造合作的組織結構和環境；與校外利害關係人建立積極性的關係與網絡。(4)管理教學方案（Managing the Instructional Program）：監督進步並確保成員能在實踐中批判反省；聘用合適的成員；提供適當的資源；緩衝學校與班級來自外界的干擾；推薦積極性的教學法給教師。(5)策略聯盟的建構（Coalition Building）：參與政府組織的決策；參與專業組織與網絡；與社區團體建立聯盟；與地區的成員建立良好的工作關係。這些研究發現宛如暮鼓晨鐘般的提醒，值得教育行政者與學校領導人用心來思考。

本書得以順利翻譯出版，要特別感謝心理出版社的大力支持，也要感謝原作者和所有曾經參與、關心與協助的師長、同學，以及芳茹！

林新發、謝傳崇

謹誌於國立台北教育大學

2009 年 7 月

從已知出發

Kenneth Leithwood、Christopher Day

建立階段

這是學校領導的「黃金時代」。改革者大多贊同,他們偏愛的解決方案能在學校成功地運作是很重要的事(如 Murphy & Datnow, 2003)。許多父母相信,對孩子學校教育的關心要獲得校長的注意才能成功。長久以來醉心於「領導傳奇」(romance of leadership)的企業社群成員,運用 Meindl (1995)創造的這個名稱,想當然爾地認為學校的缺點會與他們領導力的缺點相符合。最終,研究社群已經提出充分的證據,使大部分的懷疑論者相信學校領導的重要性(如 Hallinger & Heck, 1996)。現在我們知道,學校領導的變革對於學校提升成效有極大的影響(Hargreaves & Fink, 2004; Leithwood, Jantzi, & McElheron-Hopkins, 2006)。

世界各地的政府和基金會正把大量的資源投注於有潛力領導者的發展,及其中已在位的領導人身上。英國的「國家學校領導學院」(National College for School Leadership)是致力於這方面最顯而易見的模範,實際上,較不為人所知的是,所有已開發國家都正努力於改善現行校長培育計畫的品質,並積極投入創新(如 Hallinger, 2003)。

在面臨大眾要求公立學校更有績效的同時,這種強烈訴求並非來自偶然。此種壓力來自於新自由主義者、新保守主義者和新右派思想體系結盟後,針對國民教育施壓的結果。[1]除了少數的變化外,現在這種結盟的情況正廣被所有政黨所支持及倡導。這種立場有時被稱為「新管理主義」(Peters, 1992),它包含著管理效率和效能,作為改革公立組織的一個關鍵指標。另外,此種立場為教師和學校領導者創造出一個非常不同的工作背景,在這個工作背景之下,要求大部分的教師必須進行專業成長。所以,努力了解政治環境對學校領導者工作的重要性是相當必要的。

書中的證據

本書描述「國際卓越校長計畫」(International Successful School Principal Project, ISSPP)的第一階段研究結果。從 2001 年開始,在今日要求績效責任的背景之下,我們的研究計畫致力於針對卓越的校長所做的事有更進一步的了解,內容或多或少根據我們所研究的八個已開發國家中的卓越領導人而來,包括:較多是探討澳洲塔斯梅尼亞(Tasmania)(第二章)、澳洲維多利亞省(第三章)、英國(第四章)、加拿大(第八章)、中國大陸(第九章)和美國(第十章);另外也稍加論及挪威(第五章)、瑞典(第六章)以及丹麥(第七章)。

在可能的情況下,研究中的學校和校長們是依據以下證據來挑選:

1. 學生成就表現超出了各州或國家測驗預期之上的。

2. 校長們在社區或學校系統中具有典範的聲望。

3. 其他特定國家或區域的成功指標(如:實踐民主的領導能力)。

---

[1] 此見解來自 Leithwood、Jantzi 和 Steinbach(2002)的著作。

　　這些評鑑標準總結在表 1.1，以確保挑選出來的校長都是基於共同的標準下所定義的「卓越」。

　　在編寫本書時，我們已經蒐集有關六十三所學校卓越校長領導的證據。表 1.2 總結這些學校主要特點，包含學校級別（國小、國中和高中）、規模，以及學校背景脈絡和位置／地區。在大多數的國家，各階段的學校都包含在我們的樣本中。這些學校的背景脈絡、所在地區和規模大小都相當多樣化。但是，我們並未有系統地調查校長領導和任何變項之間的關係。根據質性研究標準，這是非常大規模的教育領導實證——可能是個史無前例的數字，由使用大量相似的資料彙集的共同觀點來引導。

　　這些案例的證據由代表性的文件評論，以及與校長、教師、學生和家長的訪談所構成。為了要進行分析，幾乎所有訪談都是以錄音記錄並謄寫成文字。儘管當初是進行六十三所學校的個別報告，但在本書中的章節則是提供了每個國家個案研究報告的綜合結果，而非獨立個案。不可避免的是，這類型的綜合報告會失去一些在個別案例中存在的豐富細節，但也提

表 1.1　校長與學校遴選／選拔標準

遴選校長的標準	國家（第幾章）
學校名聲／聲譽	2、3、7、9、10
卓越學校方案	2、9
在校長同儕和／或高級行政主管眼中的校長聲望	2、3、4、7、8、9
學生成就超出預期或經過一段時間後的改善	2、3、4、5、6、7、8、9、10
學生認同感	2、3、7
學生社會發展	3、6
符合民主價值的行為表現	5
學校創新教學策略的提升	5
安全及融合的校園環境	5
有效率且靈活運用資源	5
用民主和協同的方法決策	5、7

表 1.2　學校特色

國家	學校數	學校等級	學校規模 (學生數)	背景和地區
澳洲塔斯梅尼亞	5	小學×1 完全中學×1 高中×3	225～551 (m=410)	公立，鄉下和郊區
澳洲維多利亞省	9	完全中學	120～1330 (m=511)	公立，私立的天主教市區學校；
英國	10	完全中學	200～1830 (m=639)	市區和郊區；挑戰性的社會環境
挪威	12	完全中學	140～950 (m=360)	公立；市區；農村和半鄉下
瑞典	4	國中／初中	120～1250 (m=568)	鄉下，市區
丹麥	8所中的 2所	完全中學	350～500 (m=400)	市區，郊區
加拿大	6	小學	300～650 (m=400)	市區，郊區，鄉下
中國大陸	2	高中×1 國中×1	1625～2000 (m=1812)	市區
美國	7	小學×5 初中×1 高中×1	397～833 (m=617)	市區，郊區，鄉下

供我們一個跨越個案及國家相似和相異更好的觀察，這也是我們在寫作本書時的一個主要初始目標。更具體來說，本書的研究內容，旨在闡明卓越校長領導的本質、這樣的領導力如何影響學生學習，及其背後所支持和引起的力量。我們的研究也致力於發現各國間為卓越所做不同的註解，以及進行雷屬風行的評鑑與績效的評估下，又會如何影響卓越校長的實踐作為。

初始知識庫的樣本架構

卓越的領導是一個高度相互作用的事務。的確，我們傾向同意Wood所說的：「……領導的本質不是單一的社交行動，而幾乎是一種既沒有開始，也沒有結束的微妙指導關係、行動和導向。」（2005, p. 1115）在這種關係中，相互性是根本的要素，也因此，如果說要定義對於一個充滿「領導」關係組織的貢獻，那便是經由逐漸浮現的共同方向感，伴隨著「可被察覺的」影響力，以及最後組織成員們皆往同一個願景前進。方向感和影響力幾乎可說是所有領導觀念中的核心。

儘管我們在這裡所描述的領導本質是既微妙又錯綜複雜的，但至少在我們的研究中，許多卓越的校長領導案例（things）是相當明確的敘述，就像在圖 1.1 中的說明。我們簡易地把這個圖視為一般工具，可以用來理解任何專業團體（例如教學、會計、律師業，而不只是校長事務）的組織研究。它是關於：

- 組織成員的實際行為（他們公開的作為或行為——圖 1.1 的自變項）。
- 激發成員行為的因素（例如：校長們的先備經驗、價值觀、信念——圖 1.1 的前置變項）。
- 行為的最重要成效（例如：學生的學習——圖 1.1 的依變項）。
- 提高和降低行為效力影響的因素（例如：教師信任——圖 1.1 的調節變項）。
- 促成重要成效的組織因素（例如：學校文化——圖 1.1 的中介變項）。

針對我們稍早對於領導的定義再次釐清，連結圖 1.1 中的變因並不傾向暗示圖中的各要素在現實世界中是線性的或只是單向性的關係。這些關係線傳達出一個有助於研究者的簡單邏輯，那便是可針對專注於一些特定研究成果的類型。對圖的理解也有助於獲得更好的了解，了解我們的研究成

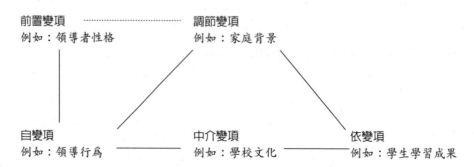

圖 1.1　校長領導的知識架構

果如何與他們的行為結合。例如，相同的一套校長領導行為對於學生學習是否能產生間接影響，有很大的部分是取決於教師對他們校長的信賴程度，就這一點而言，便有其重要的實務應用價值。

因此，這個圖表在某種程度上有助於組織和闡明一些研究成果的目的，而這個部分經常是較難以達成的。在量化研究個案中，如果研究者真要使其資料有研究意義，則澄清各變項間的關係概念是必需的。

但我們仍須強調的是，圖 1.1 並不算是一個「理論」。所以，更確切地說，它可作為一個為了組織發展或測驗理論的一種工具，或以本章的內容來說，是用來描述先前努力的結果。為釐清此點，Lord 和 Maher（1993）已經發展了一套理論，可供解釋組織成員如何把「領導」歸因於某些成員，而非其他人。這個理論認為，人們的領導「模範」（prototype）是數個屬性來源之一。模範就是從早期且長期發展的認知結構，用來判斷成員的行為標準基礎。當那些行為符合了關注的領導標準時，人們傾向於接納這位同儕（或同儕團體）為「領導者」，因此自願成為一位「追隨者」，但這是暫時性的。這個理論認為，教師們的領導模範可能是校長領導實務中重要的控制變項；而且，它是一個禁得起考驗的理論。然而，這個領導模範理論的簡要敘述有助於解釋清楚，圖 1.1 對於組織現行理論和證據是有用的，或

是自身透過組織產生一些理論和證據，而不是變成其他任何事物的理論。

這一章其餘的部分旨在讓讀者了解，我們延伸的知識基模。但是在我們繼續探討之前，有兩點需要留意：第一，我們的評論必須對先前的研究成果提供一致性的解釋，儘管我們並未像團隊般一致，只是給予讀者一個啓示，去面對大規模、多團隊的國際性研究。第二項提醒是，我們並無意提出全面性的主張。儘管我們希望能夠如此，但本章節只能提供一個從我們研究所得到的知識庫的樣本。

 ## 卓越的校長領導實踐

顯然大多數最新的教育領導研究都與校長或首長的工作相關，即圖 1.1 的自變項。我們還知道更多超乎我們所做的研究，例如，有關於領導實踐的來源，或如何控制及調整對學生的影響。此外，在非學校組織完成的研究證據，常能證實和支持學校裡領導研究的成果。[2]

整體來看，這個證據指出四個有關領導實踐的主要類型。Hallinger 和 Heck（1999）歸納成三個類型：「目的」、「人力」以及「結構和社會系統」。Conger 和 Kanungo（1998）則談到「願景策略」、「效能建構策略」和「脈絡變革策略」。Leithwood（1994）的分類是「設定方向」、「發展人才」和「組織再造」。這些實驗中，有很多更具競爭力、方向性和考量的相似實踐類型。在卓越的學校領導實踐背景中所提及的證據，每一個主要的類型都可以發現四個容易理解的主要來源，包括：Leithwood 和 Riehl（2005），以及 Leithwood、Day、Sammons、Harris 和 Hopkins（2006）評論目前已知的卓越學校領導實踐；現在給學校領導者的ISLLC標準（Council

---

2 關於卓越領導的研究綜觀，係根據 Leithwood 和 Riehl（2005）在美國教育研究學會所進行的研究評論。

of Chief School State Officers, 1996）已不只在美國四十個州正式通過，並作為領導發展方案的初期及後續的核心目標；顯然 Hallinger（2001）的教學領導模式已具體指出有效的教育領導概念；而 Waters、Marzano 和 McNulty（2003）提出一個影響學生學習的特殊領導實踐之後設分析。

領導實務的第四類型：「管理教學方案」，對學校來說是獨一無二的，明確地反映出校長在改善教學時的角色。這種關切已經引起對教學領導模式的興趣，尤其是在北美十分受歡迎。在本書的大多數章節中，可以發現致力於這四種類型實踐的卓越校長，而有數個章節明確地勾勒出在此種領域範疇中致力發現的部分（第八章和第十章）。

建立願景與設定方向

這個實踐的類型說明了大部分的領導成果。領導實踐中，「方向設定」的核心功能之一就是激勵，大多數的激勵理論（如 Bandura, 1986）主張，人們會為了自己而被激發去完成個人重要的目標。建立在這樣的理論上，這個類型的實踐不只是致力於確認學校組織的重要目標，同時，也令個別組織成員將學校組織目標融入個人目標中，除非這麼做，否則組織的目標便沒有誘導激勵的價值。因此，領導者可以在這類實踐上花費很多時間。在這個類型之中，包括三項較具體的實踐，目的皆在學校或學區產生一個兼具個別與集體合作的焦點——確認並連結一個願景，培養一致的團體目標和展現高成果的績效表現。

了解和發展人才

有三項代表性的具體實踐與這個主要的類型相結合，包含提供個別成員的支持、給予智性上促進反思的刺激，和塑造渴望的價值與實踐。整體來看，這個實踐類型旨在建立才能——不僅僅是成員的知識和技能，而且是在具挑戰性的環境中，他們能堅持應用知識與技能的性格。社會心理學

理論（Bandura, 1986）告訴我們，被激勵的成員會堅持他們感到有效的任務，而他們的效能感（efficaciousness）通常強烈地被有效能的正式與非正式發展的優勢經驗所影響；並且，高度地激發可以建立具優越感的領導才能。

組織設計

在這個概括的類型中，包含三項特定的領導實踐：建構合作文化、創造支持性的文化，以及和家長、家庭發展有效的經營關係。這些實踐目的在於建立工作條件、組織的基礎建設，使成員能將其幹勁和能力發揮極致。這類型的實踐，是依據上述「了解和發展人才」研究對領導成效的貢獻而來。透過 Bandura（1986）的人類動機理論（社會認知理論）的觀點，可以理解這項意義深遠的成效。當人們身處於相信自己可達成重要目標的情境中時，他們將被激起鬥志。

管理教學方案

有關這領域實踐的證據，從多年前研究有效能的學校時即開始浮現（如 Reynolds, 1998）。這些證據顯示，能使學生學習產生顯著不同的學校領導者，特別花心思在他們學校的教與學上，但究竟是何種教學上的管理其影響最為重大，原因仍是不明。例如，Hallinger（2003）發現，在他的教學領導模式中，那些密切關注教師班級實務，以及對其視導的管理實務成效，不如將領導廣泛地用在學校組織上的成效好。其他以領導與管理行為來評估學校校長效能的研究（如 Leithwood & Jantzi, 1999, 2000），發現愈廣泛地關注校長管理行為，愈能解釋大部分校長效能和領導行為，是以，領導很重要，如同在一個班級中，特別是創造穩定性與強化基本設施。即便如教學領導所經常倡議的「趨近教室」（close to the classroom）之領導方式，但是再多的監督也難在教室發揮影響力。

還有四類領導實踐模組包含在這個廣義的範疇，同時帶入 Hallinger 的

教學領導模式，以及由 Leithwood 和 Jantzi（如 1999, 2000, 2005）所發展，且有愈來愈多的證據顯示其對學生有影響的學校轉型領導模式。這四項實踐包括：學校教師配置與學校重點相互吻合（這項實務在前述三項已提過的領導說明中並未指涉）；第二，提供教學支援（三項比較中都含有這項實踐的觀點）；第三，監控學校活動（三項比較中很重要的一點）；第四項，減緩成員對於工作上的焦慮不安，這項也包含在 Hallinger 的「保障教學（教育）時間」，以及其他多項領導者在這目的中所提到的不同策略。

總而言之，這裡描述的領導實踐反映當前卓越領導者的領導行為，他們並非在同一時間做完全部的事情。例如：領導者不須每天創造一個共享的願景，但他可能每天想不同的方式來強化願景。另外，領導者執行每項作為的方式依據情境而多樣性（也可能因為個人風格）。例如，將失敗的學校成功轉型之校長，對於向成員行銷他們的願景、觀點比合作發展願景有更多著墨；當他們在學校中，而不是在危機中時，能適時地採取「救援任務」（Nicolaidou & Ainsow, 2005）。

卓越校長領導的中介因素

大部分卓越校長領導對於學生學習的影響是間接的。為提升學生的學習成效，校長必須執行一些影響其他同僚的積極作為，如：對老師，以及學校對學生有直接且足見影響的關鍵因素。如圖 1.1 中，這些是中介變項。

當為數可觀的證據指出，教室和學校條件或多或少會直接影響學生學習，卻少有證據顯示一位校長如何成功地影響學生學習。本章節的一項重要貢獻就是可以提供此證據。一些校長參與的教室層級變項，例如包含：工作時數（time on task）（Smyth, 1987）、教師能力（Glass, 2002）、教學品質／教學氣氛（Biddle & Dunkin, 1987）、充滿想法並能使學生充分學習的課程（Brophy, n.d.），以及監控學生進步的過程（Walberg, 1984）等。

學校層級的變項也對校長工作提供重要的焦點，包括：安全有秩序的學校氛圍（Teddlie & Stringfield, 1993）、成員共同參與校務決策（Conley, 1991）、學校文化（Deal, 2005）、教師的組織承諾（Dannetta, 2002）、集體教師效能（Goddard, Hoy, & Hoy, 2000）、專業社群意識（Louis & Kruse, 1995）、組織學習（Silins & Mulford, 2004）和學校目標（Hallinger & Heck, 1996）等。

 ## 卓越校長領導的調節因素

調節變項是指領導者工作所處之組織性或社會情境特質，例如，教室或學校內的情況，這樣的交互作用可能改變關係的力量或本質（抑制或提高它們）。同樣的校長行為，可能依據教師的性別、年齡、壓力的程度，對教師有相當不同的效果。的確，在學校經歷過數任校長的教師，大部分常成為校長一切影響力的抗拒者（Hargreaves & Fink, 2004）。

早期研究證據顯示，至少有六個變項有抑制領導效能的可能：學生背景（Hallinger, Bickman, & Davis, 2000; Seashore Louis & Miles, 1990）、學校位置（Seashore Louis & Miles, 1990）；學校規模（Howley, 2002）、信任程度（Tyler & Degoey, 1996），以及公立或私立學校（Bryk, Holland, Lee, & Carriedo, 1984）。雖然還有累積一些關於其他潛在控制變項的證據，但在Leithwood和Jantzi（2005）最近的研究中也發現一樣的模式，那就是學生成就、家庭教育文化、組織文化、共同學校目標，及連貫的計畫和政策，都能提高或擴大領導效能的結果。

卓越校長領導的前置因素

引導卓越校長領導的因素可能包括如：在職學習、專業發展經驗、社會化過程、個人性格。在圖 1.1 連結前置和調節變項的虛線顯示，一個研究的前置變項可能變成另一個研究的調節變項；這些可能是理論上可辯論的不同之處。「政策背景」就是個可以為前置變項、也可以是調節變項的例子。假如研究題目為「校長使用教學領導行為的頻率對績效責任（accountable）政策背景衝擊之研究」，政策背景即為前置變項；但如果題目是「績效責任的政策背景引起或抑制教學領導行為對學校合作文化發展的程度」，那麼此處政策背景則是調節變項。

變項如何分類是個值得關注的觀點。同一個變項實際上可能成為前置變項、調節變項、中介變項或依變項，這些完全是依據用以引導領導效果研究的理論或是架構而定。引用一個常見的例子，在測試有關領導成效對於教師效能的研究中，成員信任是一個調節變項，但信任在領導研究中被視為一個相關的測量工具，研究者對於領導者行為感到好奇時，更提升它的發展（如 Kouzes & Posner, 1995）。信任也被設定為研究中的中介變項，例如，考量領導者行為與成員接受其決定的影響（Tyler & Degoey, 1996）。卓越領導行為對領導者而言是本質，同時也是他們外在環境的要素。

內在要素：特質與性格

學校領導研究尚未對於領導者的內在活動多有著墨，除了對其價值（如 Begley & Johansson, 2003）和認知歷程（如 Leithwood & Steinbach, 1995）的研究之外。然而，集結過去超過十五年在非學校背景的證據，是對於領導者的性格有著廣泛關注，即使這個觀點在多年前曾被積極地反對過（如 Stogdill, 1948）。這個證據指出領導者的動機、自我勝任感、能力，以及樂

觀、率眞等人格特質的重要性（Popper & Mayseless, 2002）。如Antonakis和House所言：「有一種具說服力的論調，那便是結合人格特質的證據，形成組織行爲的理論。」（2002, p. 23）

　　有關非學校背景之領導內在歷程的最新研究中，在 Zaccaro、Kemp 和Bader（2004）最近的評論中完整呈現，這篇評論將領導者內在歷程分類爲認知能力、人格、動機，以及社會評估技巧。**認知能力**部分，這篇評論指出卓越的領導與高於一般平均的智能有關，相對來說，也和在組織（如：學校）背景中具有高度解決複雜問題能力有關，這些結論與專家和非專家學校領導者解決問題能力的證據有異曲同工之妙（Leithwood & Steinbach, 1995）。Zaccaro 等人的評論也發現，領導效能與創新、擴散思考與後設認知的技巧有關。

　　Zaccaro 等人提出近十年最大宗的領導者特質研究，都關注在領導者的「人格」。大部分這類研究專注在「五大人格」（the big five）領導者人格要素：情緒穩定性、外向性、開放性、和善性、嚴謹性。

　　　　這些研究發現，五大人格要素與領導之間，絕大多數有緊密的關係。Judge 等人（2002）研究報告指出，與領導有.48 的多重相關值（2004, p. 112）。

　　除了這五大人格要素之外，他們發現，卓越領導和社會參與之間的重要關聯。有些證據也顯示，卓越領導與樂觀、前瞻（proactivity）、內在控制與教養有關。於**動機方面**，大致與在 Zaccaro 報告中提及的卓越領導需要支配、權力、責任與成就有關。即使研究目的各不相同，顯示卓越領導者似乎不會受到歸屬需求所鼓動。

　　根據Zaccaro 等人（2004）指出，領導者的**社會智慧和社會評估技巧**已是許多研究的目標。此外，Goleman 和他的同事（2002）所推廣的觀念情緒

智商（EQ）也是人格特質分類下的一部分，但特別關於領導者情緒智商的研究仍然相當新穎。

　　大致上而言，領導者的人格特質（社會智慧和情緒智商、社會評估能力），可指出領導者對於同事情緒能正確體察的能力、辨別複雜的社會環境、做出有助於解決問題的反應，與了解和管理個人的情緒。總而言之，社會智慧對卓越領導有很大的控制力。這樣的關係可能會依據不同型態的工作而在領導效果上有所不同。例如，Wong 和 Law 建議：「情緒管理技巧與高度情感介入的工作表現有強烈的關聯。」（引自 Zaccaro et al., 2004, p. 116）既然校長之職位可說是情緒勞務工作，關注於社會智慧與相關人格特質，儼然成為後續研究學校領導的依據。

內在前置因素：價值觀與信念

　　關於卓越領導者的價值觀和信念的學校本位研究，已經在 Leithwood 和 Steinbech（1995）延伸，並節錄自 Begley（1988）、Raun（1994）以及 Campbell-Evans（1988）的一系列相關研究中成為焦點。這項研究的結果描述「專家」領導者價值觀與信念的四大類別，包含人類基本價值觀，如自由、快樂、生存；一般道德標準，如：公平、關懷、勇氣；專業價值觀，如：角色責任、重視學生；社會和政治的價值觀，如，參與、分享、忠誠。這一系列的研究說明，學校領導者的人性基本價值觀以及專業價值觀控制著他們所做的決定。研究也發現專家領導者與一般領導者相比較時，相同的大部分價值觀引導著他們；將價值觀做更好的運用來解決學校複雜問題；更重視決策對於學生所產生的影響；以及領導的績效責任扮演更重要的引導角色。

外在前置因素

　　有關激發校長領導作為的外在要素證據並不多。雖然已探索出某些變

項，但很少有針對這些變項的研究。這項忽視令人驚訝，因為有大量的教育領導文獻主張，領導者工作的背景對於他們的領導作為有很大的影響。領導者工作背景的重要性已促成許多一次一個背景的領導研究，例如：學校改革（如 Brooks, Scribner, & Eferakorho, 2004）、科技（Anderson & Dexter, 2005）、少數族裔學生人口（如 Riehl, 2002），以及社會正義（Shields, 2004）。這些「一次一個背景」（one-context-at-a-time）的研究幾乎沒有告訴我們，領導者的工作背景與領導行為的相關性。假如我們要釐清激發卓越領導實踐的要素，我們需要外在前置因素的證據。

從我們的證據中，可以期待什麼？

在相隔七年所發表的兩篇報告中，Bryman 和他的同事發現質性方法在研究領導時的優勢以及限制。首先，這些分析（Bryman, Stephens, & Campo, 1996）主張當領導者面對狀況時，質性研究顯示領導成為妨礙或有益（控制）組織的可能性。同樣地，第一份分析提出的證據應該有助於了解領導行為；詳細地說，即領導對組織型態或部門工作本質的影響。

近來 Bryman（2004）的分析與大量的量化研究比較，揭露這樣研究的實際貢獻，他的分析是植基於超過七十篇質性領導研究的評論。此種質性研究的獨特貢獻包括：對組織背景和領導風格變項的高度敏感；常以縱向的觀點來看領導；以及高度關注領導在引導組織變革中的角色。

根據 Bryman（2004）的分析，相較於領導的量化研究，質性研究較少的累積量，較少確認和建構先備（previous）證據，以及有著更加薄弱的外在效度。近來刊登在重要的英國期刊中，有關質性學校領導研究的分析有同樣的結論（Leithwood & Levin, 2005）。在 Bryman 所列的限制中，這篇最近的分析補充說明，這樣的研究充其量只有提供領導對於組織產出結果的薄弱證據，通常不能檢測主要變項的變化程度及其影響。

　　對質性研究非累積（non-accumulative）的本質有個重要的方法，就是將研究奠基於先前的理論和證據上。雖然執行我們的計畫是很辛苦的，但我們的研究努力比起一些完美理性世界所認爲的理想研究數量，是不夠龐大，顯得較爲片斷。而且一些國家團體的更大興趣卻在於它們資料的分析上，但這個計畫提供所有參與計畫成員，爲發展卓越領導的一致性意義開啓一條道路。

　　我們將研究成果呈現於後續一系列聚焦於卓越校長或領導的章節中，每個章節都有值得注意的不同假定和概念的眼光。例如：加拿大和美國章節建構於非常類似的先備證據，並透過相當雷同的概念性觀點來審視卓越校長的工作；丹麥與瑞典的篇章則是單獨採取獨特的初始假定和引導概念。譬如，在一個單一研究方案中，因爲蒐集相當數量的證據，不可避免地減少變項的數量，而可以全面透視所探索的變項。

參考文獻

Anderson, R., & Dexter, S. (2005). School technology leadership: An empirical investigation of prevalence and effect. *Educational Administration Quarterly, 41*(1), 49–82.

Antonakis, J., & House, R. J. (2002). An analysis of the full-range leadership theory: The way forward. In B. Avolio & F. Yammarino (Eds.), *Transformational and charismatic leadership: The road ahead* (pp. 3–33). Amsterdam: JAI Press.

Bandura, A. (1986). *Social foundations of thought and action.* Englewood Cliffs, NJ: Prentice Hall.

Begley, P. (1988). *The influence of values on principals problem solving.* Toronto: University of Toronto, Unpublished doctoral dissertation.

Begley, P., & Johansson, O. (Eds.). (2003). *The ethical dimensions of school leadership.* Dordrecht, The Netherlands: Kluwer.

Biddle, B. J., & Dunkin, M. J. (1987). Effects of teaching. In M. J. Dunkin (Ed.), *The international encyclopedia of teaching and teacher education* (pp. 119–124). Oxford: Pergamon Press.

Brooks, J. S., Scribner, J. P., & Eferakorho, J. (2004). Teacher leadership in the context of whole school reform. *Journal of School Leadership, 14*, 242–265.

Brophy, J. (n.d.). *Teaching: A special report presented by the laboratory for student success.* Philadelphia, PA: The Mid-Atlantic Regional Educational Laboratory, Temple University.

Bryk, A., Holland, P., Lee, V., & Carriedo, R. (1984). *Effective catholic schools: An exploration.* Washington, DC: National Catholic Educational Association.

Bryman, A. (2004). Qualitative research on leadership: A critical but appreciative review. *The Leadership Quarterly, 15*(6), 729–769.

Bryman, A., Stephens, M., & Campo, C. (1996). The importance of context: Quantitative research and the study of leadership. *Leadership Quarterly, 7*(3), 353–370.

Campbell-Evans, G. (1988). *Nature and influence of values in principals' decision making.* Toronto: University of Toronto, Unpublished doctoral dissertation.

Conger, C., & Kanungo, R. (1998). *Charismatic leadership in organizations.* Thousand Oaks, CA: Sage.

Conley, S. (1991). Review of research on teacher participation in school decision making. In G. Grant (Ed.), *Review of research in education 17.* Washinton, DC: American Education Research Association.

Council of Chief School State Officers. (1996). *Interstate school leaders licensure consortium.* Washington, DC: Council of Chief School State Officers.

Dannetta, V. (2002). What factors influence a teacher's commitment to student learning? *Leadership and Policy in Schools, 1*(2), 144–171.

Deal, T. (2005). Poetical and political leadership. In B. Davies (Ed.), *The essentials of school leadership* (pp. 110–121). Thousand Oaks, CA: Sage.

Glass, G. V. (2002). Teacher characteristics. In A. Molnar (Ed.), *School reform proposals: The research evidence* (pp. 95–112). Greenwich, CT: Information Age Publishing.

Goddard, R., Hoy, W., & Hoy, A. (2000). Collective teacher efficacy: Its meaning, measure and impact on student achievement. *American Educational Research Journal, 37*(2), 479–507.

Goleman, D., Boyatzis, R., & McKee, A. (2002). Primal leadership. Boston, MA: Harvard Business School Press.

Hallinger, P. (2001). *The principal's role as instructional leader: A review of studies using the "Principal Instructional Management Scale".* Paper presented at the annual meeting of the American Educational Research Association, Seattle, WA.

Hallinger, P. (2003). Leading educational change: Reflections on the practice of instructional and transformational leadership. *Cambridge Journal of Education, 33*(3), 329–351.

Hallinger, P., Bickman, L., & Davis, K. (2000). School context, principal leadership and student achievement. *Elementary School Journal, 96*(5), 498–518.

Hallinger, P., & Heck, R. (1996). Reassessing the principal's role in school effectiveness: A review of empirical research, 1980–1995. *Educational Administration Quarterly, 32*(1), 5–44.

Hallinger, P., & Heck, R. (1999). Next generation methods for the study of leadership and school improvement. In J. Murphy & K. Louis (Eds.), *Handbook of research on educational administration* (2nd ed., pp. 141–162). San Francisco: Jossey-Bass.

Hargreaves, A., & Fink, D. (2004). The seven principles of sustainable leadership. *Educational Leadership, 61*(7), 8–13.

Howley, C. (2002). Small schools. In A. Molnar (Ed.), *School reform proposals: The research evidence* (pp. 49–78). Greenwich, CT: Information Age Publishing.

Kouzes, J. M., & Posner, B. Z. (1995). *The leadership challenge: How to keep getting extraordinary things done in organizations* (Revised ed.). San Francisco: Jossey-Bass.

Leithwood, K. (1994). Leadership for school restructuring. *Educational Administration Quarterly, 30*(4), 498–518.

Leithwood, K., Day, C., Sammons, P., Harris, A. and Hopkins, D. (2006). *Seven Strong Claims about Successful School Leadership.* Nottingham: DfES/NCSL.

Leithwood, K., & Jantzi, D. (1999). The relative effects of principal and teacher sources of leadership on student engagement with school. *Educational Administration Quarterly, 35*(Supplemental), 679–706.

Leithwood, K., & Jantzi, D. (2000). *The transformational school leadership survey.* Toronto: OISE/University of Toronto.

Leithwood, K., & Jantzi, D. (2005). *A review of transformational school literature research 1996–2005.* Paper presented at the annual meeting of the American Educational Research Association, Montreal, QC.

Leithwood, K., Jantzi, D., & McElheron-Hopkins, C. (2006) 17(4), 441–464. The development and testing of a school improvement model. *School Effectiveness and School Improvement.*

Leithwood, K., & Levin, B. (2005). *Understanding leadership effects on pupil learning.* Toronto: Paper prepared for the UK Department of Skills and Education.

Leithwood, K., & Riehl, C. (2005). What we know about successful school leadership. In W. Firestone & C. Riehl (Eds.), *A new agenda: Directions for research on educational leadership* (pp. 22–47). New York: Teachers College Press.

Leithwood, K., & Steinbach, R. (1995). *Expert problem solving: Evidence from school and district leaders.* Albany, NY: SUNY Press.

Lord, R. G., & Maher, K. J. (1993). *Leadership and information processing.* London: Routledge.

Louis, K., & Kruse, S. (1995). *Professionalism and community: Perspectives on reforming urban schools.* Newbury Park, CA: Corwin Press.

Meindl, J. R. (1995). The romance of leadership as a follower-centric theory: A social constructionist approach. Leadership Quarterly 6(3), 329–342.

Murphy, J., & Datnow, A. (2003). Leadership lessons from comprehensive school reform designs. In J. Murphy & A. Datnow (Eds.), *Leadership lessons from comprehensive school reforms* (pp. 263–278). Thousand Oaks, CA: Corwin Press.

Nicolaidou, M., & Ainscow, M. (2005). Understanding failing schools: Perspectives from the inside. *School Effectiveness and School Improvement, 16*(3), 229–248.

Peters, M. (1992). Performance indicators in New Zealand higher education: Accountability or control? *Journal of Education Policy, 7*(3), 267–283.

Popper, M., & Mayseless, O. (2002). Internal world of transformational leaders. In B. Avolio & F. Yammarino (Eds.), *Transformational and charismatic leadership: The road ahead* (pp. 203–230). Oxford: Elsevier Science Ltd.

Raun, T. (1994). *Approaches to complex problem solving by superintendents of education.* Toronto: University of Toronto, Unpublished doctoral dissertation.

Reynolds, D. (1998). The study and remediation of ineffective schools: Some further reflections. In L. Stoll & K. Myers (Eds.), *No quick fixes: Perspectives on schools in difficulties* (pp. 163–174). London: Falmer Press.

Riehl, C. (2002). The principal's role in creating inclusive schools for diverse students: A review of normative, empirical and critical literature on the practice of educational administration. *Review of Educational Research, 40*(1), 55–81.

Seashore Louis, K., & Miles, M. B. (1990). *Improving the urban high school: What works and why.* New York: Teachers College Press.

Shields, C. (2004). Dialogic leadership for social justice. *Educational Administration Quarterly, 40*(1), 111–134.

Silins, H., & Mulford, B. (2004). Schools as learning organizations - effects on teacher leadership and student outcomes. *School Effectiveness and School Improvement, 15*(3–4), 443–466.

Smyth, W. J. (1987). Time. In M. J. Dunkin (Ed.), *The international encyclopedia of teaching and teacher education* (pp. 372–380). Oxford: Pergamon Press.

Stogdill, R. M. (1948). Personal factors associated with leadership: A survey of the literature. *Journal of Psychology, 25*, 35–71.

Teddlie, C., & Stringfield, S. (1993). *Schools make a difference: Lessons learned from a 10-year study of school effects.* New York: Teachers College Press.

Tyler, T. R., & Degoey, P. (1996). Trust in organizational authorities: The influence of motive attributes on willingness to accept decisions. In R. M. Kramer & T. R. Tyler (Eds.), *Trust in organizations: Frontiers of theory and research* (pp. 331–356). Thousand Oaks, CA: Sage.

Walberg, H. (1984). Improving the productivity of America's schools. *Educational Leadership, 41*(8), 19–27.

Waters, T., Marzano, R. J., & McNulty, B. (2003). *Balanced leadership: What 30 years of research tells us about the effect of leadership on pupil achievement. A working paper.* Aurora, CO: Mid-continent Research for Education and Learning.

Wood, M. (2005). The fallacy of misplaced leadership. *Journal of Management Studies, 42*(6), 1101–1122.

Zaccaro, S., Kemp, C., & Bader, P. (2004). Leaders' traits and attributes. In J. Antonakis, A. Cianciolo, & R. Sternberg (Eds.), *The nature of leadership* (pp. 101–125). Thousand Oaks, CA: Sage Publications.

塔斯梅尼亞卓越的學校校長領導

Bill Mulford
塔斯梅尼亞大學教育系學習研究小組領導人

 引言

　　本章集結了近期關於卓越經營的學校領導回顧，以及從這些經驗所建立的領導模式，並略述其研究方法及調查結果，這些調查結果是從國際卓越校長計畫（ISSPP）──澳洲（塔斯梅尼亞）部分所選出的。由豐富的案例資料，本章呈現一個初期可檢測卓越學校校長的模式（model），此初步模式與其他卓越校長領導模式具有相同性，且持續高度的發展。

 ## 近期卓越學校領導之文獻

　　近期一篇回顧卓越學校經營策略的文獻（Mulford & Johns, 2004）指出，卓越教育領導者應該了解並有效地執行「why」以及「how」。而 why 包括了下面幾項：

- 由於各項多變、複雜的技術性、經濟、社會及政治力量施加於學校，領導者應當了解、參與並加以控制。值得一提的，應當特別重視多元族群及績效責任（accountability）。這些狀況可視為某些「外在因

素」（outsiders）試圖改變學校「內部環境」（inside）。

- 廣泛了解什麼是有效的教育領導政策，包括公平性及社會正義等議題。

而「how」則是指教育領導者應當能創造、獲得、溝通，並智慧地運用其知識，例如，將知識社會的了解轉化成學校／社區目標及過程。本研究建議，此目標應透過建立下列能力來追求：

- 選擇並列出優先順序（例如：以社會正義和深化民主為依據）。
- 提供平衡（例如：領導與管理之間，計畫與自然發生之間）。
- 提供連結（例如：在教育專業及其他社群之間）。
- 提供凝聚力，分享看法、領導權和績效責任。
- 關心他人、合作和協商（透過分佈式領導及績效責任）。
- 最重要的——學習。學習包括建立評論、判斷以及負責任言論的能力，在必要的狀況下，也須學會變通。能力建立的過程可同時包括其發展和轉變。

我們可以從ISSPP澳洲塔斯梅尼亞的實際例子發現到什麼？以及如何將這些發現與近期關於學校領導策略的文章比較？使用文獻和個案研究結果之前，我們轉化個案研究的方法論和發現，以建立更能了解影響卓越學校領導因素的初期模式。

研究方法

學校選擇

五所位於塔斯梅尼亞的州立學校展現了優良的領導策略，因而被選為研究對象。評斷標準以學校名聲為主，以及現任校長的聲望（有三間學校則是包括前任校長），和學生表現。學生表現有多種方式可作為衡量，包

括學業表現，例如州政府舉行的測驗結果比較，以及學生對於學校活動的參與及滿意程度，衡量方式可利用學校出席率、退學率、輟學率，以及畢業後的就學率。領導策略是否「卓越」，是從地區、州政府以及國家等各角度來衡量學校的課程安排（curriculum）[1]。學校的選取當然也須考量到，是否能呈現類型、地點、學校規模，及社會經濟狀況的多樣性（細節參見 Mulford & Johns, 2004）。

資料蒐集

所有與學校相關的人士都是主要資料研究來源，而非僅僅只訪談校長。各校受訪談的人員包括：

- 校長（有兩位訪談者）；
- 副校長或資深教師[2]；
- 一個高年級班級的所有課程教師（國小是六年級，中學則是十年級）；
- 學校特殊方案（program）的安排者，以及其他重要的行政人員或社群成員；
- 學校議會[3]主席；
- 與高年級學生的團體面談；
- 與高年級學生家長的團體面談。

在訪談開始之前，研究小組利用一個下午的時間，熟悉校內課程設計及安排，並與校長商量面談安排。每間學校大約會花上研究小組三天的時間，包括訪談、蒐集報告以及拍照。報告指的是學生課業表現，包括州政府舉行的測驗結果比較，以及學生對於學校活動的參與及滿意程度，衡量

1　譯註：課程安排指的應該是學校所有活動，以課業上為主，包括上課、考試等等。
2　譯註：資深教師是在學校任職比較久的教師。
3　譯註：議會應該是指學校的董事會。

方式可利用學校出席率、退學率、輟學率，以及畢業後的就學率。所有訪談全程錄音，之後抄寫成報告。抄寫好的報告會送交參與人員確認及修改，並附上需要的額外資料。研究小組會在面談過後六至十二個月之內回到學校，呈現初步的發現，及確認其分析結果是否有效。

證據

所有訪談逐字稿、觀察及報告，都是描寫這五所「卓越領導」學校的實際案例，每所學校報告約四十頁長，並遵循類似的格式，包括：敘述學校背景、運用的研究法，校長的個人背景、哲學觀及領導風格，學校對於變革採用的策略，如何達到未來願景，學區辦公室（District and Central Office）扮演的角色，以及簡述學校成功的方式和未來應注意的重點。

本章以這五所學校作為實際例子。將超過兩百頁的資料濃縮成各個不同主題，包括：個別支持及能力、學校能力，以及社區社會資本成果，藉以表現這些主題中最精華的結果及資料。

研究結果

從五所學校發現的調查結果，可以說是由多位參與者互動、回饋及共同發展的過程，在過程中，參與者均可發揮影響力，同時也會被其他人所影響。事實上，所有過程均遵照個案觀察的需要，並且從環境中得到支持，其環境指的就是團體（層級可從地方到全國性）及雇主[4]。除了特別將環境另行討論外，環境所帶來的影響深入各個層級，也可反映出環境的本質及特性，可以影響領導風格。

---

4 譯註：雇主主要是指校長，但也可能是校內其他主管，總而言之，就是領導人之意。

除此之外，調查結果呈現出卓越的領導是由校長的核心價值及信念所鞏固。這些價值觀及信念可以呈現出校長的決定，以及個別的支持[5]和能力培養的行為，包括學校本身在文化和結構上的能力培養。校長的核心價值觀及信念，結合了其他學校社群成員的價值觀及能力，也發展了學校的共同願景，這過程塑造了教學及學習、學生和學校社會資本成果。另外，過程中有一重要部分便是監控及批判反省，二者可導向進一步的轉變。這些關鍵的階段皆表現在這些實際的例子上，可由文後五個部分展現，並總結在圖 2.1 中。

校長價值觀及信念

在五間學校中，校長的信念及價值觀可廣泛地分為三個項目：內在的美德及熱情，由誠實、同理心及承諾所表現出來；公平（對所有人的事），透過開放及彈性的態度表現出；以他人為中心（所有人都能學習），透過分佈式領導及績效責任而展現出來。

從實際例子的調查結果描述其校長，可用「具遠見的」（visionary）或「具啟發性的」（inspirational）來表達，校長的創造力及想法可以激發其他人相同的特質。雖然每個人的特質及領導風格不同，但還是有類似的特質，包括誠實、開放、彈性、承諾、對他人具有同理心態度，以及某一位校長所敘述一種「內在的美德」。熱情則是另一重要特質，如同一位資深老師描述：「你需要一位具有熱情的人來領導。」此描述則在這些學校個案中得到了迴響。

除了學校的背景之外，每位校長清楚地闡述個人核心價值觀的架構，

---

5 譯註：所謂的個別支持，指的是對於校內成員的了解，傾聽他們的意見，並支持他們的想法。

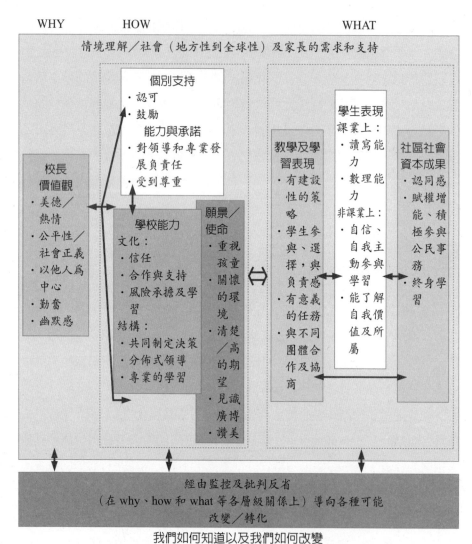

WHY　　　　HOW　　　　　　　　　　WHAT

情境理解／社會（地方性到全球性）及家長的需求和支持

個別支持
・認可
・鼓勵
　能力與承諾
・對領導和專業發
　展負責任
・受到尊重

校長價值觀
・美德／熱情
・公平性／社會正義
・以他人為中心
・勤奮
・幽默感

學校能力
文化：
・信任
・合作與支持
・風險承擔及學習
結構：
・共同制定決策
・分佈式領導
・專業的學習

願景／使命
・重視孩童關懷的環境
・清楚／高的期望
・見識廣博
・讚美

教學及學習表現
・有建設性的策略
・學生參與、選擇，與負責感
・有意義的任務
・與不同團體合作及協商

學生表現
課業上：
・讀寫能力
・數理能力
非課業上：
・自信、自我主動參與學習
・能了解自我價值及所屬

社區社會資本成果
・認同感
・賦權增能、積極參與公民事務
・終身學習

經由監控及批判反省
（在 why、how 和 what 等各層級關係上）導向各種可能
改變／轉化

我們如何知道以及我們如何改變

圖2.1　卓越學校校長的 Mulford-Johns 模式

而此價值觀正是他們領導風格的重點所在。此架構由兩種核心價值所組成：
教育過程中必須確保公平性；必須抱持一種信念，也就是領導學校必須讓
所有人參與決策。校長的價值觀完全以孩子為中心，並根據「所有孩子都

能學習」以及「所有孩子都是同等重要」的信念。

　　每個校長都相信，校內所有成員對於學生都具有責任，且此一認知應該讓校內成員、學生、學生家長都需要知道，因此，學校教育應當公平地執行。

　　內在的美德、公平及以他人爲中心等三個項目，能確實反映校長的行爲。例如，每位校長都能清楚說明他們對學校的核心價值觀，正如一位副校長說道：

　　　　（校長）發現，要開除一位學生或是一位成員是非常困難的，因為他總是能看到人們的優點……校長所做的所有事都是預想好的。一位好的領袖是非常重要的，優秀的人作為領導階層是一件很重要的事！

　　所有校長的行爲及決定均根據他們明確的價值觀和架構，這個架構可視爲一個準則，讓校長排解其需求或是替團體尋求支持，以便能夠替學生帶來公平且成功的結果。校長的價值觀是與成員選擇有所關聯的，且每一位校長都說明他們認爲成員與他們具有相同的價值觀，這項認同在所有學校中都是非常重要的，特別是低社經水準的學校。

　　同時，指派對的人並非易事，尤其州立學校還需要遵守有關教學相關的政府政策，校長說明了應該提高學校在大衆社團存在的重要性（學校公共關係），並藉此吸引更多優秀的教職人員。

　　從各個實例以及下列段落所引用的對話來看，可知校長本人的價值觀可影響包括個別的支持、能力培養、組織能力培養，及學校願景或任務。

提供個別的支持和建構個人的能力與承諾

廣泛來說，所有領導人均展現出這三種支持：對於成員個人或是關鍵時候的支持；對個人在歷經轉變過程的支持；對他人認同或鼓勵的支持。實際例子也指出，個人能力的建立有三個步驟：領導者的支持；領導者鼓勵其進行領導他人，鼓勵成員負起對於自身專業學習的責任；並且促進和支持團體（例如，資深的成員）進行專業學習。這些行動可讓成員感到受重視。其支持和能力建立的過程是非常重要的，領導者依據成員個人需要展現支持，這些需要領導者提供支持以及培養能力，可從下列對談中看到更多細節。

校長須同時提供成員在個人及專業上的支持。所有學校的校長及資深成員可以一同提供一個支持性的網絡，以便協助成員歷經轉變的階段。一位校長簡短描述其重要性：

> 了解成員的能力並作為一個傾聽的人，要配合他們熱情的個性，讓他們能夠淨化，讓他們去除不想要的並建立他們希望的，包括他們的自信、自我及自尊。

校長也同樣得到其他學校個人的回饋，一位校長說道：

> 這是一個具有高活動力的環境，而且在我們學校工作的成員都非常非常認真……我認為身為這個地方的一分子，能使成員們感到滿意是一件重要的事。我必須承認，在任何機會下，我都非常願意去做這樣的事。

　　校長的信念還包括了共同決策、分佈式領導，對於成員、學生及家長提供支持，促進他們參與校務。個人專業發展在能力增進上是重要的一環，而個人也被鼓勵須對他們自身專業學習負起責任。尤其是校長必須優先讓資深成員建構能力，藉由提供專業學習機會，並著重在：

　　　　應當鼓勵他們思考，並刺激他們，讓他們能聽到別人的想法。
　　……使我們的想法開闊並增進我們的知識，他們才是在教室內會直
　　接問問題的那些人，而不是由我來發問（校長）。

建立學校能力

　　學校能力（school capacity）[6] 建立在良好的溝通，以及謹慎的變革過程。學校能力的建立應包括兩個關鍵領域：學校文化（school culture）及學校結構（school structure）。

學校文化

　　實際例子指出，卓越的學校領導者促進文化上的互享、合作、支持及信任。而此文化更深植於他們對於民主以及社會正義的價值觀及信念。這項關聯更讓我們對五所個案學校的教育文化有更廣泛的認識，成功的領導者促進一個創新的文化，承擔風險的概念也同樣被鼓勵及支持，這些對於學校文化及領導風格的觀察，在下面訪談中可看到更多細節。

　　每一位校長都致力於建立一個信任、合作及支持的學校文化，並避免

6　譯註：學校能力指的是學校對於各項議題還有學生、家長之間問題的協調能力，
　也就是學校的文化和結構必須要能夠配合社會文化，而且從成員到校長，從下到
　上，都有良好的溝通和信任。

威嚇及強迫。這促進了成員、學生、家長及其他學校團體對於革新以及風險承擔的態度，也反映出校長的信念對於使他人參與民主過程的影響力。校長致力於建立或加強學校內的學習文化，可反映出教育過程內對於公平性的強調。

校長藉由某些活動來建立信任，包括陳明個人的價值觀及信念，對於自身或他人的期望，以及他們對學校的忠誠態度。這些都可由下述一位新上任校長在第一次校內會議開會中的一段對話來說明：

> 我對校內成員的承諾便是，若是有任何需要討論的議題……我們會竭盡所能地公開討論，而且我不會逃離校長室……忽視學區中的任何人，不論是老師或是家長或……校內成員；我絕不會這樣做，這是我對你們的承諾。

校長建立信任，藉以促進共同決策，以確保知識和力量可同時由學校社群分享。一位社會工作者解釋道：

> （校長）是一位傑出的模範，而且我認為由於她的風格，造成對她的高度信任感，她對我們也是如此，在一種對於知識以及能力分享的共識下，我認為其領導非常需要成員間互相的分享。我想，不論我在這裡是否是影響力很大的成員，我都是成員中一位平等的重要夥伴……

學校對於支持有一種特性，其中一個原則是，「若有人在這裡跌倒，我們會伸出援手，我們不會踹他們一腳或是落井下石……我們在這邊是要互相照顧的。」更廣泛來說，這個信念是由校長所散布，然後得到成員、家長及學生的支持；除此之外，所有校長減緩衝突的領導策略，並提供談

判及協商的機會，與學校教育中「公平」的信念相符。

風險承擔可以促進一個支持性的改變環境，各個學校文化便是一項創新、風險承擔，而不是害怕或報復。這項文化由所有校內成員所推廣，它促進了學校能力，以及鼓勵新的課程實驗和教學策略。下面一位校長的評論最為典型：

> 我認為你能夠更認識學校，如果人們在校內會議上能夠真正參與或……能表達他們的看法，不畏懼任何反彈或反對的想法，在某方面來看，任何討論都被視為一件好事。

每所學校的校長都在促進學習文化。例如，某位校長在初到任時，便高度重視家長對於教育的不友善態度，改變學校對於「頑皮的孩子會被安置在電腦前」的觀念，並發揚教育絕對不僅僅是限制等觀念。在其他學校中，校長則是加強改進現行的學習文化。

學校結構

有關領導者對學校文化的影響可廣泛地分成幾個項目，如共同決策、分佈式領導，以及學校各方面的專業學習。從各例子中可看到，優秀的領導人會促進決策的分享，以便激勵和賦權增能其他人。他們專注於分佈式領導，藉由提供分佈式領導的支持與實踐，促進信任的風氣，也可以鼓勵成員、學生或家長間的熱情和體認感；而且在詳盡的計畫中，確保分佈式領導可以施行在教學與學習上，以及學校其他重要運作的部分。卓越的領導者同樣促進學校的專業學習，並重視其變革過程。以上三個項目將在下方對話中有更多的討論。

給予成員、學生和其他學校社群[7]激勵（motivation）和賦權增能（empowerment），這是組織改變的一大重心，以下校長的評論十分具代表性：

作為一個領導者，如果我能夠讓學校的人充滿活力，不論是學生領袖、老師、清潔人員、出納員，都能讓他們對於自己的工作感到自信，能夠培養能力或嘗試新方法，並且知道我對他們所做都很有信心，當然也願意協助他們。那麼我想，這將比我直接說「沒錯，這就是我們要做的」還要來得有效。

所有校長均抱持著一個信念，就是促進共同決策、分佈式領導、協同工作、培養個人專業能力以促進分工合作、推動學校專業學習。以下教師則將描述如何共同決策，並藉此創造一個信任且支持的環境：

你被如何對待，將創造出學校的環境，如果你的領導者願意關心你並傾聽……學校將會是一個願意傾聽和尊重的環境。

各個學校的成員確認共同決策的本質，並知道，比起以前，他們將參與更多學校決策。在此同時，成員拒絕校長建議的權利也是被尊重的，有位教師這麼說：「參與作決定的過程真是棒極了！」

各個學校的學生對於與他們有關的決策也都具有參與權，讓學生具有參與感也可促進學校能力。一位副校長描述學生如何參與決策，落實其民主政策：

我們……教導孩子參與決定的重要性……包括課程安排及活動，我們給予學生許多選擇。（我們）有一個討論的過程，且盡量確保不只是表面動作，例如，你想要改變制服或任何學生想要的活動，我們會真的去執行，孩子們會看到結果……

---

7 譯註：所謂學校社群，是指校內各項社團，包括教師會、學生會、家長會等等。

　　校長注意到當共同決策實行時，沒有辦法在任何時刻都採行這種方式領導，因爲有太多複雜因子，例如議題本身的爭議性，或議題需要快速的回應。學校的卓越領導，與領導機會是否廣泛地分散在學校有關。舉例來說，某位校長重新改造校內領導小組，前任校長認爲學校資深老師「太過於老套、不懂得變通及創新，且跟不上當前的教育政策」，因此未讓這些老師參與學校任何決策。現任校長則是認爲，她的任務是「讓這些老師再度恢復信念……扮演學校重要角色，並加強他們的信心」。

　　在這些學校中，有許多小組或團體是負責提供各領域的領導政策，包括學校領導、讀寫及數理能力、教職員領導，以及成員專業訓練。除此之外，所有學校都有負責促進討論、政策決定，以及課程安排計畫，還有評鑑等小組，這些小組可以維持校內協商計畫安排以及課程的一貫性。

　　對於教師教學的領導十分重要，因爲可以建立校長及成員之間的信任感，以及教師的專業技能，並可讓他們處於教學與學習的重心。同樣的，在提供創新及風險承擔的環境，對於成員也有正面影響。同時，由於教師對於教學及學習的權力提升，他們也必須對自己的行爲付出更多責任。

　　各種不同的領導風格施行下，以及各學校不同的結構中，其校長強力的支持以及高度熱情，和所有成員的參與是必然的結果。這可從某份學校文件中看出：

　　　　我們學校提供成員豐富的機會去負責並承擔學校生活中的責任，而且每個人都被鼓勵參與其中……當然，有許多特別的角色是需要領導、協調以及組織，而我們盡可能讓每個成員去做他們想要扮演的角色。

　　在大部分學校，分佈式領導機會，有些人也稱作是領導密度（leadership density），是謹慎的安排，以確保領導的成功。一位副校長解釋道：

我們了解每一位成員的優點及弱點，並互相支持⋯⋯成員們也願意說「喔！明年我打算以此為目標」，領導密度可視作我們所想的⋯⋯以及確保事情不會隨意發生，我們經常預先計畫，並以他人立場設想⋯⋯

在所有學校中，專業的發展機會與學校願景（或是任務[8]）有關，並促進學校各項專業學習。這樣的機會是讓老師願意改變，並鼓勵老師成為領導者，積極參與自己或其他人的專業學習。例如，五所學校對於課程與教學的評論，包括個人專業發展及校外專業學習，都是學校資源的優先選擇。

邁向分享的學校願景／方向

實例指出，卓越的學校來自於學校願景的分享，大部分學校的願景由四個部分組成：
(1)重視（重視每一個孩子）。
(2)環境（例如安全的、關懷的、正向關係的）。
(3)期望（從學生、成員、家長的行為看到學校的價值觀）。
(4)願景（終身學習、社區社會資本）。

對於學校願景／方向的重視，反映在學校的課程安排以及教學／學習策略上，還有教職員管理或是類似的學校環境支持策略，均可明顯地在各校看到。從各校實例中也指出，每所學校的任務或願景是為了說明或加強學校一貫性或整體性的努力方向。

所有學校都顯示透過教學或是類似的方案去關心每一個孩子，包括他們多樣化的課程，從傳統課業到一般興趣課程，甚至是實習課程，例如攝

---

8 譯註：所謂的任務，在此是指學校背負的社會責任等等。

影學或是機械學等，包括一些廣義的領導學習或是課外活動，譬如輕鬆的陶藝或視覺藝術等。

每個學校的主要願景，都是提供學生、成員和家長一個安全、關懷的環境，並促進孩童與成人尊重關係的發展。舉例來說，在 Watersedge 高中，教學環境是由年級的課程制定者（coordinator）安排學生在高中四年的生活，以及各項教學與學習活動，藉此「讓學生的意見被傾聽且尊重」。

每個學校中，行為管理及教學成果都是從學校團體的期望中產生出來。例如，一位資深老師說：

> 行為管理已經施行一陣子……我認為大部分學校的人……是真正在攜手合作並提供孩子一個安全的環境，但必須讓他們了解，他們被期望能達到什麼……

同樣的，校內的學習文化可以提供學生、成員及家長明確的發展方向和期望。對學生而言，校長可將之解釋為：「你進入班級是為了體驗學業，並被視為獨立的個體而受尊重，你被期待表現得像個學生。」

換句話說，學校願景將不只是提供未來幾年的學生教育計畫，也包括激勵和滋長學校社群中所有人的終身學習，並促進社區社會資本的發展。一位校長敘述一個學校廣泛的課程，在職業教育和訓練方案如何適應義務教育後的學生（包括成人），透過分享學校和社群 ICT（Information Communication Technology）技能，增加終身教育的社區社會資本[9]。

實際例子明確指出，分享學校的願景／方向同時發生在當學校資本建立時。一位校長敘述一個發展共同願景及方向的策略，而此策略與其他校

---

9 譯註：社會資本或學校資本，基本上都有一種知識力量的意味；另外，社群也可發揮所謂的影響力，類似社會輿論的力量。

長描述的一樣：

> 我們所討論的是一個謹慎的策略……所以，你能獲得一個整體
> 的概念，這不應該是我來決定我們應遵循的方向……而應該是建立
> 學校的結構，所以人們可以發表他們認為我們該有的方向，並確保
> 這個過程能盡量達到，而非僅僅是我的意見……

一位資深的老師則如此解釋：

> 校長時常將我們拉回共同的願景（包括「所有孩子都可學
> 習」，學校教育應當公平地執行，促進並培養終身學習的能力，提
> 供整個團體一個負責任及創新的教育），並讓我們規劃其藍圖，譬
> 如我們在做什麼、為什麼我們要這樣做、其關係是什麼、我們在教
> 室內的目的等……對於學校願景的整塊藍圖……比幾年前多得多。

學校願景可視為學校政策的準則，特別是重視目前的教育方案，並盡
量配合未來可能的方案及創新。一位校長描述學校願景是「將所有方案結
合在一起的橋梁」，而另一位校長則是認為共同的學校願景會使學校更進
步，而能獲得另外的資金建立其他機會或方案，比僅僅一貫遵守學校傳統
或一貫性進步更常發生。一個好的例子是，一所新的學校為了配合「內在
環境」而發展素質方案，並以發展個人潛能視為社會責任。此位校長描述
成員是如何接受這項素質方案：

> 作為成員，我們同意……當我們對於素質方案沒有興趣，同樣
> 也對於擔任素質方案教師沒有興趣，但是這個素質方案應該由不同
> 領域及不同年級的人所參與，所以任何人都應該參與此方案。

同時，多元且複雜的外在因子影響著個人在學校的共同願景，值得一提的是，教師因短暫任教而出現的教師流動率高等議題，將更難促進學校成員的凝聚力。

學校成果

在先前建構個人能力及學校能力部分已提過，明確地學校共同願景與學校社群卓越的表現有關，下列教師的言論描述五所學校共有的狀況：

> 我們知道願景與學生表現有關，所以，我們不會只因為某個人喜歡而特別單獨規畫，這是一個鉅觀的願景，一個關於我們想達成的全方位目標。

衡量卓越學校表現可分作三個部分：教學與學習表現、學生表現、社區社會資本成果。

教學與學習表現

研究發現教學與學習的表現與校長價值觀和學校願景有關，卓越的教學與學習表現是從社會正義的架構中產生，並注重學生對自我學習的責任。從每個實例中可以發現，卓越的教學與學習表現，包括有意義的任務、以合作及探究本位（inquiry-based）的活動、討論學生表現等。教學與學習表現的重要關鍵在於：校長和成員的期望、教師在教學的參與、學校環境，以及外在政策環境（特別指的是全州的基礎教育課程架構），各項發現取自各校訪談結果，並在以下討論呈現。

對於教學及學習的重視，是為了提供所有學生公平的學習環境，透過與不同團體的合作，促進學生對學習的責任感，並使學生參與有意義的任

務。例如，一位副校長解釋其線上學習方案：

　　　　其方案與提供孩童公平的選擇及學習等議題是有關的，而教師
　　應當對此有所了解，在網路上……你能夠與不同族群的孩子一起合
　　作，並學習利用不同的能力適應環境，而他們是因為有興趣所以在
　　此學習，他們對於所做的事也具有承諾。

　　在每所學校，教學與學習成果會反應在成員及學生的期待中，並跟著
反應在校長的期望 10 中；同樣的，也反應在教師對教學的參與，可視作是
他們對專業的表現。為了達到教學與學習以及創新和風險承擔的文化，在
每所學校都可看到，鼓勵成員去反省以及發展他們的教學技能，以便達到
學生的需求，並使他們的教學更有適應力。一位教師解釋此項策略：

　　　　因為這個策略而影響了我的教學……我們分享資源並共同激發
　　看法，所以我從周遭的人學到許多，使我了解各種不同的經驗及想
　　法，這是我從來沒有經歷過的，因為我們是在一個小團體中，我們
　　可以彼此分享以及支持……我想，或許這些幫助我們對於正在做的
　　更有意義，並使我們更有動力……

　　在塔斯梅尼亞的五所學校中，教學與學習的改變已經在政府設定的基
礎教學評量架構中。基礎教學架構的實施鼓勵許多成員去學習新的教學策
略，來促進進階的學習，以及利用共同合作來學習，還有批判性的思考策
略。更重要的，它可以促進學校內廣泛的專業進修。討論學習方式及嶄新

---

10 譯註：所謂的期望，是老師或校長對於教育的期望，因每個人會依照自己的想法
　　做事，所以對於教育理念的溝通是非常重要。

教學策略的實驗，對所有老師來說都是重要的，尤其是已經擔任導師工作數年的教師。一位老師敘述這項實施：

> 這項實施讓我回想，我們為了做什麼而在這裡，而我們要做的就是教導孩子，以及找到最好的方式去教導他們，所以沒錯，我們要將它做好……

除了領導風格外，其他因素也同樣影響教學及學習。當然，學校環境是最重要的，當學校位於低社經水準社區，「學區的特有本質」對教育的變革有強大影響力。一位校長解釋道：

> ……我們的孩子對於教學具有很低的適應力，他們必須有結構的學習……因此，需要先吸引他們的注意力並引起他們的興趣，之後才能教導他們讀寫及數理等知識技能。

學生表現

調查結果發現，大部分學生的表現與學校環境有關，包括達到個人潛能、學生參與度、自信心及自我導向、認同感、社群歸屬感，以及讀寫和數理方面的表現。然而，還是有些指標顯示出，某些表現在學校中是很重要的。例如，高階的社經地位學校其課業成就比低階社經地位學校高，只有一所學校其課業上的成就較其他指標來得高，其他指標包括：快樂程度、歸屬感、機會，與平等對待的關係。另一方面，其他四所學校則表現低階社經地位學校的重要性，包括：社會學習、學生出席及退學率、行為及態度改變，以及減少暴力。在所有學校中，證據指出學生表現受到下列五個因素影響：學校環境、學生與教師間的關係、教師高度的期望、課程的安

排，以及教學與學習策略。

學生的表現與學校願景有非常密切的關聯，因此學生應盡量達到其潛能所在，並反映出每所學校社群的信念，也就是課業上的表現僅能作為衡量學生表現的眾多指標之一。課業上的分數其重要性由學校環境決定，譬如，對高階社經地位學校來說，課業的表現非常重要；在低階社經地位的學校，學生面臨到社會及經濟上的困境，而學業成績的表現似乎對於衡量學生表現就不是那麼重要了。這是由於他們無法正確區分學生能力、學生人際關係，以及什麼對學生現在或未來是重要的。

不論社經地位、地點或規模的每所學校，都重視培養學生自信、自我主動學習，以及建立學生的自我認同感和自我價值，這些是從學校互助的文化中所達成的，其中教職員與學生的關係甚為重要。所有學校都認為，讀寫（或數理）能力是讓學生發揮潛能的重要工具。這五所學校都同樣在讀寫及數理分數有持續的進步，不過對於低階社經地位的學校，其衡量準則應對學生的背景及能力做更多的調整。

學生自信心和自我價值的建立，是提供廣泛的課程讓所有學生去體驗；同樣的，五所學校都有這個特徵。教師的高度期望對於建立學生自信也非常重要，教師能夠鼓勵學生去發揮他們潛能。以下是一位家長的論述：

> （教職員）似乎十分相信孩子，也非常鼓勵他們……即使他們（學生）認為自己做不到……我認為他們（教職員）給予孩子許多鼓勵，讓孩子至少會去嘗試……

學生參與學校決策及管理，同樣也有許多正面的效果，包括良好的溝通，以及社群歸屬感，減少暴力行為的發生，還有學生行為及態度的改變。研究小組認為在所有學校中，教學與學習可以提供個體（包括成員和學生）某種程度的歸屬感和認知。一位資深教師解釋：

> 我們具有勇氣，我也相信其勇氣存在於孩子們的歸屬感中……
> 若你問起他們——他會回答「我們是九年級，這是我們的區域和教
> 室，這些是我們的老師。」我們非常認同其答案。

在所有學校中，學生、教職員及家長認為提高學生參與學習的過程，是一種具挑戰且多樣化的課程安排，這是一種多元的教學策略，可用以配合學生需求及背景，對於學生未來具有用處及關聯。

教學策略可以增進團體合作，以及校內「彼此照顧」的一種文化，可以提升學生社會學習能力。就像下面一位資深老師說的：

> 我每天與孩子接觸，觀察到孩子間的合作，我深深認為這些可
> 以消除霸凌行為，也可讓孩子了解到團體工作是生活中工作的重要
> 一部分……

學校出席率的增加與課程多元化的安排，和教職員與學生正向及支持性的關係有關。規律的參與對於學生成就有正面影響，這是十分重要的議題，特別是在低階社經地位的學校。

社區社會資本成果

研究調查結果指出，卓越的學校領導注重在建立學校社會資本，也就是在共同價值觀、想法和觀念下促進合作關係，同樣也有證據指出，學區以及學校附近的其他社群也會表現得很好。這些社區社會資本成果，包括社區認同感以及賦權增能，在低階社經地位學校中相對重要，另外就是團體成員在社會、教育、訓練等成果。社區社會資本成果由學校領導者促進，領導者必須鼓勵社群視學校為終身學習的主要中心。這些成果並非偶然，它們是與校長的價值觀以及學校願景有關，對於教導青年人的責任是由學

區所有團體共同分擔，而學校顯然對於廣大的社會具有改革的責任。

學校實例指出一些廣泛的社區社會資本成果，例如，學生家長參與孩子教育，提升社區自信心，並分享技能與知識，而對所有人都有益處。特別是在低階社經地位學校，一位副校長解釋，學生及家長是如何互相激盪，使得在教育和訓練方面有了態度上的改變，最終則對學生表現有正向且長遠的影響：

> 先前的教育政策是非常政治性和由上而下推動……我認為關鍵應該是提高學習成果……對於社群賦權增能……而且支持孩子有權有能去學習。

大部分學校也建立社區社會資本，有不同形式的社區本位學習，尤其對於低社經地位和鄉村學校特別重要。例如，一座學校農場以及其相關活動，像是校園農村秀等，為學生和社區提供了一個強而有力的連結。同時，學校中最新的資訊溝通科技方案，提供畢業後的學生線上的職業教育與訓練（vocational education and training, VET）課程，在提供 VET 課程之前，這些年輕人沒有機會去接受進一步的教育。校長描述了這些與社會團體共同分享的活動，包括最近才發展的線上學習中心，「透過促進地方社區的終身學習，增加了社區的社會資本」。

另一個例子則是，社區本位的學習可以成功地發展到當地其他團體，包括當地另外兩所學校，在最低階的社經地位地區，其學校成功爭取到澳洲政府資金，在當地開設一間給年輕人（年齡從 12 到 25 歲）的商店，讓他們有機會接觸到公共服務，包括健康、公共福利、法律服務，以及教育和訓練。這項計畫的主持人解釋，雖然這不足以代表全部，但學校應作為「整個社會團體的中心組織……我們申請這些經費，沒有人能夠理解，而我們知道有這些需求」。

證據為本的監控、評鑑、批判反省[11]以及變革／轉型

這些案例的研究建議，卓越的領導不僅是持續性地將相同的事情做好，而應該不斷地反省他們的價值觀和行為。卓越的領導者會透過學校董事會為主的政府架構，個人和學校多元專業的學習，以及運用行政部門政策的外在驅力，來促進監控、反省和評鑑。批判反省領導的「why」、「how」以及「what」，並在需要時進行變革。

所有校長都提到監控、評鑑以及批判反省的重要性，而且是一個學校組織學習中不斷進行的步驟。有一位校長說，他「在當了校長七年之後，他更常反省」，雖然有遇過一些令人疑惑的狀況，「疑惑到不知自己在做什麼的情況」，他描述最近一段「厭倦期」，使他又「重新回去思考理論以及繼續研讀」，並提到「有時就是需要轉換地方（譬如回家）去做反省的動作」。在另外一個例子，這位校長描述他的博士論文是如何讓他重新回去反省的過程，因為這「給他一個巨大的架構適應各種情況……」。

監控以及批判反省，可以藉由各學校的共同決策以及各階層的行政部門來促進，關鍵包括課程安排與評鑑，以及行為管理。一位老師提到學習小組的組成，已經促進定期的觀察及評鑑：

> 我認為透過持續性地評估我們在做什麼，以及我們擅長什麼，
> 在我們收到其他回饋以及評估後，我們就能積極地去做這些事。

案例研究的證據指出，專業的學習促進學校願景、教學以及成果的反

---

11 譯註：所謂批判反省，是要從最根本的理念，以及最實際的執行成果，去檢視政策的施行是否符合成效。

省；另外，也鼓勵成員去嘗試新的做法。以下是一位教師的評論：

> 我們也在分析正在嘗試的策略是否體現在學生表現上，如果我
> 們能夠在教職員會議上討論及反省，我想大家回家後一定會想：
> 「這真是個好主意，我該怎麼加強它，或是我該怎麼讓學生更投
> 入；如果學生不會，那我該怎麼做？」或許事情會就這樣發生，教
> 師的熱情及知識也會跟著改善。

　　從這些案例中，可以發現政府政策也是促進批判反省和評估的方式，
而所有學校都說明，透過法定和自願的檔案評量，增加他們運用證據進行
決策 12。例如，學校以州政府的考試，規律地觀察評估他們讀寫及數理方
案，以確保學生能夠達到標準，並對學校相關利益關係者做出承諾。因此，
在此過程中，改變是必需的。在其中一所學校，其成功策略是蒐集更多資
源，並增加執行者的主控權，現在已成為學區內其他學校的模範。然而，
外在的政策對於反省及評估會有意想不到的影響。在另一所學校，其成員
參與州政府的課程諮詢計畫。由於檢視了塔斯梅尼亞認證教育（Tasmanian
Certificate of Education, TCE）高年級學生的健康教育課程，校長與健康教育
課程的擬定者洽談後，決定退出 TCE 的健康教育課程計畫，因為太過於重
視原則性評估。類似的評估需要一連串的程序，僅留下一小段時間由學生
參與。這所學校隨後發展了自己的健康及輔導方案，著重在學生的社會、
心理、身體及情緒上的健康。

　　幾個校長也同樣指出，他們是如何利用強制性的評估過程，例如學校
改進評估（School Improvement Review, SIR）。SIR 過程提供了以一年為期
的評估過程，以及學校願景、結構、過程及學生表現的再檢討；三年內主

---

12 譯註：所謂證據支持，就是以執行成果的資料作判斷。

要成果表現將被檢視，作爲過程中的一部分。SIR 檢核的標準及過程是由多元的卓越學校指標所組成，例如，在提到介紹學校的教學方法及結構改變時，其副校長描述如下：

> 校長帶領……改變，而此改變並非突然，而是一個經過時間考慮的謹慎過程，而我認爲其周詳的考慮讓我印象深刻，因爲我們所做的政策和改變其實已經在進行了。

結論：一個卓越學校領導的初步模式

案例研究確認了 Leithwood 和 Riehl（2003）的發現，亦即卓越的領導策略對於學校表現具有極重要且直接的影響力。然而，也同時提到其結果會比 Leithwood 和 Riehl 所提到的更多、更複雜。五所學校的領導策略都強烈受到校長核心個人價值觀，以及共同分享的價值觀影響。雖然每所學校的核心價值都差不多，但因爲學校的內在及外在環境不同，還是有不同的學校政策或是過程。這些發現支持著轉型學校領導上價值導向的權變模式（Day & Naylor, 2004）。他們認知到校長操作績效責任策略的政策背景（Leithwood & Riehl, 2003）；以及校長作爲教育專業和其他社群橋樑的需要性（Driscoll & Goldring, 2003）。

卓越的校長不論學校的背景狀況，展現核心的領導技能，包括發展共同願景、建立個人能力、組織重新設計，支持 Leithwood 和 Riehl（2003）對於學校領導者一般能力的論點。所有校長，特別是低階社經地位學校，透過創造一個健全的學校社群來促進公平及社會正義（Furman & Shields, 2003），並且加強學校內的學習文化（Leithwood & Riehl, 2003）。其中最重要的觀念，便是「深厚的」民主化：尊重個人價值及自尊，以及他們的

文化傳統，促進自由開放的探究和批判，認同合作的共同利益，個人有責任參與自由開放的探究，集體抉擇的重要性和致力於共好的行動。

　　組織學習（也就是學校能力）與卓越的轉型領導策略有關（Silins & Mulford, 2002）。校長的轉型領導之實踐包括：提供個別的支持；建立信任且可承擔風險的文化；共同決策，以及分佈式領導；發展共同目標及願景；對學生高度的期望；以及提供教師智性的刺激（Leithwood & Hallinger, 2002）。

　　從實際例子中可以發現，與 Gurr、 Drysdale、 Natale、 Ford、 Hardy 和 Swann（2003）的觀察相同，校長可藉由與他人工作或透過他人，建立個人及學校能力，間接的影響學生表現。校長可藉由跨學區的合作，提升學生的表現（Discoll & Goldring, 2003）。值得一提的是，案例研究提供了卓越領導者應扮演的角色分際（Kilpatrick, Johns, Mulford, Falk, & Prescott, 2002），也是 Leithwood 和 Riehl（2003）文章中所沒有提到的部分。

　　案例研究也提供了證據顯示分佈式領導，以及職位領導的重要。調查結果指出，卓越的領導包括了正式和非正式領導者的角色，與 Kilpatrick 等人（2002）提到的相同，因此，校長的轉型領導也可促進成員參與學校領導工作（Gurr et al., 2003）。

　　從這些實例的調查結果可以發現，當整個學區都參與學校領導，便有許多超越傳統可以衡量的成果表現需要重新定義，並加以評估（Feinstein, 2000）。例如，社區社會資本的重要性開始被重視，Kilpatrick 等人（2002）也同樣發現這種狀況。雖然其他研究（Silins & Mulford, 2002）尚未發現社區與學生表現的關聯，我們的研究建議，社會資本的成果是有其重要性的，特別是在低階社經地位或鄉村學校。

　　卓越學校領導的研究正大量興起，包括個人以及整個學區的研究（Stein & Spillane, 2003）。本研究也指出，一個重要的關鍵便是持續性地評估學校、個人及組織能力、願景和目標，以及成果。不但嚴苛地檢討這些發現，而且在需要時加以變革。這個也由 Day 等人（2002）以及 Kilpatrick 等人

（2002）早期所發展的領導模式所支持，而且 Prestine 和 Nelson（2003）確認卓越領導者須平衡組織各種計畫的或是意外的需求。這逐步形成的概念是建構主義理論，認為學習是主動建構知識的過程，而非僅僅是某些東西交給他人的簡單動作。這個過程伴隨著知識出現，在特定的情境下，利用現在的了解去建構新的想法和社會活動。

卓越的學校領導其複雜面並非僅僅是採用轉型領導的特性，而且是領導面向的再確認（Furman & Shields, 2003），可以說是共有的、脈絡的、進程的、轉型的和教育的。就如同 Mulford 和 Silins（2003）認定的學校組織學習階段，就是信任及合作的氣氛，共同任務，創新並可承擔風險，以及持續性的專業發展。這些實際例子強調了其重要或是具發展性的重點。

總結而言（如圖 2.1），在某些文獻或是模式的回顧，以及這五個實例中，都說明卓越的領導是一個內在互動、是許多參與者回饋及參與的過程，同時影響這些人，也同時被這些人所影響。校長的核心價值觀也是卓越領導的重大影響因子，這些價值觀和信念構成了校長的決定及行為，並提供個別的支持、能力建構，以及學校能力（包括學校文化及學校結構）的建立。校長的核心價值觀和信念，與其他成員的觀念，構成了共同的學校願景，同時塑造了教學以及學生和社會資本的表現。為了完成這項模式，觀察及再檢討是必要的過程，同時也能導向轉變或轉型，從校長的核心價值觀建構了模式中的why；而個人支持及能力、學校能力及願景建構了how；教學和學生表現及社會資本成果則組成了 what。觀察 why、how、what 三項，以及它們之間的關係，構成了本模式的最後一個部分——我們該如何知道，以及我們是否需要改變。

卓越學校領導的初步模式應著重在下面幾點：

- 校長本身內在的價值觀，個人和組織的能力、任務以及成果。
- 校長價值觀與個人能力、組織能力和目標及成果的相互影響。
- 對成果能廣泛詮釋，包括教學、學生學業和非學業表現，以及社區

社會資本之間的互動。

- 區分實證的監控——專業教育者有責任滿足家長和社區的期待，不僅要自我批判反省，而且要在必要時行動。

在這初期的模式中，我們開啓了一個開端，描述每一個卓越領導者的特質，例如，卓越學校校長的價值觀是良善且具有熱情的，支持公平及社會正義。明顯的，還有更多研究需要進行，以更新這些描述，例如應當加入宗教、道德以及精神層面的部分（Leithwood & Riehl, 2003; Furman & Shields, 2003）。同時，也更應該去研究這些特質的同質性及因果關係（Mulford, 2003b），以及領導策略該如何處理緊張關係和兩難的議題（Day et al., 2000），還有在他們的特質及能力下（Mulford, 2003a），維持平衡發展。

參考文獻

Day, C., Harris, A., Hadfield, M., Tolley, H., & Beresford, J. (2000). *Leading schools in times of change*. Buckingham, UK: Open University Press.

Day, C., & Naylor, P. (2004). *Making a difference in schools and their communities: Themes of successful headship*. Nottingham, UK: Report of a Research Project funded by N.C.S.L., N.A.H.T., and S.H.A., Centre for Research on Teacher and School Development, School of Education, Nottingham University.

Driscoll, M., & Goldring, E. (2003). *Schools and communities as contexts for student learning: New directions for research in educational leadership*. Paper for AERA, Chicago, April.

Feinstein, L. (2000). *The relative economic importance of academic, psychological and behavioural attributes developed in childhood*. London: Centre for Economic Performance, London School of Economics and Political Science, University of London.

Furman, G., & Shields, C. (2003). *How can leaders promote and support social justice and democratic community in schools?* Paper for AERA, Chicago, April.

Gurr, D., Drysdale, L., Natale, E., Ford, P., Hardy, R., & Swann, R. (2003). Successful school leadership in Victoria: Three case studies. *Leading & Managing, 9*(1), 18–37.

Kilpatrick, S., Johns, S., Mulford, B., Falk, I., & Prescott, L. (2002). *More than an education: Leadership for rural school–community partnerships*. Canberra: Rural Industries Research and Development Corporation. *http://www.rirdc.gov.au/fullreports/hcc.html*

Leithwood, K., & Hallinger, P. (Eds.). (2002). *Second international handbook of educational leadership and administration*. Dordrecht, The Netherlands: Kluwer.

Leithwood, K., & Riehl, C. (2003, April). *What do we already know about successful school leadership?* Paper presented at the annual meeting of the American Educational Research Association, Chicago, IL.

Mulford, B. (2003a). Balance and learning: Crucial elements in leadership for democratic schools. *Leadership and Policy in School, 2*(2), 109–124.

Mulford, B. (2003b). *School leaders: Challenging roles and impact on teacher and school effectiveness*. Paris: OECD. *http://www.oecd.org/dataoecd/61/61/2635399.pdf*

Mulford, B., & Johns, S. (2004). Successful school leadership. *Leading & Managing, 10*(1), 45–76.

Mulford, B., & Silins, H. (2003). Leadership for organizational learning and improved student outcomes. *Cambridge Journal of Education, 33*(2), 175–195.

Prestine, N., & Nelson, B. (2003, April). *How can educational leaders support and promote teaching and learning? New conceptions of learning and leading in schools*. Paper presented at the annual meeting of the American Educational Research Association, Chicago, IL.

Silins, H., & Mulford, B. (2002). Leadership and school results. In K. Leithwood & P. Hallinger (Eds.), *Second international handbook of educational leadership and administration* (pp. 561–612). Norwell, MA: Kluwer.

Stein, M., & Spillane, J. (2003, April). *Research on teaching and research on educational administration: Building a bridge*. Paper presented at the annual meeting of the American Educational Research Association, Chicago, IL.

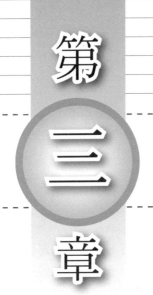

卓越校長領導的模式：維多利亞省的個案研究

David Gurr、Lawrie Drysdale
墨爾本大學

這篇文章研究澳洲維多利亞省九個卓越校長的領導模式，研究指出校長對學校的重大貢獻，特別在能力建構與教學等領域上。卓越校長展現共通且一致的特質、行為、價值與信念，如正直、開放、彈性、承擔、熱情與同理心，堅信孩子是重要而且可以成功的；堅信學校可以轉變，對所有人有高期望與高度的溝通技巧。一個卓越學校的領導模式說明校長介入之後，對學生在學習領域、學校能力與其他方面的影響。

引言

作為國際卓越校長計畫（ISSPP）的一部分，我們在維多利亞省的九所學校裡主導了多個案例研究；而在塔斯梅尼亞地區五所學校的相關研究方案將在本書其他章節呈現。焦點集中在公認的卓越校長領導個案上，以學校改善學生學習成果與學校經營評鑑報告為遴選依據。在Gurr、Drysdale、Di Natale、Ford、Hardy 和 Swann（2003）的研究中，已經針對維多利亞省的三個案例研究發表了研究結果，此部分可與 Gurr、Drysdale 和 Mulford

（2005）所做出的維多利亞省與塔斯梅尼亞案例進行比較。下一段我們將介紹維多利亞省的學校教育。

維多利亞省的背景

澳大利亞是一個共和政府，下轄六個省與兩個地區政府。澳洲的教育就是在這些不同層級的政府與公私立學校間錯綜複雜地運作著。憲法規定學校教育的責任隸屬於省與區政府，但中央政府卻逐漸增加影響力，特別是對公立與私立學校補助款上。

澳洲的維多利亞省有超過 460 萬人口，其中大約 320 萬人住在墨爾本的都會圈內，學校教育系統包含從學前至六年級的國民教育（5 到 12 歲），以及第二階段的七到十二年級的中學教育（12 到 18 歲）。大部分（大約四分之三）的學生讀完十三年的教育之後，可以獲得受教十二年的證書。像在澳洲許多其他的省或區，大約有 66% 的學生是讀公立學校，私立學校大多由天主教教會學校的系統支配著，服務了約 20% 的各年齡層學生，與其他孩子因宗教信仰（例如，英國國教派、哥普特東正教、希臘東正教、伊斯蘭教、猶太教、路德教派，與基督復臨安息日會等）與非宗教信仰（例如：蒙特梭利與史坦那）所設立的不同類型獨立學校共同存在著。近年來，學生就讀私立學校的比例正增加中。公立學校大約有 1,600 所，其中包含 1,232 所小學與 262 所中學，共服務超過了 50 萬的學生。

自從維多利亞省 1970 年代中期不斷的進行教育改革後，一致性的傾向賦予學校權力、責任與自主已是一種趨勢。近代最主要的教育改革「公立學校藍皮書」，目標便是改進讀與算的能力，提升在學率，以完成學校教育。這項改革計畫包括（Department of Education & Training, 2003）：

- 強化學生透過新課程架構學習，提升測驗成就，改善最佳教學實務的分享。

- 發展新的資源分配模式。
- 建立領導能力：改進校長遴選、指導與訓練方案，以及為新校長與具經驗的校長安排領導發展方案。
- 建立和支持表現與發展的文化。
- 藉由注重專業進修與視導方案來協助教師。
- 透過不同的學校審查與強化學校表現之資料，來強化學校績效表現成果。
- 加強學校間網絡連結。

方法論

學校特徵

　　維多利亞省的學校包含兩所公立小學、一所公立中學、一所公立特殊學校、四所天主教小學，及一所涵蓋小學與中學的私立學校。這些學校的平均學生人數大約是 511 人，人數大致介於 120 至 1,330 人之間。有六位女校長與三位男校長（見 73 頁附錄 1）。

篩選標準

　　探究的重點是在校長的領導，以學校聲譽、校長同儕團體所公認的卓越典範、經時間證明確實提升學生成就為篩選標準，而且這些結果是可以被量化的（可以取得資料），以全省一致可比較的測驗或考試為基礎，透過正向的學校審查報告，和其他的資料，如組織成員和家長的意見；學生參與度、投入程度與滿意度；學生就學率、在學率與輟學率，以及學生從學校到職場的就業資料顯示。入選的學校校長能在篩選標準中展現卓越成就，包括：發揮個人潛能、學生參與、自信、自我導向、認同感、社區歸

屬感，以及許多其他典型的學術成就。學校的選擇也以能表徵出多樣性、區域性，以及家庭的社經地位指標為主。

資料蒐集與分析

和其他國家參與ISSPP一樣，每一所學校所蒐集的資料來自多方來源，包括透過文件說明學校與學生的成就，以及與一群不同身分的個人與團體的訪談，包括校長、學校委員會委員、副校長、課程協調者、教師、家長與學生。訪談的重點是對於所謂卓越學校的觀點探詢，特別是校長對卓越的貢獻。這項由 Day、Harris、Hadfield、Tolley 和 Beresford 等人（2000）所發展的模組化訪談問題，採用的是紮根的方式，而沒有預先設定卓越學校領導模式的觀點。問題是開放的，而且採半結構式的訪談，允許參與者有機會表達深層的回饋。來自晤談所得的資料以歸納研究的方式，應用於交叉案例的比對（Patton, 1990）。參與者的觀點感受依相同問題予以分組，而在此同時，主題意義的單元則是從所有的訪談中擷取而來，期能適切發展紮根理論（grounded theory）。每個案例研究都應用這個方法被分開分析，以此次發表的論文來說，就是針對九個案例作全面性研究。有些研究者與在領導個別學校分析的不同研究者共同參與了此次計畫，如 A 學校（Hardy, 2006）；B 學校（Di Natale, 2006）；D 學校（Drysdale & Goode, 2004）；E 學校（Karvouni, 2005）；C 學校、F 學校、G 學校及 H 學校（Ford，無日期）；I 學校（Doherty，無日期）。Gurr 則負責統籌整個專案，監督管理所有案例的研究分析，而且 Gurr、Drysdale 或 Swann 也實際參與了每一個受測學校點的資料蒐集。本篇論文的發現與模型之描述，來自於 Gurr 和 Drysdale 主導的案例交叉分析，與其他參與研究者所發現的資料的真實呈現。因此，本論文完整匯集了來自九個維多利亞省卓越學校領導的案例研究。

研究發現

發現的主題如下：

- 校長對卓越學校的貢獻；
- 價值與信念；
- 個人特質；
- 領導風格；
- 對脈絡和情境的了解；
- 領導介入教學、學生成就、學校能力建立，及其他領域的影響。

校長對卓越學校的貢獻

研究發現，每一位校長都對學校教育做出不同程度的正向貢獻。正向貢獻包括：激發自信心；透過他們的願景與熱情提供正確的方向；對成員和學生抱持高期待；專注於學生與家庭；對部屬賦權增能；使社區、成員和學校目標一致；提倡教學變革；以及建立學校效能。所有校長都被認爲是卓越學校成功的關鍵，也被認爲是這項卓越成就的「火車頭」。

學校社群能清楚地說明校長的正向影響力。以A學校校長而言，包括：建立「高期待」文化；發展全校性的教學；提升學生成就水準；增加學生就學人數；以及得到家長與社區的支持。A學校校長說：

> 我強調要不斷地改善——我們將不斷地設定新目標。這已經是學校文化的一部分。現階段老師又將面對新的目標，因爲我們必須改變我們對學生的看法，而且他們又將有新的能力要學習。我們需要不斷地「建立更高目標」（目標遠大）。這也是一種理念哲學，

認為孩子像個大海綿，而學校也可以繼續改善課程產出的方式。

以 B 學校校長而言，包括：為特殊學生建立第一個「全方位服務」學校（一所包含牙醫與物理治療設備等額外服務的學校）；發展學校的聲譽，使學校成為全澳洲第一的特殊學校；而且得到擴增新資源與設施的主導權。B 學校校長描述他的願景與成功之處：

> 我著手推動計畫保障學生權利，以擁有優質的特殊教育。首先確認教育當局對學校教育選擇權的可行性觀點，然後利用企業界在財務以及理念上之支持，八年後，我們如今擁有 105 個學生、50 個員工，以及一所全新的學校。

價值與信念

研究中的每一位校長都能清楚地說明，可以帶領他們願景與行動的教育價值與信念，他們顯然都有一套強而有力的教育哲學。價值是一種兼顧在地與共通性的意念，在天主教教會學校中，往往會受教會教義影響。校長也希望他們的學校要做到最好，而且強烈地相信所有孩子都應接受完善教育的重要性。在此歸納校長常見的價值與信念如下：

* 每一個孩子都很重要；
* 每一個孩子都能成功；
* 每一個孩子都有未被覺察的潛力；
* 教師對於奉獻他們最好的一切感到歡喜又有價值；
* 所有學校社群的成員都必須被支持；
* 學校應專注於孩子最有興趣的事；
* 校長不只會而且應該設法創造差異性。

D 學校校長提到：

　　我有很長的一段時間，長期關注於所有孩子都應接受最好的教育經驗、成功機會與發揮潛能的最大可能。在教育脈絡中，我堅信孩子成長與發展最好是在一個支持、照護、尊重人權、理解與其他人存在差異性，以及受鼓勵的環境。

用心支持教師的 H 學校校長認為：

　　最重要的問題就是讓教師在學校內保持歡喜、凝聚力與存在價值。作為一個領導者，這是主要的挑戰。為使孩子在各領域能夠完全發揮他們的潛力，正如我以前所說，我必須給予教師因這樣的需求而產生的正確氛圍與環境。

在陳述學校優先應做到的事方面，G 學校校長認為，之前所述的許多價值與信仰，也同時凸顯了許多天主教的價值：

　　我們最優先的事就是致力於教師與孩子的福祉，以及確信我們有組織與計畫可以促進它。孩子與教師認同自己，教學才容易專注，孩子才會被吸引。家長信任學校，而且可以開放地談論有關他們的孩子，如此孩子可以成為問題解決者與任務接受者。在天主教學校中，我們幫助孩子成長以促使他們正向發展——天主教學校必須改變以面對改變中的世界——我們可以幫助學生做點不一樣的，而且可以在未來對教會有所貢獻。

 **個人特質**

這些校長都因自己獨特的特質而受到認可。一般公認的特質包括具有熱情的、熱忱的,以及幫助孩童更進步的高行動力。因為他們精力充沛,所以被描述為不屈不撓、有決心和有主張的領導者。他們有絕佳的人際關係和溝通技巧,透過正直、關懷和尊重的示範,他們可以建立信賴和提高個人的行動力。I 校長說:

> 你必須做的便是持續成為其他人的模範,而這些人將呈現這樣的模範,並影響其他人。它將一傳十、十傳百,而終將成為眾人的典範:尊重的技巧、成就,甚至是重視任何一件事。它是一個具有強大作用的模範。

這些領導者是以成就為導向的,除了個人之外,整個學校都會以達成成就為目的。他們為自己以及整個學校建立高標準以及高期望。他們經常設立「高標準」且視「障礙」為「挑戰」而非阻礙時,沒有人會滿足於現狀。舉例來說,一位來自 C 學校的老師注意到:

> 我認為當她已經意識到,學校是為了成就以及對學生和全體教職員有高期待時,她就已經改變學校文化了。由於能夠同理體會學生以及全體教職員,所以當他們有困難時,校長都會專業地處理。我認為她的領導力、聽取建言的心胸,以及幽默感很重要。你可以很真誠、直率地面對她。

領導風格

　　大多數的校長都被視爲是「堅強」的領導者，他們經常結合影響力和支持性策略去達到學校的成就。這些策略可經由上對下以及由下對上的方式。校長被認爲是「具有執行力」以及作爲角色模範的特徵。他們的領導風格包含在他們的帶領方式中。他們透過影響力爲其他人清除路徑上的障礙；藉由提供足夠資源的方式來清除阻礙，並給予清楚的方向。全體教職員在這樣支持性的環境中，是感覺被賦予權力的。一位來自 C 學校的老師描述她的校長如何幫助他們提高專業水準：

　　　　對我個人而言，當我開始做事時，她就給我鼓勵。我可以不必投入太多時間而順利地在學校工作，但是我現在卻有必要投入更多。她鼓勵我好好工作並負起責任，而且讓我還有其他人感覺到自己所做的事好像都很重要。

　　校長們對於提高學生和家庭的教育品質一直保持絕佳的注意力，他們與所有利害關係人建立良好的關係，使得學校能發展爲擁有強大支持力量的團隊和聯盟。在與教師工作方面，H 校長提及：

　　　　當你要捕捉蒼蠅時，使用蜂蜜會比使用醋更爲有效（讚美優於批評）。好的人際關係是我工作上十分奏效的策略。當你發展好的人際關係時，你可以直接告訴一個人：「哇！你正在做一件了不起的工作，而這正是你必須做的。」這樣的話會讓他們持之以恆地做下去。

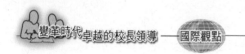

了解背景

　　所有校長都很清楚他們所領導的學校，和所在社區的環境及背景。校長們需要能夠成功地分析情況和背景（context），並根據分析的結果去計畫與執行。舉例來說，E校長了解他的學校並沒有達成社區的高度期待：

　　　　我試圖建立高期待以及鼓勵學術上的精準嚴謹來改變學校文化，我以招募新成員為優先考量，並試圖以專業的學習團隊來創造一個不斷學習的風氣。

　　C校長發現，從學生的低出席率以及姍姍來遲的情況，可看出社區對學校的支持度不高。她立刻採取提升期待的行動，說明適當的行為，並鼓勵採用新的學校規定。當C校長剛開始在學校執行時，她注意到：

　　　　在一開始的前兩年，我必須先把課程擺在一旁。我的說法並不誇張，我必須讓每個孩子都坐在教室裡……當我在早上九點二十五分時望著教室外的校園，令人震驚的是，我竟然發現有孩子正在外頭徘徊，他們正在考慮是應該去圖書館呢，還是回到自己的教室？這個發現使我震驚不已。

介入

　　校長的作為是有目的性與策略性的，他們透過參與學校事務來了解學校的背景與需要。這些介入有時只聚焦在特定領域，有些則是聚焦在整個學校。我們把介入活動分為以下四類：學生表現、教與學、學校能力，以

及其他的影響。

學生表現

所有校長都被要求要在傳統的領域，例如：讀寫和數理能力方面改善學生的學習表現結果。他們也建立明確的目標和持續的提升標準和期望，來改善學生的學習表現。舉例而言，即使 A 學校是座落於低社經條件的地區，該校的校長仍會期望讓學生能達到省的讀寫能力標準平均值以上。亦有某些校長把注意力放在其他教育和社會上的表現結果，舉例來說，D校長發展一個具有價值的教育政策，他將培養社會人才放進每年的課程標準中，作為學校教育的優先考量。

教與學

這方面的介入常常是以教室教學訓練和學校課程為目標。A校長說他是「課程的領導者」，企圖使教師有特定的教學法。一位來自 A 學校的教師描述校長的成功作為：

　　當 A 校長擔任老師時，擁有很好名聲，而這樣的好名聲也為他的領導才能帶來幫助。他在學校是擔任課程的協調者——他保有對課程的興趣與知識，而這方面常是被許多校長忽略的地方。他對學校工作的想法有別於其他校長——這不只是經營一所學校，更是經營孩子和課程。他每天告訴老師，在教室裡，他很清楚教室裡所發生的事，並熱情地談論課程的問題。他在課程方面的學識一直是教師的模範。他是一位值得信任的人，因為他對於自己宣揚的理念都會確實去實行。

E校長常常關注中學教室裡的教學，以挑戰現行的教學實務。C校長專

注在重新建構課程，以便在教學上有更多時間。

學校能力

　　學校能力包括很多中介面向，包括在個人方面、專業能力、組織能力和社區能力。所有校長鼓勵每一位老師自我成長，並且提供機會讓他們增進專業能力。B校長和D校長建立社區支持以獲得資源和設備。A、C、D、E和I校長建立一個有益身心的學校環境。一位來自A學校的學生這樣形容學校環境：

　　　　這的確是一個安全的學校，我認為每個人都會喜歡來上學。我的經驗是我在這裡感到安全和快樂，這裡的老師和學生都很友善。

其他方面的影響

　　校長們都明白有很多其他的影響力會對他們的學校產生衝擊。許多校長積極地參與學校以外的事務，以確保知識和計畫會被帶進學校裡，同時能夠提升、保護他們的學校。也有許多校長則是參與政府，或在課程、技能、資源分配，以及其他特別方案組織委員會。大部分校長在專業能力以及人際網絡中，是具有影響力的。B校長提及她如何利用外在網絡來提升她的學校效能：

　　　　我推動計畫保障學生權利，以擁有優質的特殊教育。首先確認教育當局對學校教育選擇權的可行性觀點，然後利用企業界在財務以及哲學理念上之支持，八年後，我們如今擁有105個學生、50個員工，以及一所全新的學校。

邁向現代化的教育領導模式

　　從我們的個案研究中可明白，每一位校長對於學校的卓越表現有絕對的貢獻。卓越的標準取決於許多因素結合而成的範圍：校長是怎麼樣的人，包括他們的人格特質、價值觀、信念、態度、技能，以及在一個特別的環境中，他們以什麼形式去介入。為了說明更多關於一位校長領導能力的概念，我們提出一個融合校長參與的介入模式。卓越學校的領導模式（圖3.1）是為了達到下述三個目標而發展出來的：

1. 描述、解釋和分類不同方式的領導介入，及概述它們在學生表現結果上的相關性和影響。

2. 提供一個校長們採用的介入概念圖。

3. 提供實務工作者一個架構，當作未來行動的指南。

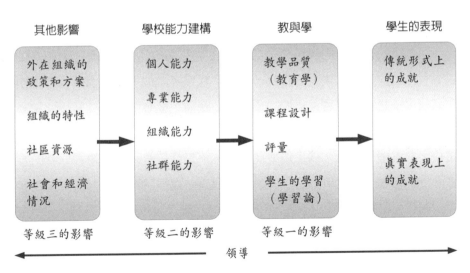

圖3.1　卓越學校的領導模式：以介入為本的模式

這個模式是根據維多利亞省個案研究的發現，以及以往被認為是影響學生成就的關鍵影響模式發展而成。舉例來說，King 和 Newmann（2001）表示，教學的品質（包括課程、教學與評量）會影響學生的成就，而學校能力（包括教師的知識、專業社群和方案的連貫性）又會影響教學品質。這些細項的因素會受到其他內在和外在的因素（包括其他行政機構的政策和發展方案）所影響。Hopkins（2001, p. 183）提供一個類似同心圓的框架，這個框架把學生的學習放在同心圓的最裡圈，其他圓圈則代表影響學生學習的領域。由內圈至外圈的領域包括：課程和教學計畫、學校發展的條件與能力、政策背景，和外在的支援網絡。

這個模式從傳統、狹隘的教學領導概念，以及教師監督的概念中跳脫出來（Hill, 2002），並且建議校長們介入更廣大的範疇，以提升學生的表現結果。以下針對模式的四種不同要素作解釋。

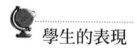

學生的表現

這個模式把學生的表現結果視為學校主要關注的焦點。模式中的學生表現有來自傳統成就表現的資料，例如：國家考試的表現、標準化考試和排名表，或是更多真實可信的表現結果，例如：社會能力、社區價值和公民義務（Newmann, 1996）。這些介入方法是校長和學校決定哪一個學生表現結果會被優先處理。為了達成此方式，不只傳統介入學生學習成就的方法會受到影響，其他教與學、學校能力建構，以及外在資源的建立，都會受到衝擊。舉例來說，在 I 學校裡，他們把注意力放在以價值為導向的學生表現結果，這樣的現象與領導能力和服務有關。舉例而言，這意味著採用這些表現結果可發展新的教學方案（等級一：學生領導方案），老師、職員適當行為的模式（等級二：校長的行為更值得注意），以及學校對校外機構伸出支持的援手（等級三：與本地的社區有關）。

教與學（等級一的影響）

教與學的類型被視為等級一的影響。它被標示在等級一的原因是，這個類型的因素對學生的表現結果有直接的影響。這個模式在此一分類中確認了四個因素：教學品質（教育學）、課程設計、評量，和學生的學習（學習論）。

教學品質（教育學）

教育學（pedagogy）是一門教育學童的科學（Knowles, 1986）。一般認為，它是指教師擁有教學與學習方面的知識，以及他們在提升學習時使用的策略。教師在學生的學習過程中承擔作決定的責任，包括決定該學什麼、該如何學，以及該何時學。

學生的學習（學習論）

學習論（andragogy）是一門教育成人的科學（Knowles, 1986）。它是一種學習者承擔更多學習責任的過程。學生學習組織、建構，和獨自運用資料。他們被鼓勵要自我負責設計更多自己的學習方法，例如：計畫、設定目標、決定內容、使用資料、追蹤進展和評估結果。

課程設計

這方面包括系統的和學校本位課程發展。課程可被視為一張決定什麼是學生應學、應了解、應做，以及應有價值的藍圖（Wiggins & McTighe, 1998）。當學校有責任傳授課程時，學校系統會提供課程架構與指南。學校本位課程發展則會決定什麼是最適合他們需要的課程內容。

評量

評量藉由形成性和總結性的資料來提升學生的表現結果，關心學生的進步情形。它是一種對資料進行系統性的蒐集、分析和詮釋來測量、追蹤成就表現，提升學生動機，以及檢視教育目標達成的程度。評量會影響表現程度、能力分班、獎勵制度、教學策略、未來的學習需要、課程，甚至是資源（在一些案例中）。

學校能力建構（等級二的影響）

一個學校能力的建構被評估為等級二的影響，因為它會潛在地影響教與學。幾位作者（Hopkins, 2001; Hopkins & Harris, 2000; King & Newmann, 2001; Mitchell & Sackney, 2001; Stoll, Fink & Earl, 2003）認為，學校能力是改善學校的重要因素。有個值得推薦的模式將四個學校能力的區塊確認為：個人的、專業的、組織的，及社群能力，在四個區塊中皆包含四個要素。如圖3.2，我們稱它為4×4的方法。在澳洲的文化裡，4×4表示一片木頭，上面有一個長、寬皆是四英寸的十字區，並用來表示結構或編制中重要的組成部分。我們看到這些能力代表著一個卓越學校的關鍵架構要素，領導者協助每個區塊建構能力。

個人能力

個人能力是指個人被要求去完成某種事情的能力，這種能力包含價值觀、承擔性、勝任能力和個人的實踐力（Mitchell & Sackney, 2001）。建構能力意味著供給提高技能的機會和經驗，Senge（1990）提出「自我超越」（personal mastery）的專業術語，那是一套能培養個人在真實客觀的情境下更清楚、加深自己視野的一種訓練方法。有四項因素可以提升個人能力：

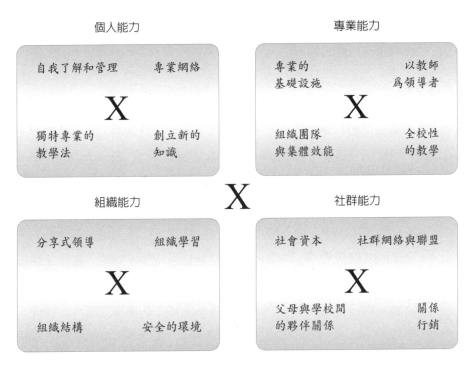

個人能力

自我了解和管理　　專業網絡

X

獨特專業的　　　　創立新的
教學法　　　　　　知識

專業能力

專業的　　　　　　以教師
基礎設施　　　　　為領導者

X

組織團隊　　　　　全校性
與集體效能　　　　的教學

X

組織能力

分享式領導　　　　組織學習

X

組織結構　　　　　安全的環境

社群能力

社會資本　　社群網絡與聯盟

X

父母與學校間　　　　　關係
的夥伴關係　　　　　　行銷

圖 3.2　建構學校能力的 4×4 方法

- 自我了解和管理——擁有較佳的自我了解能力，可以維持和提升個人的效率和整體表現。它能反思、監測，並提升自我的認知及行為，這需要自我激勵、自我管理，和情緒上的成熟。
- 獨特專業的教學法——此種能力是專業技能的成長和學習的必要，教師需要面對和挑戰，並尋求自我實踐的理論支撐，能明確清楚表達自己的教育哲學、教學法和學習假設，也是改變和改善的重要因素。
- 專業網絡——建立個人專業的網絡提供個人成長和恢復的能力，不同的網絡提供不同的機會，某些提供新的想法，有些則提供穩定、支持與信任和安全。

- 創立新的知識——知識的建立需要尋求新的想法和實踐，並且尋求讓新知得以實踐的方法。

專業能力

專業能力是指以學校內外部為基礎的一種潛在專業能力，它能使學生的學習和學校的發展同時提升（Bolam, McMahon, Stoll, Thomas, & Wallace, 2005）。更具體而言，它提及教師專業團體的成長要在一種分享和批判探究中去實踐，而且要持續的、反思的、合作的、含括的，和以學習為目的並會促進成長的（Toole & Louis, 2002）。有四個要素可以協助建立專業能力。

- 專業的基礎設施——專業的基礎設施是指時間、空間、資源、環境以及文化允許教師們去從事專業上的學習。Harris 和 Muijs（2005）建議基礎設施包含學校的理念和任務、員工的選擇、資源（時間、金錢、才能）、教師的訓練、工作的結構、政策，和可取得的外部網絡。

- 以教師為領導者——教師領導地位來自於可以形塑學生、青年以及成年人意義的獨特能力。教師是教學與學習的領導者，領導地位不需要形式上的角色或職權（如校長、主任等），領導地位是在學校中的每個個體之間（Harris & Muijs, 2005）。領導者不只在教室中，也在學校的各個角落或活動裡，運用他們的感化力（Crowther, Kaagan, Ferguson, & Hann, 2002）。教師領導者對學生和他們的學習都可以做一些計畫及改變。

- 組織團隊與集體效能——這種能力是一種與團體績效（Katzenbach & Smith, 2005）、專業學習社群（Hord, 1997），以及實踐的群體有關的概念（Wenger, 1998）。小組可以是教師的小團體、系所的團體、學科領域的團體、跨年級，甚至是整個學校的團體。教師合作分享有關學生學習的見解，並對學生的學習共同負起責任（Newmann,

King, & Youngs, 2000; Newmann & Wehlage, 1995）。在小組裡，教師提升自我能力，並將此種效能有意義地反映於學生的學習。

- 全校性的教學──全校性的教學（Crowther, 2001）就是課程統整的概念（King & Newmann, 2001），它與學校教學的方法有所關聯，教師分享他們的教學策略，並一起建構一個共同的目標，使教學得到最好的反思與實踐。它符合現今當局所要求的目標，也符合社會價值的共同目標。

組織能力

組織能力是指建立適當的結構、過程和組織文化，以提升組織效能（Leithwood & Riehl , 2005; Mitchell & Sackney, 2001）。

- 分享式領導──此要素近似於分佈、分散和民主領導的概念（Yep, 2005），在它的核心，分享式領導提供了專業論壇以利於發揮學校效能，而其運作必須伴隨著組織的凝聚力和互信。

- 組織學習──學習型組織就是組織內部所有層級、全體的人員都要能持續提升自己的能力，去創立他們想要創新的事情，就是整個組織均在學習的感覺。這個組織在創新、獲取和轉換知識上是熟練的，並且能修改一些作為去反映新的知識和視野。

- 組織結構──組織結構可以提升成效也可以阻礙成效（Hoy, 2003），結構包含正式和非正式的安排，掌控工作及人際關係、權力的分配、步驟、常規、制度、資源及溝通的管道和過程。

- 安全的環境──創造一個對學生和成員而言，身心方面都很安全的環境。當學校身處充滿挑戰的環境中時，創造安全環境的能力是非常重要的。

社群能力

學校是一個涵蓋眾多民眾的較大社群之一部分，亦即，其中含有：組織、團體和個人，這些組成元素都對學校有直接或間接的利益存在。民眾的參與和承諾為以下相關的議題提供了彼此的利益：⑴成員視自己為利害關係人的群體意識；⑵有參與動力；⑶領導技巧可以被運用；⑷資源的取得（Chaskin, 2001）。

- 社會資本——這是一種人際關係的價值（Baker, 1992; Bourdieu, 1986; Coleman, 1988）。Putman（2000）描述它是一種個體間密集的網絡連接關係，包含了社群牽連所產生的互惠互信準則。它是一種個人能從人際關係中獲得的資產（Leithwood & Riehl, 2005）。
- 社群網絡與聯盟——能提供資源、專門知識、新視野及支持的組織和機構串連形成聯盟及社群。建立夥伴關係聯盟需要策略及目標的途徑（Watson & Fullan, 1992）。
- 父母與學校間的夥伴關係——父母與學校間的夥伴關係能幫助家庭及學校建立一個環境引導學生提升學習能力，尤其是在充滿挑戰的情境中（Leithwood & Riehl, 2005; Leithwood & Steinbach, 2003）。
- 關係行銷——關係行銷（Drysdale, 2001, 2002; Grönroos, 1994）試圖建立、發展、提升及維持某些組成學校社群的特定團體，及成員間的關係，甚至終止某些特定情況。學校必須有顧客導向及同質性的改變，例如，改變顧客為支持者，他們可能隨著關係的發展而成為擁護者及最終的夥伴。

其他影響（等級三的影響）

最後影響學生成就的因素歸類為「其他影響」（等級三的影響）（King

& Newmann, 2001）。個別學校也許有著不同的因素，但都可能包含了內部及外部的層面，包括：來自政府（系統性或區域性）、家長和其他組織的政策與計畫；有關學校組織特性，如規模大小、設施、資源；社群資源，如公共圖書館、運動設施及交通運輸；以及社經背景，如人口統計資料、職業結構及社區財富。Day 等人（2000）認為卓越的校長善於處理競爭時的壓力及兩難局面，如：調整外部來迎合學校本位需求，及透過參與關鍵決策團隊來影響外部的資源投入。Day 等人（2000）同時發現，學校的組織特性也很重要，舉例來說，小學校的領導風格較偏向具挑戰性，乃由於校長承擔較大的工作負荷量，以及小組織成員要具備能提供新知及舊經驗來應付與日俱增而多元的課程內容。

Giles、Johnson、Brooks 和 Jacobson（2005）說明了一位校長善用及影響學校的社區環境，他們舉 Fraser Academy 為例。校長在一個具有挑戰性的情況下接管了學校，不但改善了學校本身，也改善了當地鄰近社區，進而同時使學校成為對學生及大人們來說都是安全的學習環境。經過八年的時間，老師們不再感到受威脅，鄰近社區的毒品交易行為減少了，住宅品質提升了；更重要的是，學生想去學校就學。這位校長有一項特質，就是能善用外部環境來轉化學校。例如，這位校長運用系統化的績效責任來要求教職員及家長們聚焦於學生的學習活動。Leithwood 和 Riehl（2005）在他們第五個有關於卓越學校領導的主張中提到，這些領導者的行為證實了績效導向的政策背景是重要的。

 ## 個案研究形成之歸納整理

本章提供了校長在實踐此模式時常用的典型行為。校長的教育領導展現在參與各種不同領域，尤其是教學、學習和學校能力等方面。校長卓越領導的因素，不外乎信念、價值觀、願景、個人特質，和校長領導風格。

就學生學習成就來說，校長設定高的學習成就目標，還有增加其他令學校社群滿意的額外成果。在教與學的部分，其介入因素包含：學生領導計畫、重新設計課程的關鍵元素、質疑實施的教學策略，及接受多元的評量措施。就建立個人能力的介入因素來看，包括刺激教師思考未來發展，提供提升教學技巧和知識的學習活動；同時，能透過反省性的教學和與其他學校及機構的網絡連結來促進自我認知。在專業能力的層級中，鼓勵教師以小組活動來發展成為教師領導者。激勵教師檢視自己的教學方法，並能發展出學校全校性的教學。就組織能力而言，校長常常要修改現存的科層結構，並善用合作決策。另外，與社區及工商團體發展網絡及聯盟，改善家長與學校間的關係，積極鼓勵更多社區參與和認同等層面來尋求社群支持。顯而易見的，校長密切與學校其他成員及廣大的社群共同合作。而儘管校長領導風格舉足輕重，學校辦學成功的因素亦深受其他人的領導影響，特別是教師，當然也包含了相關的學校監督階層，而某些時候，學生亦然。就「其他影響」層面來看，校長必須具有察覺當前的政府政策並將其善用於影響學校發展的能力，並能有鑑析課程及化解外來挑戰的豐富歷練。

結論

本研究強調校長對學校教育品質的重要性。從維多利亞省的角度來看，校長對一個卓越學校具有重要及決定性的影響力。此處的個案研究顯示了校長對學校的教育計畫具有重大的貢獻。此個案研究中定義出的校長人格特質和能力，表現出卓越校長普遍和一致的個人特徵及行為，包含了校長的價值觀、信念及對培養能力、教學與學習過程的貢獻。

附錄 1　各個學校的特性

學校編號	學校類型	學校背景	學校規模	校長性別	領導團隊（規模）
A	5-11 歲公立小學	郊區裡低社經	218 位學生，大部分是盎格魯撒克遜人，有 20% 的家庭是非英語系的家庭。15 位教師。	男	4 人（校長、助理校長、2 位領導教師）
B	5-18 歲公立特殊學校	郊區裡由低到高社經皆有	120 位學生，雖然主要是盎格魯撒克遜人，但是多種文化的組合。50 位教師。	女	5 人（校長、助理校長、3 位領導教師）
C	5-11 歲天主教小學	郊區外圍低社經	146 位學生，是盎格魯撒克遜人，只有 2% 的家庭來自非英語系的地區。11 位教師。	女	5 人（校長、副校長、宗教教育輔導員、識字輔導員、課程輔導員）
D	5-11 歲公立小學	郊區外圍中等社經	580 位學生，主要是盎格魯撒克遜人，5% 學生家庭為非英語系。52 位教師。	女	5 人（校長、助理校長、3 位領導教師）
E	12-18 歲公立中學	郊區中等社經	1000 位學生，主要是盎格魯撒克遜人，25% 學生家庭為非英語系。70 位教師。	女	13 人（校長、2 位助理校長、10 位領導教師）
F	5-11 歲天主教小學	郊區低社經	388 位學生，73% 義大利，8% 亞洲，7% 阿拉伯，4% 盎格魯，4% 希臘，3% 歐洲，1% 南美。20 位教師。	女	8 人（包含校長、副校長及宗教教育、教與學、識字、數學、資訊科技等輔導員）
G	5-11 歲天主教小學	郊區中等社經	385 位學生，多元文化，51% 是盎格魯，11% 父母出生於義大利，14% 中國，8% 其他亞洲國家，少數來自其他 22 個國家。18 位教師。	女	6 人（校長、副校長及宗教教育、課程、資訊科技、學生福利等輔導員）
H	5-11 歲天主教小學	郊區由中等到高等社經	435 位學生，大部分來自英語背景家庭，其他以義大利背景學生為主要。22 位教師。	男	5 人（校長、副校長及宗教教育、課程、資訊通訊輔導員）
I	3-18 歲私立男校幼稚園到高中	郊區高等社經	1330 位學生，主要是盎格魯撒克遜人，30 位自費海外學生。128 位教師。	男	9 人（校長、校務管理副校長、校務聯絡副校長、中學主任、課程主任、事務管理主任、資訊部校長助理、學生領導校長助理、財管主任）

參考文獻

Baker, W. (1992). The network organization in theory and practice. In N. Nohria & R. G. Eccles (Eds.), *Networks and organizations* (pp. 397–429). Boston, MA: Harvard Business School Press.

Bolam, R., McMahon, A., Stoll, L., Thomas, S., & Wallace, M. (2005). *Creating and sustaining effective professional learning communities*. Research Report RR637, Bristol, UK: University of Bristol.

Bourdieu, P. (1986). The forms of capital. In J. G. Richardson (Ed.), *Handbook of theory and research in sociology of education* (pp. 241–258). New York: Greenwood Press.

Chaskin, R. J. (2001). Building community capacity: A definitional framework and case studies from a comprehensive community initiative. *Urban Affairs Review, 36*(3), 291–323.

Coleman, J. S. (1988). Social capital in the creation of human capital. *American Journal of Sociology, 94*, 95–120.

Crowther, F. (2001). *Teachers as leaders: A conceptual framework.* Report to the Australian Research Council. Toowoomba: University of Southern Queensland.

Crowther, F., Kaagan, S. S., Ferguson, M., & Hann, L. (2002). *Developing teacher leaders.* Thousand Oaks, CA: Corwin Press.

Day, C., Harris, A., Hadfield, M., Tolley, H., & Beresford, J. (2000). *Leading schools in times of change.* Buckingham, UK: Open University Press.

Department of Education and Training. (2003). *Blueprint for government schools.* Melbourne: Department of Education and Training.

Di Natale, E. (2006). *What are the qualities, skills and leadership styles adopted by a successful school principal in a successful Victorian specialist school.* Unpublished Master of Education thesis, The University of Melbourne.

Doherty, J. (undated). *Successful leadership in an independent school in Victoria, Australia.* Unpublished Doctor of Education thesis, The University of Melbourne.

Drysdale, L. (2001). Getting the most out of marketing for schools, ACEA Monograph. No. 29, Supplement to *The Practising Administrator, 23*(4).

Drysdale, L. (2002). *A study of marketing and market orientation in selected Victorian schools of the future.* Unpublished Doctor of Education thesis, The University of Melbourne.

Drysdale, L., & Goode, H. (2004). *Successful school leadership project, school D case study, Victoria, Australia.* Unpublished research report, The University of Melbourne.

Ford, P. (undated). *Successful leadership of successful Catholic primary schools in the archdiocese of Melbourne, Australia.* Unpublished Doctor of Education thesis, The University of Melbourne.

Grönroos, C. (1994). From marketing mix to relationship marketing: Towards a paradigm shift in marketing. *Management Decision, 32*(2), 4–20.

Gurr, D., Drysdale, L., Di Natale, E., Ford, P., Hardy, R., & Swann, R. (2003). Successful school leadership in Victoria: Three case studies. *Leading and Managing, 9*(1), 18–37.

Gurr, D., Drysdale, L., & Mulford, B. (2005) Successful principal leadership: Australian case studies. *Journal of Educational Administration, 43*(6), 539–551.

Hardy, R. (2006). *Successful leaders in successful schools: A case study of a government primary school principal in Victoria, Australia.* Unpublished Master of Education thesis, The University of Melbourne.

Harris, A., & Muijs, D. (2005). *Improving schools through teacher leadership.* Maidenhead, UK: Open University Press.

Hord, S. M. (1997). *Professional learning communities: Communities of continuous inquiry and improvement.* Austin, TX: Southwest Educational Development Laboratory.

Hoy, W. (2003). An analysis of enabling and mindful school structures: Some theoretical, research and practical considerations. *Journal of Educational Administration, 41*(1), 87–109.

Hill, P. W. (2002). What all principals should know about teaching and learning. In M. S. Tucker & J. B. Codding (Eds.), *The principal challenge* (pp. 43–75). San Francisco: Jossey-Bass.

Hopkins, D. (2001). *School improvement for real*. London: Routledge Falmer.

Hopkins, D., & Harris, A. (2000). Introduction to special feature: Alternative perspectives on school improvement. *School Leadership and Management, 20*(1), 9–14.

Karvouni, A. (2005). *Successful school leadership in Victoria: A case study of the principal of a government secondary school*. Unpublished Master of Education thesis, The University of Melbourne.

Katzenbach, J. R., & Smith, D. K. (2005). The discipline of teams. *Harvard Business Review, 83*(7–8), 162–171.

King, M. B., & Newmann, F. M. (2001). Building school capacity through professional development: conceptual and empirical considerations. *The International Journal of Educational Management, 15*(2), 86–94.

Knowles, S. M. (1986). *The Adult Learner: A Neglected Species*. Houston, TX: Gulf Publishing.

Giles, C., Johnson, L., Brooks, S., & Jacobson, S. (2005) Building bridges, building community: transformational leadership in a challenging Urban context. *Journal of School Leadership, 15*(5), 519–545.

Leithwood, K., & Riehl, C. (2005). What do we already know about successful school leadership? In W. Firestone & C. Riehl (Eds.), *A new agenda: Directions for research on educational leadership* (pp. 22–47). New York: Teachers College Press.

Leithwood, K., & Steinbach, R. (2003). Successful leadership for especially challenging schools. In B. Davies & J. West-Burnham (Eds.), *Handbook of educational leadership and management*. London: Pearson Education.

Mitchell, C., & Sackney, L. (2001). Profound improvement: Building capacity for a learning community. *Journal of Educational Administration, 39*(4), 394–398.

Newmann, F. M. (1996). *Authentic achievement: Restructuring schools for intellectual quality*. San Francisco: Jossey-Bass.

Newmann, F. M., & Wehlage, G. G. (1995). *Successful school restructuring: A report to the public and educators by the center on organization and restructuring of schools*. Madison, WI: CORS.

Newmann, F., King, B., & Youngs, P. (2000). *Professional development that addresses school capacity*. Paper presented at the annual meeting of the American Educational Research Association, New Orleans.

Patton, M. (1990). *Qualitative evaluation and research methods*. Newbury Park, CA: Sage.

Putman, R. D. (2000). *Bowling alone: The collapse and revival of American community*. New York: Simon & Schuster.

Senge, P. (1990). *The fifth discipline: The art and practice of the learning organisation*. New York: Doubleday.

Stoll, L., Fink, D., & Earl, L. (2003). *It's about learning (and it's about time)*. London: Routledge Falmer.

Toole, J. C., & Louis, K. S. (2002). The role of professional learning communities in international education. In K. Leithwood & P. Hallinger (Eds.), *Second international handbook of educational leadership and administration*. Dordrecht, The Netherlands: Kluwer.

Watson, N., & Fullan, M. (1992). Beyond school district-university partnerships. In M. Fullan & A. Hargreaves (Eds.), *Teacher development and educational change* (pp. 213–242). London: Falmer Press.

Wenger, E. (1998). *Communities of practice: Learning, meaning, and identity*. Cambridge, UK: Cambridge University Press.

Wiggins, G., & McTighe, J. (1998). *Understanding by design*. Alexandria, VA: ASCD.

Yep, M. (2005). *Principal and teacher perceptions of shared leadership*. Unpublished Doctor of Education thesis, The University of Melbourne.

永續卓越的挑戰：
在英國的學校領導

Christopher Day

引言

　　本章所闡述之研究，係針對十位卓越且經驗豐富的校長進行多角化的研究，這十位校長來自於市區和市郊大小不同的學校（學校人數和學校免費供餐指數介於 20% ～62% 之間）。所有校長提升了學生的評量成績，並受校長同儕高度推崇。他們的主要特點在於這些校長之間無論風格和策略，皆顯示其對教育、學生及工作社群的熱情，致力於學生和社區，因此被認同和讚賞。他們轉換熱情為實踐，而學生的成就也已持續提升並超過一段時間。研究顯示，這些校長能應用並結合必需的領導價值觀、素質和技能而持續成功，使他們能夠藉由領導的變革，解決許多緊張和困境。

　　這些校長的選擇依據，是他們的學校過去四年來（1999 至 2002 年）在教育與科學部的改善數據，這些數據均呈現全面的上升趨勢，並在近期的教育標準局（OFSTED）[1] 報告中，學校的領導被形容為「卓越的」或「傑出的」。並進一步使用校長的經驗、性別、年資和社經地位（SES），以及

---

1 Ofsted 是對所有學校進行外部視察的獨立負責機構，每年直接向國會報告。

學校的學生結構和地理位置等，來做更多的篩選。這些校長服務的學校包
含一所幼兒學校、五所小學和四所綜合中學，而這些學校都位於我們所形
容具有挑戰性的城市環境。學校設於居民之社會貧乏程度相對較高的地區，
學生已知有資格獲得免費校餐的百分比，和學生鑑定為有特殊教育需要的
百分比，遠高於全國的平均（見表 4.1）。事實上，大多數學生是屬於低成
就的。

> 他們一開始時便處於不利地位……他們的語言發展和社會技能
> 是貧乏的。（老師，小學 10）

在英國，所有學校均為公有制，並由地方教育當局所掌管。這些學校
有三所位於回教徒區，其他學校則沒有顯著比例的其他少數族群學生。這
些校長有六位是男性（三所小學、三所中學）和四位女性（一所幼兒學校、
兩所小學和一所中學），除了三位以外，其他的年齡均已超過五十歲。所

表 4.1　校長及其學校

學校						校長			
形式	學生數	年齡	免費供餐指數	學生種族混合	學生來源地區	年齡	性別	擔任公職時間	曾任校長
中學	630	11-16	31	多為白人	郊區	40-49	男	5	無
小學	465	3-11	62	多為亞洲人	城市內	50-59	男	27	無
小學	240	3-11	32	多為亞洲人	城市內	50-59	男	22	無
小學	212	3-11	52	多為白人	郊區	50-59	女	9	無
小學	200	3-11	56	多為白人	城市內	50-59	男	14	無
中學	1500	11-19	42	多為亞洲人	郊區	50-59	女	14	無
中學	799	11-16	20	多為白人	大都會	50-59	男	10	無
中學	1830	11-18	20	多為亞洲人	郊區	40-49	男	9	有
小學	330	3-11	36	多為白人	大都會	40-49	女	4	無
幼兒	183	3-5	43	多為白人	郊區	50-59	女	6	無

有校長都已在職至少五年，甚至有兩位已超過二十年，其中只有一位曾擔任過校長的職位。

當校長被任命，學校是要「向上提升」或是「向下沉淪」，取決於他們的學術造詣和社會思潮（Stoll & Fink, 1996）。結果顯示，在他們的任期內，都持續在改善學生的成就和社會風氣。

一所設在一個海港區的小學，有34%的成年男性失業，與「慘不忍睹」的房屋和一些兒童受虐待的問題，以及社會服務的問題。1990年時，校長來到這所中學，中學已「失去一群孩子」。現在學生人數增加，而且有5%的學生評量成績在頂端。所有校長們持續不斷地奮鬥（battled），以獲得他們社區的支持，並在成員和家長之中建立「做得成」（can do）的氣氛：

> 我認為一個校長帶給任何組織最重要的元素，是對組織風氣的印象。（校長，中學1）

人們見證到一些校長幾乎成功地完全改變學生結構。舉例來說，一所設在猶太人社區的城市小學，現在已經有80%的學生是孟加拉裔的，有極少數的是雙語。另外一所坐落於一個前礦業社區的小學，主要為白人人口，多年來也已經受到改變。

如同文獻證據顯示，要持續卓越，須從通過國家學力測驗和考試成績，及校長和主要關係人意見等方面去尋找。因此，針對學生、行政人員、家長、教學和非教學工作人員進行訪談，以三角檢測法為基礎建立具可信度的報告。訪談問題聚焦於個人和專業背景，及對校長和他們學校的影響——學生、社區和政策的挑戰；校風；成功背景；學生成績和學校卓越的理由與兩者的互動關係；校長的角色也包含在內。

「標準」議題

為追求改善，接連的政府壓力已成為組織結構的一部分，那就是我所期待的，我想問題在於，如果你排除其他事情來主導，那它就成為壓力……如果你成功，那壓力會降低，如果你遭受批評，因為你是不成功的。（校長，小學4）

在英國，政府加強「標準」的議題，其重點是引導和執行國家政策，以測量學生的成就和達成學校外部的表現標準，來闡述校長的國定能力架構（DfES, 2004）和外部獨立於學校的視導，已使得：(1)明顯地緩和學校中個人、學業和社會成長間的複雜關係；和(2)彰顯領導者的角色，以確保學生達成特定領域課程的國家目標。這議題透過訂定目標、評估和衡量成果，明顯地聚焦在理性的管理規畫。這讓愈來愈多的校長和教師為達到此種成功而受限制，因為他們的願景只有達到更好的「考試成績」，而未能著眼於提供個人和社會所需的教育，亦即教育是以道德作為教學目標，是為了促進民主的理想社會。校長作為領導人中的領導人，即所謂的文化遵從的一部分（Ball, 2000）。藉由一種更破壞性的角色，或協調外部議題的執行方式，可以確保校長置於改革議題中。這些卓越的校長從工作中，獲悉核心價值的觀念和做法。然而現在超越後福利主義的論述，公共服務改革的特點是藉由減少教育廣度，和強調測驗、比較，及學校外在評鑑和企業精神。他們完整地提升關懷和社會正義教育，而不是服務中「附加價值」的部分（Bottery, 2000）。持續的市場化改革沒有使他們成為教育市場化的經營家（Thrupp & Willmott, 2003, p. 45）。實際上，他們明確「譴責市場價值和市場力量潛在腐敗的影響」（Grace, 2002, p. 197）。

以往研究英國卓越的學校領導（Day, Harris, Hadfield, Tolley, & Beresford,

2000）曾透露，現有卓越學校領導的理論無法包含或充分反映校長工作的錯縱複雜性、困境和緊張局勢。藉尋求各方參與者（利害關係人）的觀點，而找出困境——從或大或小互不相容的選項中選擇行動方針（Clark, Dyson, Millward, & Robson, 1999, p. 170）；和緊張局勢——領導人在多元選項中，承受選擇的壓力——而這是校長特有的生活。研究確定了三個難題（發展或解僱員工；權力的賦予與否；外部變革議題的轉介或調解）和七個緊張局勢（領導能力 vs. 管理能力；發展 vs. 維持；內部變化 vs. 外部的變化；獨裁專制 vs. 獨立自主；個人時間 vs. 專業任務；個人價值觀 vs. 體制命令；小學校的領導模式 vs.大學校的領導模式）。在這份研究中，一位卓越的校長需要具備什麼樣的特質？除了強烈的責任感，還有以價值為基礎的領導和一般素質和技能的水準，這些是他們的成功管理能力。研究得出結論認為，雖然社會、政治、經濟和專業背景有重要影響，但是卓越的校長之所以成功的最大主因，主要是由於個人的價值體系。看來，道德目的、情感和理性的承諾和道德與社會結合，使領導能力的程度比外來的目的更加有力。

從現行的研究指出，在學校面對具有挑戰性的情況下，卓越的校長提供了更進一步做選擇的證據。從研究中浮現三個主題，同時指出學校在具有挑戰性的情況下，不只是成功領導能力的理性、社會和情感的複雜性，而是這十位校長，在領導和管理學校社群中的困境及緊張中，如何維持成功。

1. 道德目的和社會正義。這個主題有許多相關的子題：願景和適應力；明確和堅持的價值觀和信仰；聚焦在道德目的；培育一個包容的社群。

2. 組織期望和學習。校長對於全體成員和學生有高度的期望，建立內部資本和能力，並「帶頭學習」。

3. 認同、信任和熱誠的承諾。校長確認和維持教育工作的個人和集體認同，恢復信任和熱情。

道德目的和社會正義

Leithwood 和 Jantzi（2004）認為，要評估學校的領導，須是國家公認學生有閱讀書寫及數學的能力，建議政府政策是要推動學校領導人的績效責任，「不只是服從執行上級的政策，而且還要改進學生成就……是非常不合乎道理的，地方教育當局應負責訂定政策面向事項，對學校的職責充其量只是負責部分的管理」（p. 29）。在這個研究中的校長們意識到他們角色的緊張，係在於協調政府的政策和他們責任的釐清。

> 我很歡迎（績效責任）的政策，它讓我們持續進步，但是有太多政策之推展使學生不勝負荷，影響心理層面之生命感情與身體的自然成長，如此確實產生相當多不好的感覺。（校長，小學 3）

> 我認為一個成功的學校需要考慮到每個學生的需求，應該設計一個寬廣的課程，不是僅有狹窄的英語和數學，一種簡單的課程設計而已；有寬廣的課程，例如歷史、地理、參觀、訪問及戶外教學、陶器製作等等。這些課程能擴展學生的視野，使學生得到適當的學習，我認為對於在教室裡學習閱讀書寫的能力而言有顯著的影響。（副校長，小學 1）

校長政策上的責任，是讓每位學生在政府的測驗中發揮潛能和參與學校教育。但他們發現這是錯誤的，同時也強烈批評。校長認為對學生最重要的是確保道德和倫理承諾的全人發展。

> 在這裡，我們最費心的問題是接受在別處被排擠而轉來的孩

子。在主流措施裡，對於有行為問題的孩子是讓孩子進入一所特殊
學校。在這裡，他們沒有被中學排除在外。近年來，對那些行為偏
差孩子的教育措施，是仰賴非常有教育愛心父母的庇護家庭。也已
經有幾個庇護家庭的孩子，經過一段時間的關懷，已有顯著的改
善。另外有一些行為偏差的孩子，無法獲得政府教育基金系統的協
助，但他們在這裡仍可以獲得積極的教育。（校長，小學 4）

校長的目標是要確保學校**公平和社會正義**的原則，「透過建立教師、
學生、家長和社群成員之聯盟，共同做決策，來確保公平和社會正義」
（Whitty, 2002, p. 77）。

我認為他是一個積極反種族主義的實行者。當地人士希望學校
能雇用他……作為社區模範的代表……例如，齋戒月時，安排孩子
可以在飯後讓他們禱告。（教師，小學 10）

以往，不容許父母進來學校……現在他們可以進來，而且在辦
公室幫忙……使用學校成員的房間，對待他們就像合夥人一樣。
（教師，小學 11）

我的角色是包容每一個人……尊重全身刺青的家長，也許他並
非清白無瑕……我仍視他為社會的一分子……在學校中，我們接受
了數個應該到特殊學校的孩子，但這個學校符合他們的需求，雖然
不會提升我們全校的學業性向成績。我鼓勵他們留下來，因為我認
為……我們要尊重我們的社群。（校長，小學 11）

校長在挑戰的環境中，不會待在爭執線上，如同和「沼澤低地」保持

距離（Schon, 1983），校長不採轉型領導的浪漫主義者 Christie 和 Lingard（2001）作風，他們是用心採用和平解決辦法「如何做？」的訓練者和善意作家。

研究指出，這些校長已經從社群中建立能力，能夠永續他們的教育願景。教師談到校長支持他們的承諾，是希望學校更多元、更重要，有道德、實踐和價值，如同 Hargreaves 和 Fink（2003）永續領導的探討，人們被賦予能力「在逐漸複雜的環境中適應和繁衍」（p. 13）。短期主動地回應問題和避免外部的強制改革。取而代之的是，校長考慮到將來建立長期成長和持續性的能力，以及建立共同目標、過程和成功。

> 但學習在廣義上，是根據社會結構之標準而來的。因此，社會的重要性有兩個理由：首先，社會提供學習者更廣泛的脈絡，可以引導、激勵他們去學習；其次，社區環繞學校……可以經常為學習者提供未開發的資源……（Bentley, 2001, p. 131）

這些卓越領導的校長推動很多事務，「從學校領導轉移到以社群為基礎的行動」，作為生存之道（Nixon, Martin, McKeown, & Ranson, 1997, p. 122）。校長的動機強調，學校寬廣的道德目標優於短期應執行的議題。

> 我們有家長到校執行社區課程——科學、閱讀和數學，他們能幫助課業能力不足及一些學習不佳的孩子。（教師，小學 2）

> 假如你一直告訴周遭的人他們有多好，他們也會開始這麼相信，一旦他們開始相信，然後你就能夠提供他們很多事實，而實際上你也能提供他們很多他們想要的事情。他們終究是那些孩子的第一個教育工作者，而我們只是後來加入的。（校長，小學 4）

這是一種真實的社區精神。（行政人員，中學 1）

組織期望和學習

這些校長聚焦在設定和維持方向，透過非正式和正式的支持和模範，以發展人才，並重新設計組織結構，涵養文化素質，以便成員共同參與，增進個人和組織合作關係，讓個人對組織有向心力與歸屬感。

當學校被評鑑為一所好學校時，這是值得驕傲的事，也是專業的問題，具深厚文化氣息的學校絕對可和一般學校做區分，它有制度、有監控、有小孩成長資料、是「牧羊人般的關懷」系統；它可以找到管控的標準、課程的觀察，及良好的經營方式；並鼓勵成員在職的進修和研習，在優質的校園文化中使學校成員對學校有很強的向心力，以能成為學校的一員為榮，這對評定為優質的校園文化更容易做區別。（校長，中學 8）

這是一個非常有向心力的團隊。校長致力於引導大家。（副校長，中學 1）

所有成員團隊合作，利用與建構社會資本，以便創造豐富的共同經驗，和助長個人集體資本，來回應變革和績效責任。

校長具有想法，她是個領導者，她是學校代表。如果她有個很棒的想法，成員不能只附和她，否則是不成功的。我們全部都同意她的願景和我們共同的想法。我們有共同追求的目標。（教師，小

學 2）

但是，從資料清楚可知，如此團隊合作，不是個人知識、經驗和判斷的替代品，而是彼此的互補。所以，校長引導成員組成教學團隊，集合大家的力量，共同分擔學校的教學活動和經營學校的責任。

> 學校裡的成員認真工作，彼此互相學習和支援，常舉辦觀摩教學，並且說：「您對於這件事有何看法？」對課程組織方面，每位老師期待更高的水準，在觀摩教學過程中如有問題提出討論，冒著爭執危機，並且根據課程組織和計畫做基礎，最後獲得意見的溝通。這個團隊重視大家分享有效的教學方法，所以只要你能提出有效的教學方法，就會有人願意與你一起分享……建立對話機制，以提高教師教學品質。（校長，小學 4）

在這個研究中，這些卓越領導校長的辦學是全心投入的，Southworth（2003）所謂「以學習為中心的領導」（learning centred leadership），就是以身作則引領大家學習，培養教職員的才能及發揮學生的潛能，政府和家長二者如同學校的合夥人，共同負起提升學生的學習成就責任。換句話說，他們期望社區支援學校教學，建立一個學習型組織的學校。

> 校長經常利用不同方式得到回饋。與學生有約，和他們談日常生活或學校事務。他會從成員那裡得到回饋，當我們為學校做任何事情時，他會說：「坐下來談一談，是不是遇到了什麼問題？進展順利嗎？下次我們能如何改進？」因為他把大家當作朋友，時時刻刻關心著大家。（副校長，中學 1）

校長在經營學校時，不會隨便給成員太多的稱讚。她會說：「我喜歡那個想法」，你知道你是值得稱讚的，你知道你正在努力的工作。你知道在學校裡，你是特別的、重要的，學校需要你。（教師，小學2）

在學生和家長的回饋之外，教師會給他許多建議。（學生，中學3）

校長從家長、學生、同事等各方面得到的回應是足夠的，從同事反應可以察覺哪些做法是合理的，也會有人建議不要那樣做。當校長一直重複說對的事，人們就知道它是重要的。如果他們遇到問題，就和校長面商後得到解決。校長說，我們是很好的傾聽者，不管我喜歡不喜歡聽，我都會接受，專心傾聽，而不是要對他們的回應表現出防衛。開始想問題出在哪裡？如何為他們解決問題？或建議他們解決事情的方式。（校長，中學3）

在這所學校，成員很樂意和我交談，如果他們有疑慮，通常我是第一個知道的，他們會直接清楚地表達個人疑慮，或者他們會以另外的方式傳達。（校長，小學4）

如果學校做法有錯誤，校長會說：「抱歉！我們弄錯了」，並站在辦公室毫不避諱對每個人說，他會承擔一切責任，他容許所有的成員犯錯。他寫信給家長，並歡迎他們任何的批評及建議。校長會自己檢討，對大多數同樣的批評及建議表示認同：「來吧！看看我們該如何解決這個問題。」（副校長，中學6）

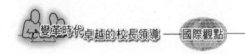

校長對每件事在心理層面做許多準備，知道如何處理有關人際微妙的問題，他也很注重學校所有技能訓練課程。他才到任時，就一刻不停歇地為這個學校的發展用心經營，「喔！現在我可以做到了。」他永遠在發掘學校的弊病，以及如何改善學校的問題，增進學校效能，建立優質校園。（支援人員，中學9）

認同、信任和熱誠的承諾

我感受到這種熱誠的感覺，就像喜歡學校的熱誠。我有一種感覺，她覺得學校獲得成功，她就成功了……她總有一個強烈的企圖心去維護或提升學校水平，和讓學校更好……我認為這個人會成功。（父母）

所有校長都付出非常多的時間，不僅在建立父母參與學校活動，他們自己、他們的同事和他們孩子的學習，而且也參與外部贊助的計畫。例如：與 EAZs（Education Action Zones, 教育行動區域）、LEA（學區），包含社區在內創新的計畫、網路學習社群，以及連結到地方劇院、音樂學院，和「風箏標記」（kitemarking）的學校（例如：Investors in People、Beacon 或 Specialist School Status）建立網絡，以及與其他地方的學校交換學生。從慈善基金會取得贊助，為了父母親開發設立國家專業品質標準（National Vocational Qualifications, NVQ）和其他專案。

我認為，關於領導，你必須渴望去做出與眾不同和具有自己特色的學校，並且我知道關於「我的學校」這是一個首要的話題。雖然他們有很多的變數，你必須想要去做，因為實際上它要花費相當

多的時間。我確實認為這是最富創造力的工作，特別是中學，因為它像一個龐大的交響樂團。但除非你要贏得勝利，除非你有強烈的企圖心，除非你準備好投入其中，否則你將永遠得不到最後真正卓越的獎賞。（校長，中學 3）

他非常富挑戰性，但他不會要求我們做任何他自己沒有參與的事。當他剛上任的時候，我不認為他會這樣做。開會時，真的大家都必須出席，雖然他非常願意挑戰，但不會要求我們做任何一件事超過我們能力所及的事⋯⋯因此我認為，對我而言那是非常卓越的，因為我不曾看過許多校長會像他那樣做。（老師，中學 5）

（校長）⋯⋯（能夠在這裡）是這所學校最幸運的事了，（在他來之前）我們有很大的麻煩，（校長經營一段時間以後）當督學來過之後，我們接獲極佳的報告。他對這個報告感到很開心。每次我們在集會時，他總是不只一次提到這件事。他總是說，這是他曾經服務過最好的學校。（學生，中學 6）

不只是學生，學校成員在這裡似乎也很愉快。他在每一件事上都表現出強勢的領導；甚至於放學以後，目光還是專注於學校之事。他以身作則的領導方式得到大家的信任，他事分輕重緩急，所有事情都在他的控制之下。他獲得整個團隊的好感，所有職員看來非常愉快和非常忠誠。如果不是因為他的領導，他們也不會如此。（父母，中學 1）

卓越的領導，特別是在富挑戰性的學校和社區，包含了熱情行動。它需要承諾、勇氣和決心，並且有「高水平情感能量（high levels of emotional energy），它要求參與者強烈相信他們的信念，而且內心清楚地保有共同的最大興趣」（Sachs, 2003, p. 149）：

　　我認為他是主要關鍵人物。整個老師團隊為他服務，他顯然讓他們全部結合在一起。他似乎有很多時間留給職員、父母和孩子。我認為他非常熱衷於自己的工作，他要這學校表現好，他要孩子表現好。我認為那就是他卓越領導的原動力。（父母，中學4）

　　各所學校、各個校長有他們獨特的共同認同，這就是Thomson（2002）所說的學校的「本質」（thisness）。各個領導者和其他人透過許多一致的改革策略、零星但強化的工作，改變了社會。表面上，這些元素不斷的環繞在社區，而每個元素都有著信任的滋養和支持：

　　這是他管理的方法，讓我們自我摸索。我信任他，全心地信任他。當我對他說：「我還未做這個」，他會說：「沒關係」，但我知道當他進到我的教室，他會有一個合理的處理方式。他不會揮動一個大棒子說：「你一定要做這做那」。他不是一個愛限制控制別人的人。他是一個為地方、為孩子和為學校成員著想的人。（老師，中學4）

　　她讓人們管理並賦予人們責任，她用最少的干涉讓他們做自己的工作。但是，如果你惹上麻煩或你需要忠告時，她會在那裡，她會給你一件任務，並且說：我期望你做A、B、C、D和E，因為我認為你可以做得到。所以你想：「我一定要完成那項工作」，而且你做到了。她顯然承擔了責任，基本上她是無為而治。（支援人員，小學6）

　　父母信任他。他知道當他說某事即將完成，這個從父母來的信任水平，是所有經歷過的事串聯起來的。他高級的管理只管控重要部分。（支援人員，中學 2）

　　Bryk 和 Schneider（2003）報告中指出了 1990 年代中期，在芝加哥排名前 100 位和倒數 100 位學校的研究結果，卓越學校的卓越領導確定了「信任關係」的四個特質——尊敬、能力、關懷和正直。他們指出，擁有這些特質的領導人「促進信仰的發展、價值觀、日常的組織和個人的行為，有助於影響學生的承諾和學習」（p. 115）。經由他們日常的領導行為，可以發現信任關係和學業成就有相關性，例如：

　　　　在 1994 年有三次報告提出，有強力正向信任關係的學校，較微弱信任的學校，可以提升學生的閱讀和數學成績。到 1997 年，有強力正向信任的學校可以有二分之一的機會改善學校，相對的，微弱信任關係的學校只有七分之一的機會，從 1994 年和 1997 年大部分的報告顯示，微弱信任關係的學校實際上很少有機會提升閱讀和數學成績。（p. 111, reported in Fullan, 2003, p. 42）

　　信任可以運用和建構學校社會資本，以及學校和社區之間的社會資本。信任是貫穿在這個研究過程中的重要發現。

結論

　　橫跨多國的研究顯示，儘管來自執行多元政策的績效壓力，卓越的校長像在做產品一樣，重視人們和過程。他們的作為不會受限於工作背景。他們不會順從、破壞或公然對抗，他們的核心價值觀和實際作法，寧可積

極地調解和節制，以超越狹隘的改革議題。他們仍然不斷關注在建構和維持他們的學校，像關懷、價值導向、信任的合作社群，而不願像企業一樣。在緊張和困境的經營競爭之下，他們仍然以願景為導向和以人為本（Blasé & Blasé 1999; Day et al., 2000; Hallinger & Heck, 1996; Moos, 1999; Ribbins, 1999）；並且以建立信任為優先，透過建立文化和決策系統，促進「自下而上」（bottom up）和使能「自上而下」（top down）的途徑，成功地「由內而外」（inside out）改善學校（Barth, 1990）。

　　這種積極的專業精神、信任、責任和團結一致，以互補的方式攜手合作：

　　　　個人關係的信任建立在假想他人為正直上，信任他人所產生的堅貞可以跨越時間以及空間：他人是可以信賴的，信賴成為彼此互相的責任……為建立積極的信任，責任必然包含互惠。（Giddens, 1994, p. 127）

　　鑑於英國的教育改革背景和它們對學校的影響，如果校長和老師從事於政府的改革議題，只聚焦在學校效率和提升效率上，而排除學生寬廣的發展議題，無論班級教學或管理和領導，將不會有令人驚訝的進展。這是英國 Ball（2000）外部觀察所同意的評論。要取得卓越，領導人必須順從環境，而不是反思或批判。然而，研究報告提供實證顯示，雖然壓力和後續造成的緊張，卓越的校長就像卓越的老師一樣有韌性，也就是有彈性的「迴旋餘地」（Helsby, 1999）。他們自己一點也不相信，也不被其他人觀察到是順從環境的。另一方面，他們是積極的專家。根據 Sachs（2003）指出，積極的專家的行動建立在九項原則：⑴包容性而非排他性；⑵集體和合作行動；⑶有效溝通目標和期望；⑷認知所有參與者的專門知識；⑸創造信任和相互尊重的環境；⑹道德實踐；⑺靈敏且負責任的；⑻行動充滿熱情；⑼體驗樂趣和獲得樂趣。這些可能會產生第十項原則：⑽堅持職務和個人

關係的重要性，以及小心管理相關的緊張和困境。這些成功的校長認為，經濟是為了個人生活的緣故：「犧牲個人生活的經濟效率是自我譴責，而且在最後自我放棄。」（Macmurray, 1961, p. 187，引自 Fielding, 2001, p. 12）

卓越校長領導與價值和成就有關，用此種領導方式建立了社區與所有利害關係人的認同感和成就感。在二十一世紀響應改革的學校，他們每天都在維持和提升教與學的標準，並且健全和關心情緒、緊張和困境。

參考文獻

Ball, S. J. (2000). Performativities and fabrications in the education economy: Towards the performative state. *The Australian Educational Researcher, 27*(2), 1–23.

Barth, R. (1990). *Improving schools from within: Teachers, parents and principals can make the difference.* San Francisco: Jossey-Bass.

Bentley T. (2001). Learning beyond the classroom: Education for a changing world. London: Routledge Falmer.

Blasé, J., & Blasé, J. (1999). Effective instructional leadership: Teacher perspectives on how principals promote teaching and learning in schools. *Journal of Educational Administration, 38*(2), 130–141.

Bottery, M. (2000). *Education, policy and ethics.* London: Continuum.

Bryk, A. S., & Schneider, B. (2003). Trust in schools: A core resource for school reform. *Educational Leadership, 6*(60), 40–44.

Christie, P., & Lingard, B. (2001, April). *Capturing complexity in educational leadership.* Paper presented at the annual meeting of the American Educational Research Association, Seattle, WA.

Clark, C., Dyson, A., Millward, A., & Robson, S. (1999). Theories of inclusion, theories of schools: Deconstructing and reconstructing the "inclusive school". *British Educational Research Journal, 25*(2), 157–177.

DfES. (2004). National Standards for Headteachers. *www.teachernet.gov.uk/publications.*

Day, C., Harris, A., Hadfield, M., Tolley, H., & Beresford, J. (2000). *Leading schools in times of change.* Buckingham, UK: Open University Press.

Fielding, M. (Ed.). (2001). *Taking education really seriously: Four years hard labour.* London: Routledge Falmer.

Fullan, M. (2003). *The moral imperative of school leadership.* Thousand Oaks, CA: Corwin Press.

Giddens, A. (1994). *Beyond left and right: The future of radical politics.* Oxford: Polity Press.

Grace, G. (2002). *Catholic schools: Missions, markets and morality.* London: Routledge.

Hallinger, P., and Heck, R. (1996). Reassessing the principal's role in school effectiveness. A review of emprical research, 1980–1995, *Educational Administration* Quarterly: *32*(1), 5–44 .

Hargreaves, A., & Fink, D. (2003). Sustaining Leadership. In Davies, B. and West-Burnham, J. (Eds.) (2003). Handbook of Educational Leadership and Management. London: Pearson Education Ltd., 435–450.

Helsby, G. (1999). *Changing teachers' work: The reform of secondary schooling.* Milton Keynes, UK: Falmer Press.

Leithwood, K., & Jantzi, D. (2004). *Transformational school leadership for large-scale reform: Effects on students, teachers and their classroom practices.* To be published in School Effectiveness and School Improvement.

Macmurray, J. (1961). *Persons in relation.* London: Faber.

Moos, L. (1999). New dilemmas in school leadership. *Leading and Managing, 5*(1), 41–59.

Nixon, J., Martin, J., McKeown, P., & Ranson, S. (1997). Towards a learning profession: Changing codes of occupational practice within the new management of education. *British Journal of Sociology of Education, 18*(1), 5–28.

Ribbins, P. (1999). Producing portraits of leaders in education: Cultural relativism and methodological absolutism? *Leading and Managing, 5*(2), 78–99.

Sachs, J. (2003). *The activist teaching profession.* Buckingham, UK: Open University Press.

Schon, D. A. (1983). *The reflective practitioner: How professionals think in action.* London: Temple Smith.

Southworth, G. (2003). Learning-centred leadership in schools. In L. Moos (Ed.), *Educational Leadership – understanding and developing practice* (pp. 33–52). Copenhagen: The Danish University of Education.

Stoll, L., & Fink, D. (1996). *Changing our schools*. Buckingham, UK: Open University Press.

Thomson, P. (2002). *Schooling the rust belt kids: Making the difference in changing times*. London: Allen and Unwin.

Thrupp, M., & Willmott, R. (2003). *Educational management in managerialism times: Beyond the textual apologies*. Maidenhead, UK: Open University Press.

Whitty, G. (2002). *Making sense of educational policy*. London: Paul Chapman.

基於民主價值的卓越領導

Jorunn Møller、Astrid Eggen、Otto L. Fuglestad、
Gjert Langfeldt、Anne-Marie Presthus、
Siw Skrøvset、Else Stjernstrøm、Gunn Vedøy

摘要

　　本章旨在找出挪威中小學體系卓越領導運作的本質和特性。我們採用多重個案研究方法（multi-site case study methods）（Yin, 1989; Day, Harris, Hadfield, Tolley, & Beresford, 2000），其中包括在十二所選定學校進行密集的觀察。我們的觀點認為，領導出現在活動和互動之中，而非在職位或角色。

　　我們的研究顯示，個案學校的卓越領導幾乎都是透過團隊的通力合作來達成。不論是在學校經營哲學理念層面，或是實務運作層面，學校都把學習擺在第一位。為了組織專業的團隊，尊重每一個學生和教職員彷彿是共通的行為準則，其中的精神是成就別人，好讓別人也能成就其他人（Foster, 1986）。挪威中、小學教育的國家政策就明列著這些民主準則，這些準則意味著學校校長的重要工作之一就是本著這些民主價值來領導整個教育機構，例如，在學校以及範圍更大的社區中促進平等與社會正義。重視社會正義表示關心其他人的福祉，以及個人的尊嚴與權利。因此，依循民主價值來行事是挪威學校領導卓越與否的重要規準。

引言：挪威的教育現況

挪威幅員與英國相當，但居民只有四百萬人。人口分布稀疏但同質性高，舉例來說，大約 85% 的挪威人都是路德教徒。為確保諸多小社區的存活，教育機構扮演著非常重要的角色。或許就是這眾多的小型地方社區，賦予挪威社會與眾不同的特色。

學校體系結構為十年的義務教育，分為初級、中等教育，以及三年非義務性的高階中等教育。學童從六歲開始上學，九成學生都在學校至少待到十八歲以上。教育政策的中心思想一直都是為所有的社會群體創造平等、公平的生活條件，不分其社會背景、性別、種族，和地理位置。超過 95% 的人都上一般公立學校的普通班。

小學教育的公平有兩個層面。第一是就學機會的平等，教育體系在分配財政和經濟資源時，能滿足所有使用者的需求，提供平等的機會。第二個層面牽涉到個人的公平，積極處理學生間的差異，因此需要迎合個別的學習能力來給予不同的待遇（需求愈高，資源愈多）。

《教育法》明言，所有活動的進行都要合乎基本的民主價值，還強調教育必須以基督教精神和人道精神為基礎，也要維繫、更新我們的文化遺產，提供邁向未來的方向和指引。國家課程特別強調教師作為孩子的模範、和同事合作，以及與家長、專家和主管當局攜手的重要性。長久以來，充分信任教師一直都是多數校長的領導策略。

挪威的教育體系幾乎都是公立的。義務教育階段中，私立學校的學生只占 2%；高等及中等教育階段中也只有 4% 左右念私立學校。不過，目前的立法部門鼓勵放寬私立教育的規範，未來，挪威的教育可能會有更多不同的面貌、更多的私立學校。

挪威的教育政策正朝 Giddens（1998）所謂的「第三條路」（Third Way）前進，融合新自由主義的市場改革和新保守主義的政府管理。國家課

程中提到，各地方政府對學校的組織和管理走「新公共管理」（New Public Management, NPM）的路線，而非啓蒙於 Dewey（1937）民主思想的合作和「培育公民生活」觀點。

最近，政府提出績效觀念來建構學校的品管系統，將各校在閱讀、數學和英文等國家考試的平均結果公布在網站上。政府的目的在於促進學校的進步，但新聞媒體卻將各種非正式組織的資料拿來爲學校進行排名；此外，例如 PISA[1] 等國際評比的重要性與日俱增，教師和校長都面對政府所給予的壓力，要改進數學和閱讀的國家排名。行政改革的管理模式影響了學校績效的定義。這些改變都影響到地方政府的行政人員對績效責任的了解和執行。市場導向和用民主方式領導的民主理想學校之間有著明顯的衝突。

挪威目前有少數一些指標可以監控督導學生的成就。截至目前，討論的重點都環繞在以民主爲基礎的前提下，優良的教育應該呈現何種面貌，以及這對學校領導會產生什麼樣的影響（Møller, 2002）。但以學生的考試結果爲根據來探討教育的標準，似乎也愈來愈合法。

理論觀點

我們的研究小組不斷討論什麼才是判斷學校領導卓越與否的有效分析方法。我們最先參考的是 Leithwood 和 Riehl（2003）有關卓越學校領導的報告，他們將建立願景、建立專業的社群和組織重新設計等廣泛的策略，都納入領導之中。但爲了更適切地捕捉領導和學校生活的動態本質，我們一致認爲需要其他的方法，因此，我們繼續探討其他的理論，其中包括以

---

[1] 經濟合作發展組織（OECD）國際學生評量方案（PISA）監控教育系統的成果，了解學生在閱讀素質、數學素質、科學素質的成就。挪威和芬蘭的學生有明顯的差異，讓挪威政府相當震驚。芬蘭學生的表現非常卓越，而挪威學生的成就分數經常位於或低於經濟合作發展組織的平均值。

建構主義為基礎的理論方法（Charmaz, 2000），以及探討日常磋商協調幕後影響的微政治觀（Anderson, 1996; Bates, 1990; Blase, Blase, Anderson, & Dungan, 1995; Foster, 1986），還有以活動理論為理論架構，將領導運作列為分析單位的分權觀點（Spillane, Halverson, & Diamond, 2001; Gronn, 2002）。最後，我們決定結合微政治觀和分權觀，因為這樣我們才有基礎架構來研究日常的領導運作，包含相關領導的觀點，並將重點擺在組織人員間持續進行的互動。兩者都以觀察和與利益關係者面談為蒐集資料的研究方法。

因此，我們的研究交互使用演繹法和歸納法，理念與證據的交互探討是描述卓越學校領導理論基礎的最精采之處。

研究方法

篩選卓越的學校和領導人

教育研究部採用一套新系統，來獎勵有系統地改善學生學習成效及學習環境的學校，這些標竿學校可以獲得補助以繼續推行他們的工作。教育研究部採用四個標準來衡量是否給予補助。卓越的學校必須：

- 提供創意學習方法和教學策略以促成學校進步。
- 運用系統化的學生評量和學校評鑑策略，強調核心科目的學習成就。
- 採用系統化的方法發展安全及全員參與的學習環境，注重學生參與決策以及通力合作的學校文化。
- 採取民主的決策過程，和校內、外利益關係人通力合作，有效及彈性地運用各種資源，展現「卓越的」領導。

我們採用兩種策略選出十二所學校。第一個策略是先納入教育部採用上述四種標準被指定為標竿的學校，這是為了確保所選的學校具備「國際要求」的良好名聲，這種策略強調這些學校是經過大眾普遍認可的，而非

它們本身就已經有著卓越的學校領導。第二個策略就是確保所選的十二所學校在規模、結構、城鄉分布、地區代表性和校長性別上有所差異。

　　研究學校包括兩所小學（一到七年級）、三所初等中學（八到十年級）、四所中小學（一到十年級）以及三所高等中學（十一到十三年級）；兩所在大城市、四所在小城鎮、兩所在郊區、四所在鄉下區域。學校位置涵蓋挪威各個區域，這些校長中有八位男校長和四位女校長。若將領導團隊的所有成員都納入考慮，男女的比例大約各一半。有一半的校長由校內直升，所有校長都具備教師資格，而且大部分都上過領導的進階課程，儘管這些課程並非當校長的必備條件。學校的概況詳見表5.1。

資料蒐集

　　研究小組先針對 2003 年春天，國際小組所開發、運用的方法和工具加以討論。翻譯原先的面談範本，探討適不適用於挪威的環境。計畫的經費也足以讓我們在每所學校進行為期兩週的實地調查。因此，主要的資料來源是在學校的現場觀察，以及面談所得的資料。

研究發現

　　各校在地理位置、歷史、規模和學生人數上有很大的不同，這些都是幫助我們了解在十二所學校中不同領導運作的重要因素。很多研究都強調，背景和人員是了解校長、領導團隊、老師和學生的行為及互動的關鍵變項（Smulyan, 2000; Møller, 2005），因此不同的利害關係人對卓越領導有不同的意見。我們會在本章列出十二所學校共同擁有合乎民主價值的卓越教育領導措施。

表 5.1 挪威樣本學校的檔案

學校和校長	型態	背景	規模
Langedalen，男校長 內部聘請	11-13 年級 高中	大城市	950 位學生，70%少數民族，32 個國家，80 位教師
Marivolden，男校長 外部聘請	11-13 年級 高中	鄉村	160 位學生，1%少數民族，35 位教師
Ospelia，男校長 內部聘請	11-13 年級 高中	半鄉村	500 位學生，2%少數民族，67 位教師
Dalsby，男校長 外部聘請	1-10 混齡學校	大城市	585 位學生，9%少數民族，60 位教師
Eikvik，女校長 外部聘請	8-10 年級 初中	鄉村	184 位學生，1.5%少數民族，22 位教師
Furuheia，男校長 外部聘請	1-10 年級 中小學	小鎮	231 位學生，1%少數民族，30 位教師
Gard，男校長 外部聘請	1-10 年級 中小學	半鄉村	263 位學生，1.5%少數民族，28 位教師
Hov，女校長 外部聘請	8-10 年級 初中	郊區	450 位學生，4%少數民族，50 位教師
Flateby，女校長 內部聘請	8-10 年級 初中	小鎮	254 位學生，2%少數民族，30 位教師
Lynghei，男校長 內部聘請	1-7 年級 小學	鄉村	320 位學生，2%少數民族，30 位教師
Alm，女校長 內部聘請	1-7 年級 小學	中等規模城市	280 位學生，1%少數民族，36 位教師
Brenna，男校長 內部聘請	1-10 年級 中小學	鄉村	140 位學生，0%少數民族，25 位教師

團隊領導

我們用「團隊領導」而不是「校長領導」，是希望大家注意到這十二所學校都是團隊合作的特色。相較於早期單打獨鬥式的教學，我們觀察到相當多的合作規劃和協同教學。Lynghei 小學有位老師這樣形容變革：「現在是說『我們在同一條線上』、『那是我們的學生』；而不是以前說的『我

的學生』、『你的工作』。」教師團隊在小學的學年和中學的學科一樣都是常見的團隊單位。

除了教師間的團隊組織之外，校長和主任們之間也發展出緊密的合作關係，共同關懷「今日的挑戰」和「明日的願景」。校長和主任們穿梭於各個辦公室之間，討論有待解決的具體事務，分享對學校長期發展的看法。這些都是非正式的「共同領導」明確的案例（Gronn & Hamilton, 2004）。

運用 Gronn（2002, p. 657）的概念，我們可以將分佈式領導的實踐，區分為與特定工作相關的「自發性合作」，和長期相處所發展出來的「直覺性工作關係」。透過學年之類「體制結構」的建立，我們也可以視領導工作和職權的分散為「合作的結構」。Lynghei 小學的副校長描述他們發展學校策略的過程如下：

> 我們所有的教職員一起開週會。我們利用這個時間，努力將老師拉進學校發展的議題中。若干年來，學校的策略發展工作一直是我們的重要焦點，直到去年，我覺得我們終於整合成功了。我們希望每位教師對學校的目標發展一種情緒的連結。我們的策略規畫代表了我們最根本的教育哲學。

不管是外在或根據法律條文，在挪威學校中，校長都是獨一無二的領導者，但深入內部加以研究，整個情況卻大大地改觀。個案學校的領導幾乎被認定為是團隊努力的成果。存在的差異大部分是因為學校的規模，還有學校的傳統和歷史使然。所有學校都有例行的正式會議，領導團隊每星期至少聚會兩次以上。領導團隊中可以見到持續、非正式性的合作；校長和各主任的辦公室依例都設在隔壁，辦公室的門都是開放的，所以要維持聯繫相當簡單。領導團隊中的相互支援及互相學習，和相同職務的人互相討論、分享責任和經驗的滿足感，這一切的正面影響都受到相當的重視。

我們問到正式例行會議和學校非正式領導結構兩者之間的關係時，Mari-volden 高中的校長給我們的回答是：

> 這所學校的老師習慣掌握主導權，權力體系早已成型。我希望現在這種情況已經有所改變。我希望促成老師自己做決定。我們確實有科層的架構，但我不覺得扁平組織和科層組織必然會有衝突，在科層組織中，還是有成功建立共同負責的可能性。

學校結構的設計讓學校可以從事民主的運作；會議的召集確保每個人的聲音都會被聽到，從而確保學校的民主運作。個案學校大都將教師編成不同的團隊，各團隊選出一位領導者。相關的議題和想法都在團隊中進行討論，接著在團隊領導會議中提出。學生也有發聲和成立學生委員會的法定權力；家長也有家長會。

此外，挪威憲法賦予受雇者影響其工作場域的權力已有多年，教師會的地位也還相當強勢。每個學校的校長都定期和教師會代表開會。有些校長也強調，治校要成功地和教師會代表建立互信的關係實屬關鍵。

教師自主向來被視為專業地位的象徵。在許多層面上，大家都期待教師在學校社群中扮演領導者的角色，多數學校的組織章程都認同這一點。教師在每天的工作中都要背負莫大的責任、作出重要的決定。我們在實地觀察中發現，許多學校的教師和學生都會主動提出，許多讓學校更上層樓的意見。互動和溝通的一大特色就是坦率和互相信任，和不分大小的提案都能被提出及執行。

根據 Court（2002）在紐西蘭的研究和國際文獻的探討，她提出這樣的看法：建立成功分享領導的最重要因素也許是開放、坦誠的溝通，其中包括領導團隊內部，以及領導團隊和其他員工、董事會成員、學生和家長之間的溝通。這似乎也是本計畫研究學校之內部關係的共通特性。

以學習為中心的方法

所有個案研究之間有一共同點，那就是學校的思維和運作都把學生的學習擺在第一位，這種情形呈現在學校的首要目標、學生的分組、評量的步驟和課程的組織之中。學校強調社會學習環境的重要性，以達成學業和社會的目標。從這個角度看，這和廣為接受的「積極的教室氣氛」（positive classroom climate）（Schmuck, & Schmuck, 1976, p. 24）、「有效的學習文化」（productive learning culture）（Fuglestad & Lillejord, 2002, p. 5）等概念是一致的。另一學習情形的觀點則與學校中的專業社群有關（Wenger, 1999），為了強化教師整體的專業技能和知識，領導階層必須持續進行評鑑，支持教師個人的專業發展。

「互動」觀點聚焦於學生和老師的學習過程是個別或合作的。師生「關係」是學生學習過程中最重要的關係，也是教師工作的意義所在。看著學生獲得學科知識，跟著他們走過發展、成長的不同階段，是身為老師的樂趣。這往往是喜憂參半的過程，因為學生的學習過程不見得一路順暢、平坦。但個案研究學校的許多教師都認為，能夠參與這個過程讓人感到無比的滿意。這些發現符合 Nias（1996）對教學情緒所做的分析。

Lynghei 小學的校長表達學生學習的重點在於：

> 學校裡，成敗的關鍵時刻就在於老師和學生之間的交會，身為校長最主要的工作，是優先讓雙方的交會獲得滿足。

這意味著領導團隊在課外活動上，比校長或副校長的平時工作必須負更多責任，如同他所言：「保障教師教室工作的時間和投入」。

在這些學校中，同事之間有密切的合作關係，Flateby 中學教師表達了與同事合作關係的意義：

若不能和 Trine 聊聊，聽不到 Trine 的誇獎和批評，我就沒有辦法工作。Trine 總能切中要害。教師團隊對我而言意義非凡，身兼教師和團隊領導者需要我投注所有的精力和潛能，這種感覺真好。我所有的天賦幾乎都派上用場。只要工作氣氛良好、校長英明能幹，教師真是一個很棒的工作。

以學習為中心的方法有三個要素。第一個是關心「學生個別的學習過程」。最重要的觀念是，每一個學生都有權力依照他的條件來學習、發展。第二個要素是國家課程中所陳述的價值，這些價值顯然會影響到學校的教學。第三個要素則是師生關係的品質。

個案學校在這些年所進行的發展工作牽涉到個人、團體，以及組織層面的學習過程。套用 Engeström（2001）的觀念，這可以說是「全員學習」（expansive learning）的範例。全員學習循環的階段顯然就是經驗學習模式的階段，在大部分參與我們研究的學校中，組織學習的「經驗」層面最為重要，而且領導團隊無不參與並領導組織建立新知識。在建立舞台供參與者分享、反思與工作相關的經驗之時，也創造了整個組織一起投入學習過程的機會。

以公平和社會正義為個人的職志

很多受訪者對他們的工作有強烈的使命感。Lynghei 小學的校長是這麼說的：「參與我們學校的發展過程真是令人興奮的一件事。」學校工作的重點在個別學生學習過程及其潛能發展。

Flateby 的副校長說：

成功的原因之一在於，我們的校長對學校的發展有很高的企圖

心。若非我們希望學校愈來愈好，我們是不會夜以繼日，犧牲假期
這般努力的。

在 Brenna 的案例中，投入是因為願意為學校而戰，因而與想要關閉學
校的政治人物以及地方當局對抗。Brenna 的校長對整個事件的描述如下：

> 除了動員之外別無他法。我們召開民眾會議，召集當地的婦女
> 團體、運動團體等等。我鼓勵大家為學校而採取行動。如果他們想
> 為當地的社區留住學校，他們就必須參與為學校奮鬥的戰役。

在此個案當中，校長、教師、學生和該社區的民眾也都成功地整合起
來，為留住學校而奮鬥。由於學校被視為社區中相當重要的一個部分，所
以這場戰役相當值得。

我們也遇到許多矢志追求公平和社會正義的校長與教師。例如，Ospelia
高中的領導團隊就強調，最主要的目標在於提供良好的學習機會，如此學
生未來才會成為好公民。這得靠整個團隊持續不斷的努力，而且他們相信，
他們可以改變學生的生活（參見 Hargreaves, 2002）。

壓力與困境的處理

我們的個案研究特別重視平日所發生的動態協商過程。壓力和兩難困
境凸顯出許多校長和教師所面對接二連三衝突的急迫性。Day 等人（2000）
在稍早所做的研究也呈現出同樣的結果。兩難困境指的是面臨互相矛盾的
方向，而且沒有一個正確的答案。各種選項互相排斥，每種行動都有利有
弊（Cuban, 1996; Møller, 1996）。緊張可以說是面對工作壓力和困境的心理
反應。

評鑑的困境

　　我們的研究發現主要在於整個教育評鑑的困境：怎樣算成功？怎樣叫失敗？用什麼參考資料來解釋評鑑的結果？我們的研究顯示，對於什麼樣的結果才算達成學校的目標，不同的利益關係人各有不同的看法，有時候校長必須做出等而下之的選擇，擬定一些妥協的辦法。

　　建立民主所倚賴的條件，Ospelia 高中就是一個良好的典範。為了學校的發展，領導團隊和教師們經過幾年努力建立一套系統化的學校本位評鑑，他們認為這樣的評鑑才足以呈現績效。他們可以提供相關的資料給外界，但他們優先進行校內的評估以發展經驗。三位老師自願從事問卷資料的分析，問卷來自地方、縣市和全國的都有。評鑑小組和同事及學生面談以商討如何詮釋所得的資料。他們很高興得知，評鑑結果顯示出學生和老師都同意，大部分的老師提供優良的教學、大部分學生的學習動機很高。這些老師告訴我們，外部和內部的評鑑都可以用來當作學校發展的工具。不過，他們非常不贊同公布各個學校測驗成績的做法。

　　Ospelia 高中的校長非常肯定這些老師所做的，但他並不贊同新的績效評鑑制度，大部分的老師也不贊同；他們表示，在愈來愈重視個人主義的社會中，成長帶來許多新的挑戰。很多學生家裡有問題，對這些人而言，學校可能讓他們的生活改觀。他們強調，卓越的學校要能照顧好所有的孩子，不管他們的社經或文化背景，也不管他們的能力有何不同。但他們還是要面對市場績效導向日益嚴重的社會（Leithwood, 2001）。

　　例如，Ospelia 高中的校長試著讓媒體了解，以考試成績為學校排名會造成什麼樣的影響。但新聞記者並沒有興趣報導這位校長的觀點，他們似乎比較喜歡「吹捧及羞辱」。所以，這位校長始終為優良教育的本質改變而憂心。他擔心提高學校的排名會成為辦學最終的目標，而不是努力去了

解、討論如何改進學校教育，以及最需要達成的目標。

　　某種程度上，本計畫其他學校的領導團隊都同意這位校長的看法，並試著去平衡及嘗試改變學校，以及對學校既有文化的肯定。學校領導人都清楚新績效評鑑制度的缺點，同時，他們也歡迎外界的考核，他們認為外界的考核可以勾勒出他們為整個社會所做的工作。不過，主要的重心還是在內部的工作。因此，卓越的民主式領導在實務中可能呈現不同的風貌。

 ## 衝突和合作的困境

　　我們研究的學校大部分都有清楚的發展目標和發展策略。發展過程中似乎免不了會有些意見不合的時候（參見 Engeström, 2001），有意義的溝通協調能促成共同的學習。發展策略包括與教師達成的初步協議、詮釋新的教育意義，及與教育當局協調教育政策。

　　不過，我們發現各校處理矛盾，甚至是爭論的方式有很大的不同。我們在某些學校中觀察到，他們在處理資訊和通訊科技（ICT）這樣的新題材時，是如何費工夫，不同的問題先由個人加以處理，再經過團隊，最後經過全體大會等層層的會議來決定。只要成員們覺得自己的聲音有人傾聽，就會受到啟發，進而解決實際的問題。

　　處在這樣的組織文化中，成員間不同的認知被視為發展的正面基礎，可以賦予工作新的向度。結果，這些學校在很多類似的計畫中似乎都很有新意，討論和爭論的重要性也受到重視。面對以民主的解決辦法為目的的爭論，他們都能泰然處之。Brenna 學校的老師們是這麼說的：

　　　　完成一個計畫之後，我們就會加以評估，這時候校長就會問：我們該不該接受這些努力的成果，下個年度就不再做了？但我們從來不會這麼想；我們總是聳聳肩膀，興致勃勃地要繼續下去。

實地調查時，我們有機會觀察學校中的成員如何開放地討論各項決策和學校發展。

並非所有接受研究的學校都有如此高效率的工作關係。我們在一所小學裡，就見識到教職員間的互動和溝通是多麼的脆弱。在這所學校裡，領導團隊決定執行一項資訊和通訊科技計畫，但他們不想就此展開討論，決策就這麼定了下來，不安以及某些教職員和校長之間的衝突立刻顯現出來。在一旁觀察的我們眼看衝突的發生，這個衝突一度還有阻礙學校發展的趨勢。他們為誰有權決定、怎麼樣才公平而爭論不休。敵對的氣氛漸漸瀰漫開來，不久之後，意見的不一致帶來後續的風波，因此很多老師便採取打壓的態度。為了解決此一衝突，學校需要外力的介入。

根據 Engeström（2001）的理論，緊張、衝突和磋商都是發展的不同面向，我們的研究獲致，在某個程度上，這句話說得沒錯。但這並非不用付出代價的。以往挪威的學校都採取和諧為上的做法，一般認為，爭論、意見不一會對學校生活產生不好的影響。今日的校園領導人則要能夠處理爭論和意見不合，並形成全員學習的結果。上述例子告訴我們，在教師各有各的價值、規範和利益的學校，要達成這樣的目標確實不容易。

權力和信任

深入研究挪威的卓越學校，我們發現「高高在上」（power over）和「攜手並進」（power with）（參見 Blase et al., 1995）的領導方式都有，不管是哪一種領導方式，領導和追隨都是瞬息萬變、交互影響的過程。研究中的學校領導者都知道，他們的職位賦予他們權力，但權力是相對的也是不可否認的事實。所以，他們選用的策略各不相同，而且都會配合當地的文化背景。

權力關係是雙向的，即使社會賦予其中一方的權力沒有另一方來得大

也無妨，無論是下屬或是主管的活動都影響著結構，我們的研究充分展露出這種現象。例如，在我們研究的一所高中裡，我們親眼目睹積極、有自覺的學生想要在決策過程中發揮關鍵的影響力，同時他們也成功做到了；不過，這些學生也強調，過程中校長的態度非常重要，他們需要校長的支持。

有一所學校透過學生議會執行代議民主，但更重要的或許是發生在教室內的一切。該所學校的學生告訴我們，每個老師讓他們參與活動策畫的程度不同，但國中和高中的老師大部分都會讓他們參與評量標準的設計與制定。有些學生表示，這種做法幾乎超過他們的負荷，因爲這需要許多的努力，同時他們也要爲自己的決定負責。有時候他們寧可由老師來決定課程，但參與標準的設定這個環節非常重要。他們認爲，他們和老師的互動非常重要。我們的觀察也披露了教室內如何磋商與分享權力和領導權的方式。高中學生都很清楚自己對學校卓越能有什麼貢獻，如果有一些學生不肯跟老師合作的話，就可以讓老師的工作像地獄般煎熬。根據他們的說法，其實只要幾個學生就可以毀掉學校的文化。

老師們則強調在學生之間、師生之間，以及老師和領導人之間建立互信的重要性。他們認爲，成功學校的核心在於相互的信任和尊重。相信大家可以一同找出方法、解決問題，是發展校園民主的重要條件（Beane & Apple, 1999）。由於組織中的信任和權力緊密相關，所以要創造出鼓勵民主參與的條件，領導團隊或許扮演著關鍵的角色。惟有信任才能創造出這些條件，並動員大家參與行動、通力合作。權力要運用得不負衆望才能發展出這樣的信任。

結論

在本章中，我們從教育研究部認可的標竿學校中，找出卓越領導的重要面向。首先，個案學校的領導幾乎都以通力合作和團隊合作爲特色。我

們從實地調查中發現，這些學校的領導是整個組織的事，實際的運作也是權力分佈（Spillane et al., 2001; Gronn, 2002）。我們觀察到領導的運作分散在不同領導者、教師和學生的工作之中，領導團隊只要掌握組織的合作架構，還有直覺性工作關係以及特定工作的自發性合作。教師也被組織成不同的團隊，教師間的通力合作是這些學校的一大特色。面對日常的班級事務，教師背負著做決定與負責任的大眾期望。

其次，學校的思維和運作都視學生的學習為中心，意味著在課程願景和目標的引導下，關心學生個別的學習過程。發展師生互相尊重的關係，營造有利學習的環境，也是我們所研究學校關心的重點。每個學生和教職員都看重專業社群的建立似乎是最基本的價值和行為準則。

第三，我們的研究顯示，無論校長或教師都對他們的工作有很強的使命感。他們都想改變學生的生活。

第四，只要充分實踐民主制度，領導團隊總能妥善處理工作中重大的壓力和困境。我們在本章中列舉了一些成功解決困境的案例，其中包括評鑑、平衡衝突和合作，以及權力和信任等困境。

儘管近來地方政府對學校的管理不離「新公共管理」（NPM）的論調，強調績效管理，但地方學校的表現顯然並不同調。領導團隊和教師們無不依循民主的價值努力完成使命。

我們的跨校研究顯示，卓越的領導是牽涉到無數人員的互動過程，相關的背景和人員都是決定領導成功與否的重要變項。可以想見，我們發現每個學校裡都有互相衝突的價值和信念，但處理這些衝突價值的方式似乎影響著學校的發展方式。我們在某些學校中觀察到，在組織中提出批評，製造公開對話的機會，以創造學生可以在其中發展成健全的個人和公民的學習環境，這個過程非常重要。若將焦點放在以發展民主社會為重心的話，就會明白學校確實是文化和政治互相角力的場所。

由於教育基本上是一種良心事業，所以我們最後要強調的是，卓越領

導的判斷標準不應該與深層的哲學和政治問題分家。要判斷領導成不成功，我們都要問：在哪些方面或為什麼成功了？對誰而言成功了？獲益者是誰？最後還要問，在什麼樣的情況下成功了？

參考文獻

Anderson, G. (1996). The cultural politics of schools: Implications for leadership. In K. Leithwood, J. Chapman, D. Corson, P. Hallinger & A. Hart (Eds.), *International handbook of educational leadership and administration* (pp. 947–966). Book 2. Dordrecht, The Netherlands: Kluwer Academic Publishers.

Bates, R. (1990). *Educational administration and the management of knowledge.* (first published in 1983, reprinted in 1990) Victoria, Australia: Deakin University Press.

Beane, J. A., & Apple, M. W. (1999). The case for democratic schools. In M. W. Apple & J. A. Beane (Eds.), *Democratic schools. Lessons from the chalk face.* Buckingham, UK: Open University Press.

Blase, J., Blase, J., Anderson, G., & Dungan, S. (1995). *Democratic principal in action. Eight pioneers.* Thousand Oaks, CA: Corwin Press.

Charmaz, K. (2000). Grounded theory: Objectivist and constructivist methods. In N. Denzin & Y. Lincoln (Eds.), *Handbook of qualitative research, 2nd edition.* Thousand Oaks, CA: Sage.

Court, M. (2002, October). *International approaches to sharing school leadership. Co-heads and teacher leadership collectives.* A paper presented at the National College for School leadership 1st Invitational International Conference. Nottingham, UK.

Cuban, L. (1996). Reforming the practice of educational administration through managing dilemmas. In S. L. Jacobson, E. S. Hickcox & R. Stevenson (Eds.), *School administration: Persistent dilemmas in preparation and practice* (pp. 3–18). Westport, CT: Praeger.

Day, C., Harris, A., Hadfield, M., Tolley, H., & Beresford, J. (2000). *Leading schools in times of change.* Buckingham, UK: Open University Press.

Dewey, J. (1937). Democracy and educational administration, in *Education today.* Edited and with a foreword by Joseph Ratner. New York: G. P. Putnam's Sons.

Engeström, Y. (2001). Expansive learning at work: Toward an activity theoretical reconceptualization. *Journal of Education and Work, 14*(1), 133–156.

Foster, W. (1986). *Paradigms and promises. New approaches to educational administration.* Buffalo, NY: Prometheus Books.

Fuglestad, O. L., & Lillejord, S. (2002). Culture as process: Leadership challenges in the construction of productive learning cultures. In L. Calitz, O. L. Fuglestad, & S. Lillejord (Eds.), *Leadership in education.* Sandown: Heinemann Publishers.

Giddens, A. (1998). *The third way: The renewal of social democracy.* Cambridge: Polity Press.

Gronn, P. (2002). Distributed leadership. In K. Leithwood & P. Hallinger (Eds.), *Second international handbook of educational leadership and administration.* Dordrecht, The Netherlands: Kluwer Academic Publishers.

Gronn, P., & Hamilton, A. (2004). 'A bit more life in the leadership': Co-principalship as distributed leadership practice. *Leadership and Policy in Schools, 3*(1), 3–35.

Hargreaves, A. (2002). Teaching in a box: Emotional geographies of teaching. In C. Sugrue & C. Day (Eds.), *Developing teachers and teaching practice: International research perspectives* (pp. 3–26). London: Routledge Falmer.

Leithwood, K. (2001). School leadership in the context of accountability policies. *International Journal of Leadership in Education, 4*(3), 217–235.

Leithwood, K., & Riehl, C. (2003, April). *What do we already know about successful school leadership?* Paper presented at the annual meeting of the American Educational Research Association, Chicago, IL.

Møller, J. (1996). Reframing educational leadership in the perspective of dilemmas. In S. L. Jacobson, E. S. Hickcox, & R. Stevenson (Eds.), *School administration: Persistent dilemmas in preparation and practice* (pp. 207–226). Westport, CT: Praeger.

Møller, J. (2002). Democratic leadership in an age of managerial accountability. *Improving Schools, 5*(2), 11–21.

Møller, J. (2005). Old metaphors, new meanings: Being a woman principal. In C. Sugrue (Ed.), *Passionate principalship: Learning from life histories of school leaders* (pp. 42–57). London: Routledge Falmer.

Nias, J. (1996). Thinking about feeling: The emotions in teaching. *Cambridge Journal of Education, 26*(3), 293–307.

Schmuck, R., & Schmuck, P. (1976). *Group processes in the classroom.* 2nd edition. Dubuque, Iowa: W. C. Brown.

Smulyan, L. (2000). *Balancing acts. Women principals at work.* Albany, NY: State University of New York Press.

Spillane, J. P., Halverson, R., & Diamond, J. B. (2001). Investigating school leadership practice: A distributed perspective. *Educational Researcher, 30*(3), 23–28.

Yin, R. K. (1989). *Case study research: Design and methods.* Newbury Park, CA: Sage.

Wenger, E. (1999). *Communities of practice.* Cambridge, UK: Cambridge University Press.

卓越的校長領導
——瑞典的案例

Jonas Höög、Olof Johansson、Anders Olofsson

摘要

目的：在此篇文章中，我們呈現出瑞典義務教育學校系統中，校長領導的普遍情形。並以組織的「結構」、「文化」，與卓越校長「領導」三者間所存在的關係作為基本假定，而加以探究。簡而言之，早期的研究是以後面所陳述的論點為基礎，即：卓越的校長領導端視校長在組織結構與文化上有何作為，而此作為是為了要創造卓越的學校所做的改變。在瑞典的法律和政策中，必須在「學業」和「社會」兩目標均呈現出高度成就表現的學校，才能被定義為「卓越的學校」。

方法：有四所不同的學校被選為「卓越的學校」，在過去四年中，這四所學校都提升了學業成就表現，如果它們也同時達到其社會目標，那將會是我們分析觀察的重點。在過去四年中，這四位校長在自己的學校裡有許多努力的作為，而他們作為的優劣是由已是卓越校長的人所觀察評鑑的。

發現：本研究的發現支持了我們的假定，也就是：卓越的校長能夠在自己學校的「結構」和「文化」上做重要的變革，促使「學業」和「社會」目標有高度的卓越表現。校長在改變文化與結構的同時，也連結當地學區的意見與文化。我們發現即使未達成社會目標，學校也會被視為卓越

的學校。總而言之，卓越的校長領導不可或缺的重要條件就是：要能了解學區在結構和文化上適合做什麼樣的改變，並加以執行。

引言──瑞典的教育政策背景[1]

在瑞典過去的歷史中，教育是採取高度的中央集權模式。直到 1980 年代中葉，每所學校的資源分配才能由地方教育局和校長來決定，而全國各地區的校長是透過中央教育部所指派的。近幾年來的教育政策是透過一種積極改革的過程制定出來。職責和管理的架構已有所改變，不同於以往。

目前的《學校法案》是在 1985 年由 Riksdag[2] 所建立，內容在介紹地方分權：從州政府到地方政府所屬的權力各為何。然而，自 1994 年開始，各地方仍須遵循國家課程綱領，內容包含課程大綱、課程表和評量系統（Proposition, 1992/93, p. 220）。

所有七歲到十六歲的孩子都有權利和義務接受教育，可以選擇在公立學校系統或在被認可的私立學校就讀。若有特殊需求的孩子也可進入特殊資源學校就讀。

瑞典的教育有雙重目的，包括傳統知識的傳授和公民權利義務的民主思想培養。《學校法案》中提及：「所有教育活動的進行都應該符合基礎的民主價值觀。」州政府也要保證在教育領域中的國際宣言與國際協定能夠被應用於學校之中。

自 1991 年開始，瑞典的地方政府是負責初等教育和中等教育的主要管理機構。地方政府猶如學校員工的雇主，負責現職教師的教育。因此，現

---

1 這篇文章是 Umeå 大學校長發展中心「卓越學校的必要條件：結構、文化與領導？」這個研究計畫的一部分。由 Umeå 大學 Olof Johansson 教授主持，協同主持人為 Jonas Höög 副教授、Växjö 大學 Leif Lindberg 教授、Mid Sweden 大學 Härnösand 校區 Anders Olofsson 副教授。

2 新學校法將於 2007 年期間推行。

今的義務教育學校雖然能夠以各種多元的方式組成，但仍需要有一位校長負責，並且要遵循國家課程綱領。

何謂卓越的學校？

在本章裡，四位卓越校長的案例分析探討了以下兩者間的衝突：⑴要求──學校要有較清楚的結構，且資源要能更妥善的運用；以及⑵需要──學校在社會、學業兩學習目標的發展和改善上，對於基礎的文化層面所做的改革。我們把焦點放在以下四種要素的關係上：⑴結構；⑵文化；⑶領導風格；以及⑷成人與兒童的實際學習情形（在四位卓越校長所領導的學校裡）。我們研究的資訊提供者是那些已被視爲卓越校長的人。

第一個面臨的問題是：何謂卓越的學校？學校猶如一個組織，它必須聚焦於學生學習的成效和內容，但純粹學業上的學習還不夠。在瑞典，學校也必須執行公民的任務，或者我們稱之爲學校的「社會目標」。

如何定義卓越的學校一開始討論的方式是去評論：不同情境下的學校都試著達成的兩個主要目標（見圖 6.1）。

圖 6.1 的內容可以從不同的觀點來分析，A 型學校能夠成功地達成社會

		聚焦於學業目標	
		是	否
聚焦於社會目標	是	社會目標和學業目標成功結合的學校。	重視社會目標，試著創造學習環境的學校。
		A	B
	否	學校的基本任務是學習課程知識和提升學業成績。	社會目標及學業成果皆未重視，此類學校須接受上級機關視導改進。
		C	D

圖 6.1　學業與社會目標不同定位的學校類型

目標和學業目標，這是卓越學校的唯一類型。這兩種目標必須在符合下列條件的學校裡才能被實現：要能肩負起全責，保證學生能獲得民主社會裡每一個體與成員必備的知識。而前述條件是瑞典法律和政策所列的學校宗旨。

其他偏好 C 型學校的人士，他們所持的論點是：學校的基礎任務是學習學業知識，學校應該專心致力於學業目標以更趨於卓越。在瑞典，不管官方政策如何，這樣的觀點是相當普遍的。而 B 型學校的論點是：當 B 型學校開始趨向 A 型學校時，真正的成功就會發生。D 型學校的論點是：真正的成功是讓在 D 型學校就讀的學生願意開始學習。這意味著成功與脈絡、情境相關。但在我們的研究裡，尋找到符合圖 6.1 中的 A 型和 C 型學校，此四所學校都不外乎這兩種類型，因為這四所學校在過去的四年裡都增進了學生的學業成就，而目前這四所學校的表現，比起一般平均水準的瑞典學校而言，已有明顯的提升。

結構、文化與領導——卓越學校的必要條件

研究人員已漸漸發展出領導的複雜模式（Lewin, 1939; Likert, 1961; Blake & Mouton, 1964; Yukl, 1998），這個發展的基本型態是透過領導者「結構／任務型」和「關係／關懷型」的兩種風格排列組合而成。

雖然最近在大部分的發展模式中，領導者的焦點大多傾向於改變居於核心位置的角色。這是一個從世界各學校組織需求中產生的新觀點。例如，當 Yukl 在修訂「組織中的領導」時，有一節內容特別將領導行為的分類架構做一個整合（2002, pp. 64-67）。以 Ekvall（Ekvall & Arvonen, 1991; 1994）的研究作為基礎，Yukl 介紹了下列的第三種領導定位。

在過去十五年裡，被認為最引人注目的領導多元論已經成了「轉型領導」（Weber, 1964; Burns, 1978; Bass, 1985, 1988, 1994; Leithwood, 1992; Mulford & Silins, 2003）。這種領導的趨勢被定義為一種管理活動的方法，而這

種活動是以領導者改變與內化組織管理與工作方法的能力為基礎。轉型領導者藉由引發成員的工作信心，和改變組織的文化、價值體系、制度規範和組織行為來進行領導。有一個強而有力的證據顯示，在很多不同的組織脈絡裡，轉型領導型態是組織效能很好的預測指標（Antonakis, Avolio, & Sivasubramaniam, 2003）。

最近，斯堪的那維亞（Scandinavian）學校的研究強調：領導猶如民主精神的反映。換句話說，對學校領導者而言，學習教育的全國性目標並且把目標列為首要是相當重要的（Johansson, Moos, & Möller, 2000）。這樣的方法聚焦於領導者，而領導者對於學校的個人、社會和整體思想目標之間應改變或維持既有規範，擔任起居中協調的媒介角色。許多研究者也強調，在學校文化的創立過程中，價值、態度和行為的重要性。這些研究證明：有效的領導者能夠溝通價值觀念，並創造出共同的文化（Hodgkinson, 1991; Sergiovanni, 1992; Begley & Johansson, 1998）。

為反映出近來這些觀點，我們把領導的概念整理成圖 6.2。根據圖 6.2 的觀點，倘若領導者的意向聚焦在文化上的改變，就意味著致力於個人需求、價值觀念和看法觀點上；倘若領導者的意向是聚焦於結構上的改變，則表示將致力於目標、例行程序和評鑑，試圖要提高有效的學生學習。而這兩種意向是可加以結合的。

領導者的焦點		致力於結構上的改變	
		是	否
致力於文化上的改變	是	完全的領導者	有願景而無行動的領導者
	否	缺乏願景和溝通的管理者	退卻或放任的領導者

圖 6.2　領導者對於結構和文化的立場

Fullan（1999）提及努力改變文化和新結構的引進兩者相結合的重要性。在瑞典的脈絡中，不斷持續討論關於在組織所要求的結構和學校教育在教師和其他成員之間以價值為基礎的觀點，兩者間存在的衝突。對校長們而言，當他們必須遵循國家政策時，這些衝突使學校領導變得困難。在表 6.1 中，我們概略敘述當我們要發展學校時，可能面臨的一些困境，「完全的領導者」應該以轉型領導的方式來處理。

在這個領域，以當代的研究為基礎，我們了解到今天的學校需要的是平衡於學校結構和文化的領導模式。儘管如此，仍然有太多的校長們都把焦點放在結構和穩定性上，而非文化改革上。這樣的態度可能是被周圍的政治和行政系統所影響，而要求以結構為目的的領導模式。另一方面，在他們的論點裡，學校思想家和學校政治家會要求領導者要反映出一種民主的精神，並且聚焦於教育的領導和學校的改進。

以這個觀點而言，一個卓越的學校領導者必須以一種協調的態度，同時兼顧學校的結構和文化。有太多的例子都是校長們致力於結構上的改變，例如團隊工作，卻因為沒有在文化層面付出努力，他們所期待的成功始終無法發生。

表 6.1　學校結構和文化上的牴觸

在瑞典的學校裡，結構和文化牴觸的例子	
參與活動：瑞典的學校應該透過學校的影響來培育民主的思想。	50%的教師不認為學生能夠處理更多的參與活動。
團隊工作：團隊工作是一種指定的組織形式，以促進學生在學習上有更廣泛的視野。	許多教師運用團隊來強化傳統的工作方式。
教學領導：校長被學校教育當局期待成為一個教學領導者。	在學校裡，校長常被期待做一個行政管理者。
所有學生達到目標是非常重要的。	有些學生常常連基礎能力都尚未建立。
在瑞典政府的文件中指出，學生有許多非主流的教育形式可選擇。	學校班級、教室和課程表仍然是主流教育的形式。

方法

　　我們的研究是在四所學校中實施，有兩所學校位於小城鎮中，有兩所學校位於瑞典最大的城市裡。我們選定這四所學校是因為它們在前次瑞典所有學校實施的國家測驗中，都有很好的學業成就表現，而且在過去四年中，它們在國家學業測驗中的表現也有提升；這四所學校也被我們的資訊提供者認可擁有卓越的校長，致力於學校全體學生的成功因而雀屏中選。

　　在這四所國中學校（7 到 9 年級）裡，我們與學區董事會主席、學區長（CEO）、校長，以及校長所推薦的六位教師進行訪談。我們之所以選擇由校長來推薦老師，是因為我們希望勾勒出成功的藍圖。我們也訪談了來自這四所學校六位對學校持正向態度的學生和兩位學生家長。教師、學生和父母都採取個別的訪談。

結果

　　我們將研究發現摘要如下，內容是關於每一所學校對於結構、文化和領導這三個觀念的態度與作為。

河流學校

　　這所河流學校（River School）座落於農村地區，離最近的城鎮約五十公里。它是這個地區唯一一所中學，且經過數年問題叢生的日子後，目前已變得校務興盛。幾年前，有些學生在校園裡玩火，學校問題嚴重攀升；在那時候，鄰近一所學校的校長被派任來領導這所河流學校。在他的領導之下，整個學校風氣有了改變，學生的學業成就也都提升了。

結構

　　據校長所言，學校內部結構還是太過僵化，他希望能夠改變成較彈性的結構。他提出理由說明，要了解學校的結構，對於阻礙因素的妥善分析是相當重要的：

　　　　課程表、學習科目和進度表過度決定學校的一切……你必須把組織、行政上的阻礙放到一邊，我從局部處理阻礙開始，然後和學校成員討論應該如何組織、做決定、做準備……目的是以學校成員的參與和意見為基礎來做決定。（校長）

　　教師們對於團隊的發展非常滿意，最重要的溝通和支持存在於教師團隊中，老師們希望不同學年的教師團隊能更加合作。

　　　　在教師團隊中可以做許多的意見交換和協助學生，在團隊與團隊之間也應該這樣發展，而不僅限於在某一團隊才如此。（教師）

　　教師們希望有一週一次的聚會來交換經驗和技巧。

　　　　我們需要一個每個人都能會面的討論會。（教師）

　　教師們也致力於結構的改造，以提升父母和地方性社團之間的良好關係。

　　據學生所言，關於學校和學生教育的資訊是令人滿意的。

　　　　資訊取得便利……我們有一個真正的優質展覽室供學生使用，

它位於學校中心的位置，方便讓學生時常去參觀。（學生）

文化

校長認為文化應反映出師生之間和諧的互動環境。

　　基礎的信任文化意味著你不用害怕教學上的挑戰、對於你所做的事情也不用感到侷促不安、對於你不確定的事也不用害怕去嘗試。（校長）

學校必須顯示出成果，但真正的產生學習才是最根本的事。

　　學校必須能夠顯示出成果，但分數和成績是不可靠的指標。學生必須意識到他們實際上已學到了些什麼。（校長）

教師們強調此需求：開放和參與的學校文化應以基礎的民主價值觀為根本。

　　學生們應該具有他們所認同和有關的道德觀念。（教師）

學生們也渴望在同儕間能有一種良好的氣氛，且在師生間能有良好的關係。

　　對於學習的過程而言，師生間的良好氣氛是很重要的。（學生）

領導

校長的目標很清楚，而且相當符合中央和地方的教育目標。

> 身為校長，你必須有清楚的目標，且此目標是在正確關鍵的方向上，與中央和地方的教育目標一致，帶領你所領導的學校朝學校目標的方向邁進。（校長）

校長希望創立一種具有正向、積極思考特色的環境。

> 當你能夠讓大家去思考什麼是對所有學生學習最好的事，此時，卓越的校長領導就發生了。（校長）

但其中仍包含著管理和領導。

> 財政的目標必須達成，社會和學業目標也必須達成，然而，老師、家長和學生必須擁有機會，並且感受到自己也參與其中。（校長）

教師們希望校長設立清楚的目標和限制，而且要提供支持和回饋。教師們也察覺到，在學校經費的財政限制下，學校的目標仍必須達成。他們相信校長能夠結合校長一職所處的各種角色。

> 校長是管理者也是領導者。（教師）

他同時重視學科上的知識和學校氣氛，也就是學校結構和文化並重。

而且是一個良好的溝通者。

　　校長領導最大的挑戰就是要能有效地運用資源，能夠在有限的財政資源下行事，並且把對的人放在對的位置上……對於學校成員和學生而言，領導就存在於其中，而且是顯而易見的。（教師）

　　學生們的評價是：他們的校長透過溝通和疑難排解，把學校經營得很成功。

　　在學校裡，他顯得很開心，能夠把問題處理好，沒有校長的架子，還會向每個人打招呼。（學生）

山上學校

　　在這個小學校裡，每班人數少於二十人，學生從學前就有相同屬性而且也彼此熟識。父母教育程度相當低。因為地方政府規模大小的緣故，在學校和部分的地方政府行政機構之間有依賴和合作的關係。

結構

　　對於校長，結構的概念包含學區內當地的社區。在小型地方政府的學校必須和多元的社會部門合作，但是這會被限制開放的法律所阻礙。

　　學校必須和社區合作，如此所有學生的學習才能被支持。同時，學校對當地的社會、成員、學生到父母的參與者必須是公開的。假如我們沒有那些限制，對於需要額外協助的所有孩童，我們

應該能建立更好的支援。（校長）

在一個明確的結構中，進一步的責任分配和責任的輪流交替也需要妥善安排。

卓越的學校是一個有積極工作氣氛的學校，它必須是一個每個人都可以炫耀學習的地方。學校必須藉由所有相關成員、學生、父母之間以良好的開放心態來形塑特質⋯⋯對老師有一個正式和持續的責任去引導更多的活動。責任的轉換則是一個月一次。（校長）

根據老師的說法，必須流露真誠，同時和老師的討論與對話要像對學生一樣。老師須忠於國家和當地課程所引導的教學大綱標準，雖然這不容易履行。

社會結構和工作氣氛也很重要。必須流露出公開的態度，要有生氣勃勃的討論。有許多不同的意見相互激盪——辯論在進展中，部分正式列入排定的計畫表中⋯⋯學生一定會很開心且有動機去學習。（教師）

文化

校長主張學校文化應該有鷹架支持學生主動的行動和問題。當然，學校為好的名聲而努力，但老師和學生間的人際關係更為重要。學校成員謹慎地從教學轉移到導引學生。

這世界不應該被學科所分割，也不應被學校所分割。知識是尋

找和擴展的過程，我們試著去成為一個學習型組織。（校長）

　　對於學校內教學法的討論，從教學到學習是非常重要的。（教師）

學校文化的改變和文化本身受不同結構的影響，就如同課程表對一個到校的參觀者是顯而易見的。

老師們建議更好的參與是由小學生們自行計畫活動將會更有意義，因為這樣的活動會支持學生的好奇心及求知的欲望。

　　我們應該增加學生做選擇的機會。（教師）

老師提升各學科間的學習。

　　我們試著採取一個跨學科的方法。（教師）

學生目前正在學生參與（student-participation）模式內工作。

　　我們有一個以問題為基礎的教育。這個事實是我們可以讓學生更有動機去學習，更有對知識的好奇心及渴望。（教師）

　　我們運用這個想法來工作，使每個人都能在表現上有所進步。（教師）

　　在這過程中，學生有一個更棒的責任感。（校長）

學校中好的環境有助於合作的文化。結合高度的學生參與，這導致好的學習狀況。

> 一個愉悅的環境，不要太粗暴。假如我們遇到不愉悅的事，也許我們將會有同樣的反應，導致較差的成績和教育。（學生）

領導

校長聲稱她已經被認定為一個好老師。她相信，學校領導者應該是明確和寬容的，同時也表達高度期待，這創造了愉悅和好的結果。

> 我用這樣的方式對待和支持老師，我希望老師也能以同樣的方式對待學生。我傳達出很明確的期待。（校長）

根據老師的說法，校長設定學校內工作的限制及框架，但是，它之所以成功的理由是校長在老師、學生、父母中展現出的信任。學校的目標藉由開放的討論而清晰，促成溝通和正面的社會氣氛。

> 有眼光，對民眾的需要是開放的、敏察的、清楚的和一致性的……而且每個人的觀點是重要的。目標是清晰並經過討論的，所以我們相當能夠認同。校長也有責任創造一個開放、溝通和信任的社會氣氛。（教師）

> 校長很容易被成員和學生所看到。他們所有人都知道她的願景和行動，甚至她不在時也會實現它。（教師）

根據父母的說法，這位校長已經達成學校內的穩定和合作。

　　她的溝通方式顯然有助她獲得人們的支持。（父母）

學生喜歡他們引人注目的校長，但強調她試著影響他們有關學習的想法時，他們能認同校長的重要性。

 ## 多重文化的學校

這所學校位於較大的城區，有著高比例的移民及種族隔離。在過去，這個學校一直存在著一些社會問題，但是在我們研究時，這已是一個建立良好的移民區。這個過去「日常生活中的種族歧視」（everyday racism）已不再存在。為了達成不同種族文化的整合，這個學校已經開設了一個音樂班吸引整個城市的青少年。

結構

這位新校長改變學校裡老師的工作結構。她創立教師團隊……

　　我將解構教師團隊，七到九年級……可支配的人力資源：當我們組織新的教師團隊時，那也是我一直最不確知的。（校長）

這組織的資深階層和學校領導者會議的建構，及學生利益團體都已經被修正。

　　我們正完全在重新塑造組織的工作。（校長）

帶領和支持應該盡可能行動。校長的目標也在於和校外的當地政府機構合作。

> 讓學校用一個較整合的方式去運作，例如：用社會福利服務。
> （校長）

老師沒有反省學校組織的基本改變。對他們來說，文化的問題似乎是更重要的。

文化

校長認為，在學校裡好的工作氣氛是她的工作成果之一。老師率先採取主動，想要有所貢獻。

> 作為一個領導者，我是個好的聆聽者和溝通者。我知道什麼是我想要的——你必須有一個主要的想法……很願意和成員一同把事情做好。（校長）

老師提供許多文化上的議題，他們視學校為一個學習型組織。關於教學方法，學校文化已經從不討論文化改變成經常性討論文化。老師們也強調將課程大綱和課程視為重要的指導文件。

> 在教師團體範圍內處理文化，然後，我們將傳遞給青少年……我們接收資訊，並加以反應和討論，這是我建立事情基礎的聖經，在最近這幾年，我們在這部分已經在工作團隊中經營了很多。（教師）

學生重視安心的學校文化，他們也重視老師是好的聆聽者和鼓勵他們學習。

> 好的人際關係，安心……學生和老師互相傾聽。重要的是，學生能說出什麼是不好的，老師也能傾聽學生的意見。（學生）

父母意識到學校的文化，支持校長、老師工作的方式，並相信他們都是學生的好典範。

> 校長對成員表現出完全的尊重，而這也會傳遞給學生。（父母）

領導

校長確信她身為一個領導者的長處，雖然她明白還有很多需要學習。

> 你從未完成……我已必須去學習每一件事須花一段長久的時間。你必須小心執行事情。（校長）

她的老師強調一位有能力去學習的領導者之重要性。一個成功的學校需要具有遠見和能力的領導者達成學校和學生所託付的。

> 領導者有清楚的願景嗎……校長藉由自己促成成功的結果……（教師）

校長相信責任和特色的分權領導能力框架；父母也相信校長為改善學校所做的工作。

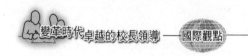

校長已經將這些管理得很好。（父母）

中上階級學校

這個學校位於瑞典最大城市之一的上流中產階級區域，那是一個具有文化和經濟同質性人口的繁榮社區。在父母看來，好的學校是傳統和保守的。對於他們來說，學校給予他們的孩子基本的教育和學業成績能夠順利升上高等教育學校是很重要的。

結構

對一個卓越的學校，校長要求一個穩定的結構是重要的。他在學校應用這些指導文件，但認為這些文件有時也有其弊病。

> 州的決策和倡議的事對我們會有衝擊，我們將它們放在公告欄上並實施。現在最明確的權利是價值性的爭議。地方政府的決策和倡議事項對學校沒什麼影響。（校長）

老師們並沒有特別涉入架構的爭論。

> 要不就是有一個學校計畫，但是細節我不太清楚……不然就是有一個財務的狀況——持續的存款計畫。（教師）

父母回應這個觀點。

> 關於學校計畫校長已經展示過，但是內容呢？（父母）

文化

校長將學校看成是承諾、能力、社會關係和經驗的系統,將這些視為達到成功目標的重要因素。更進一步說,一個卓越的學校和當地社區要有好的關係。

> 成功廣義上是達成目標。其他重要的事情當然是事情社會化地順利運作⋯⋯一個卓越的學校藉由察覺和結構化與當地社區建立良好的關係。(校長)

老師、學生和父母對學校很滿意。學生和父母強調學校的成效很好。老師聚焦於有效率的教學,並支持學生和父母所期待的學業表現。

> 學生和家長做出迫切的需求,他們來自傳統觀念的家庭。學校是重要的,父母要求⋯⋯關於成果、成績和傳統上的表現。(教師)

對於更多集中在課程中的社會目標,沒有得到來自父母的支持。

> 比起知識上的學業目標,社會目標只是第二順位。(父母)

領導

校長對他的成員和學生有信心,且感覺出他們信任和依賴他。校長也相信,老師不會將他視為控制老師行為的校長。

> 他們了解我想要去改善學校,我的領導能力獲得了支持。(校長)

清楚明確的溝通是他領導能力的另一部分，可協助他解決問題，使他被視為領導者。

> 你必須記住，在學校和社會，領導者是其他人的模範。（校長）

領導能力包含領導和經營，了解這一點也是相當重要的。

> 我覺得有自信……他們信賴我。這表示他們不怕嘗試新的事情。我在工作上能夠得心應手並為此深感慶幸。他們認為我是專業的，在學校有充分的自信；他們沒察覺我控制的手段。他們知道我想要向前……在我的領導能力中，溝通扮演一個重要的角色。（校長）

校長在老師之間受到讚賞。他們相信，校長的領導能力和學校連繫在一起。他用形成性評量和直接測量在工作。

> 他使計畫快速的完成，他有遠見抱負且腳踏實地。（教師）

> 他使工作快速推展，有時候非常快。校長有遠見和抱負，同時是實際又具體的……身為成員他對我們也深具信心。（教師）

父母有很多正向的事蹟來說明校長的領導能力。

> 當他在學校領導改革時，同時，我們注意到工作對他來說是按部就班的。（父母）

有趣的是，學生在學校眞的不清楚校長在做些什麼事。他們不易察覺校長的工作，但這並不會讓他們覺得校長沒有提供領導。

> 我們的校長對我們不是很積極，但我們知道他和我們老師一起工作。（學生）

結論

四所學校的分析形成瑞典卓越校長領導的四項結論。第一，所有學校的校長藉由開放學校給當地社會，努力完成學校結構和文化的改變。老師們支持這些改變，他們相信，這會導致學生學業的發展，並給予他們機會學習如何處理不同的情況。校長們認爲，和鄰近社區有好的關係可作爲改善學校的一種必要資源。

第二，我們發現，這些校長是非常有自信和坦率的，他們透過學校文化和結構兩者的改變得以執行學校的改革。他們展現高度自信心和內部控制能力，協助他們去挑戰問題。他們必須採取行動，設下限制或是有威權的劃清界線，或是和共事者在一次民主的對話後，當機立斷做出重要的決定。這是一個挑戰領導能力的方向。依據第一次的調查，它似乎是結合民主和威權。藉著學區提供的職權，校長得到正式的民主威權。但是爲了有效地行使領導能力，他們也必須在他們的角色中培養專業的信賴感，且具說服力和意願與他們的成員做持續性的民主對話。

在實例的研究中，我們也希望能找出兩個研究問題的答案。第一，當他們提到有關於學校表現時，我們的校長是否努力去達到學業和社會目標？第二，他們是否察覺學校文化和結構的關係？他們是否帶著這些部分去達成卓越？

　　其中，三位校長致力於讓老師、學生、父母去發展一個雙重的重點，在學業知識上的目標，和社會民主價值上的目標。這和用瑞典法律定義的卓越學校是完全符合的──一個學校在關於學業和社會的目標有高度表現。這些校長依照學區的觀念和文化，調整學區的文化。在我們實例中的其中三所學校擴大學校的社會目標。

　　第四位校長雖然較強調學業目標，較不重視社會目標，他沒有在課程中主動經營去達成社會目標，他仍被視為卓越的，並獲得老師、家長和學校的支持。你可以說，這位校長成功的經營學校位在表 6.1 中的 C 格，此傳統學校在符合父母的期望、準備讓學生進入更高教育方面做得很好。

　　至於我們對學校結構和文化上的探討，發現學校結構、文化和領導很少有分歧的情況。一般來說，在學校中結構、文化和校長的領導能力，這三者之間有很緊密的依賴度。一個明顯的例子：在案例中的三個校長在學校建立教師團隊，讓教師凝聚學校是團隊共同組成的信念。這種跨學科結構的建立，培育了教師團隊民主參與的文化。另一方面，研究案例的第四位校長，主張需要一個適當的結構去實現學校的學習目標，讓老師、學生和父母都全神貫注於學習和達成高學業的成果。在這個實例中，以學業成就為導向的文化，是基於父母和社區的渴望，校長調整結構來促進深埋在文化中的期待。在這樣的背景中，他是卓越的，但是按照國家的政策則並非如此。

　　因此，我們的結論是領導必須符合瑞典國家的背景（甚至也必須符合國際的背景），所以，學校的表現必須根據其學校社區給予的使命來加以分析，而這個使命可能有別於國家的政策。

參考文獻

Antonakis, J., Avolio, B. J., & Sivasubramaniam, N. (2003). Context and leadership: An examination of the nine-factor full-range leadership theory using the Multifactor Leadership Questionnaire. *The Leadership Quarterly, 14,* 261–295.

Bass, B. M. (1985). *Leadership and performance beyond expectations.* New York: Free Press.

Bass, B. M. (1988). *The multifactor leadership questionnaire,* Form 5. Binhampton, NY: Centre for Leadership Studies, State University of New York.

Bass, B. M., & Avolio, B. J. (1994). *Increasing organizational effectiveness through transformational leadership.* Thousand Oaks, CA: Sage.

Begley, P., & Johansson, O. (1998). The values of school administration: Preferences, ethics and conflicts. *The Journal of School Leadership, 8*(4), 399–422.

Blake, R. R., & Mouton, J. S. (1964). *The Managerial Grid.* Houston, TX: Gulf.

Burns, J. M. (1978). *Leadership.* New York: Harper & Row.

Ekvall, G., & Arvonen, J. (1994). Leadership Profiles, Situation and Effectiveness. *Creativity and Innovation, 3*(3), 139–161.

Fullan, M. (1999). *Change forces – The sequel.* London: Falmer Press.

Hodgkinson, C. (1991). *Educational leadership: The moral art.* Albany, NY: SUNY Press.

Johansson, O., Moos, L., & Møller, J. (2000). Visjon om en demokratisk reflekterende ledelse. Noen sentrale perspektiver i en forståelse av nordisk skoleledelse. In L. Moos, S. Carney, O. Johansson, & J. Mehlbye (Eds.), *Skoleledelse i Norden - en kortlægning af skoleledernes arbejdsvilkår, ramme-betingelser og opgaver. En rapport till Nordisk Ministerråd, Nord 2000:14, Köpenhamn.*

Leithwood, K. (1992). The move towards transformational leadership. *Educational Leadership, 49*(5), 8–12.

Lewin, K. (1939). Field theory and experiment in social psychology: Concepts and method. *American Journal of Sociology, 44,* 868–896.

Likert, R. (1961). *New patterns of management.* New York: McGraw Hill.

Mulford, B., & Silins, H. (2003). Leading for organisational learning and improved student outcomes – What do we know? *Cambridge Journal of Education, 33*(2).

Proposition. (1992/93:220). *En ny läroplan för grundskola och ett nytt betygssystem för grundskola, sameskola, specialskola och den obligatoriska särskolan.* (Official Government Documents).

Sergiovanni, T. J. (1992). *Moral leadership: Getting to the heart of school improvement.* San Francisco: Jossey-Bass.

Weber, M. (1964). *The theory of social and economic organization.* New York: Free Press.

Yukl, G. (2002). *Leadership in organizations.* 5th edition. Englewood Cliffs, NJ: Prentice-Hall.

丹麥卓越校長的溝通策略

Lejf Moos、John Krejsler、Klaus Kasper Kofod、
Bent Brandt Jensen
丹麥教育大學專業和職業發展與領導研究計畫

本章旨在描述及研究丹麥綜合學校中卓越校長之意義,其調查結果來自八所丹麥學校的個案研究,其中兩所學校有較詳細的分析。

我們略述丹麥學校的教育背景,並簡介分析的出發點。本研究認為,領導與學校各種不同層次的溝通、決策及建立共同體有關。在本計畫初期,我們訪談了一些學校的利益關係人,後來又觀察與訪談了一些學校的主要利益關係人,作為我們個案研究的基礎。

我們發現,雖然不同的學校及其利益關係人間有高度的共識,但仍有一些不同的觀點存在。我們在本文中會描述卓越領導的溝通模式。

背景簡述:轉型中的丹麥教育文化

二十世紀丹麥綜合學校源自丹麥福利國家(一項主要的社會民主化計畫)的發展,以及政黨間對談的共識。學校被視為促進機會平等的工具,以及讓學生獲取生活所需知識、技能和價值觀的地方。這是以教化(Bildung）的概念完成，也就是傳統平等主義的國立學校理想和全面的福利思想。

然而，自 1990 年代初期開始，丹麥綜合教育體系受下列強大國際潮流影響而徹底變革：新自由主義思潮使教育思想更趨近經濟、回歸基本的新保守主義趨勢、目標導向式教學、初等學校成就測驗的重視、歐盟協調壓力、對 PISA（Programme for International Student Assessment）國際評比的激勵與畏懼、個性化等等。因此，對領導、專業及學習的理解產生了重大的變化（Krejsler, 2005; Moos, 2003）。

例如，國民學校（Folkeskole）（6 至 16 歲學生的小學和國中）的財務與行政責任被轉移至地方政府，再到學校。當學校在財務上能獨立自主及自負績效後，傳統以學校為本位（site-based）的管理方式就被重新定義了。

現在學校領導者和以家長占多數的校務委員會合作管理大多數的預算。訂定法令及學校宗旨的責任掌握於議會和教育部，但課程的解釋和管理則留給地方政府及學校本身。目前的新公共管理（NPM）趨勢重視結果與責任更甚於過程。在丹麥，學校必須將畢業測驗的結果公布於政府部門網站上。政府（通常每兩年）發布必須遵守的國家「目標」，這些目標較以往課程規定更嚴格；除了九年級的結業測驗之外，也計畫對二、四、六年級學生實施更多測驗。此外，也重視諸如教師績效獎金之類的經濟誘因，以及由上而下的管理及分權。

學校領導者似乎（Moos, Carney, Johansson, & Mehlbye, 2000）陷入下列狀況所構成的困境中：國家的學校目標重視博雅教育（liberal education），教化（Bildung / Dannelse）孩童成為民主社會之公民；地方政府卻要求學校財務之績效責任；還有學校文化（教師通常極具自主性，不願被政府及地方當局所稱「有新想法、能力強又專業」的學校領導者管理）。

學校的選擇與卓越標準的建立

丹麥教育體制尚未建立學校的國家測驗排行表，或其他評鑑報告。因此，為了建立選擇個案研究學校的卓越標準，我們要求一些教育局長根據地方評估、學生成績和校長同儕公認，各推薦一、兩位他們認為卓越的校長。當我們與學校利益關係人接觸時，我們請他們告知卓越學校的特徵為何，以及如何描述該校的卓越校長。

在本章的研究中，我們的焦點集中於將溝通視為領導的關鍵特質。領導統御的完美典範要求領導者與教職員及學生在討論而非強迫的理想下建立溝通（Habermas, 1984, 1987）。我們根據利益關係人所描述的學校溝通及互動進行探討。

然而，學校並非只是依據理想而經營，它同時也是一個具有特殊歷史和規範，在校長、教師、學生、利益關係人之間進行權力平衡的組織。藉由此種理性領導的方法，我們打算揭露溝通合理性與領導者權力間的緊張關係。

我們選擇了八所學校進行研究：六所國民學校（7 至 16 歲的小學和國中）、一所高中及一所職業學校。本章主要討論一所小學和一所國中。這兩校具有不同的人口與地理背景，北方學校位於一所大城市的富裕郊區，而城內學校則位於充滿挑戰性的市區。在丹麥的學校中，這兩校可能最具有教師團隊結構與自我組織。

在北方學校，我們採訪了校長、部門主管、教師、學生、家長和教育局長。在城內學校，我們與校長、部門主管、教師、學生和家長進行了一連串面談。我們還在一整個工作日觀察或尾隨校長、一名部門主管、一名教師和一名學生，再接著採訪他們每個人。

在這兩所學校，我們也全天觀察了校長、副校長、一名老師和一名學生，然後根據觀察的內容採訪他們。

北方學校

　　北方學校有一項讓學生接受教育達到最高程度的政策，教育局長這樣形容：「所有孩子都應該學會更多。」地方政府的新政策強調「孩子和年輕人都有責任且應該參與」，以及「孩子有權利獲得全面發展」。這所學校的願景與我們研究的其他學校極為一致：「尊敬、包容和責任；求知慾和積極參與；經驗、幸福和自尊；專業和能力」，也與地方政府的一般教育政策符合。校務委員會的主席表示，雖然有 80% 的孩子會進入高中，但他們在學校所受的教育不僅是為升學做準備，也是為了他們的生活。

當地社區的描述

　　當地學區的特色是，學童的父母親為中上階級、年輕、受過良好教育、富裕的專業人士。像許多丹麥學校一樣，這所學校是招收三個學級的學生：初級、中級和高級。學校大約有 630 個學生和大約 55 位老師。早先幾年有一些年輕老師到學校任職。

　　為了讓學校的建築符合新的教育原則，學校開始大規模改建，區分成三個學級的學區，讓各級學生擁有自己的「主要校區」。每個學級的教學都由老師們組成的團隊負責，每一位老師都完全在團隊之內教學。一旦老師選擇了團隊，就必須在團隊內服務數年。

學校利益關係人對卓越的認知

　　大多數利益關係人都認為學校是卓越的。校長強調，他們對學習的新概念成功地做到了典範移轉。沒有人質疑學校的教學方向，學生學習已發展出遵照政府當局教育理念的共識。另一個成功的證明是，學校每年有超過一百名訪客。最後，教師組成的團隊也被視為成功的象徵，因為它對學

生分組的設立及組成給了更大的彈性。

教師們認為學校是成功的，因為孩子比以前要快樂一些。學校的新結構讓每一個學生可以得到更多的關心和注意。

其他的卓越證據

有幾名學生提及，班級間的合作也是卓越的表徵。教育局長認定學校的學生在 2002 年的全國測驗中得到平均第二高分，第一級的閱讀測驗只有 4% 的學生不及格，遠低於全國的平均值。校務委員會的主席也提及，80% 的學生繼續就讀高級中學；還有一些老師提到，很多學生都來自於學區以外的地方，甚至有些家庭為了讓孩子就讀這所學校，特地舉家搬遷到這個城市。從當地的社會經濟狀況來觀察，這幾件事情是很明顯的。

對校長的描述

校長是五十二歲的男士，已經在這所學校擔任校長九年了。在此之前，他曾在另一所學校擔任副校長四年。據教育局長表示，學生們很喜歡這個校長，也很尊敬他。雖然他不覺得有支配全場的必要性，但他很有權威。有位老師用認真工作來形容他（「校長日夜工作」），還有他做事很徹底。但是，也有些老師認為，雖然他沒有犯許多錯誤，不過他偶爾還是有無法看清事情的時候，或是忘了他的約會時間，這也許是因為他在同一時間進行太多專案。透過他與副校長的卓越合作，他通常可以把事情做好。

學校重組過程的成功贏得大家的尊敬。老師們強調，校長與教育當局及政治人物的關係非常良好。老師們尊敬校長，因為覺得他會為了他認為對的事盡力爭取，他也盼望其他人能這麼做。一位老師說，有時校長也許顯得嚴苛，因為老師們感覺到不服從的教師似乎沒有生存的空間。

校長被形容為支配型的領導人。有些老師認為，從學校領導團隊的作風、主動性和民主的性格來看，他們在提振學校士氣的做法相當果斷。領

導團隊採取主動性，並且兼顧學校的發展。老師們表示，領導團隊很有技巧地鼓勵他們。例如，學校只有在考慮老師意見之後，才會採取主動作為。老師們說，沒有人懷疑校長對學校的影響：「他是一座教育燈塔」，而且「我們生活在教育絕對主義之下」，然而，大家也普遍公認校長具有民主的性格。

　　一位老師強調，這位校長相信他對學校的願景，並且敢站起來為此奮鬥，這已經讓學校完全改觀了。他從一開始就積極參與學校的發展規畫，並且獲得老師和領導人員的普遍支持，因為他們對學校的發展規畫也有同樣的理念。

　　許多老師提及，校長引進了一種新的領導模式，只有事情出錯了，他才會干涉。管理階層被認為是能幹的，擅長傾聽，目標導向和長於談判。大家形容校長是對工作謙遜、善於授權、具幽默感的好人，可以讓別人了解他的願景和計畫。雖然校長是制定學校教學課程的人，不過他的影響主要是間接的。

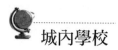

城內學校

　　這是一所大約有 800 名學生的三個學級的學校，設立於 1973 年，由於其穩定的管理和建築，它一直被譽稱為模範學校。校舍是六棟房子的開放平地，每一棟都有一間中心房，教室就圍繞在中心房的四周。

　　校區的每個區塊都是單獨一個學科，各個學科有自己的教學計畫。不過，學校當局還是有些備用計畫，以應付區塊的計畫出了問題。除代課教師和薪資的管理之外，整體的預算是分派給個別學科自行處理。

　　學校約有 30% 的學生是雙語，具有移民的背景。大約有 10% 的高年級生、40% 的幼稚園學生和一年級學生，顯而易見，未來學校裡具有移民背景的學生將會愈來愈多。

有許多老師在這所學校任教很久了，甚至從 1973 年學校創辦就開始在這裡教書了。老師們強調，他們之間有強烈的連結感。區塊式（block）的學科結構也有助於產生這樣的狀況，因為彼此較為接近。校長支持年輕的老師，並且像「父親」般地照顧他們。

學校管理團隊（School Management Team, SMT）給了老師很大的自由和信任，同時，也盼望老師們自己注意紀律。老師承擔了責任，對賦予他們的創造性彈性空間負責，明顯可以感受到這所學校是民主的工作場所。老師們自己、父母、學生和管理階層互相尊敬，並且相互平等對待。

學校利益關係人對卓越的認知

老師們認為學校是卓越的，因為他們在日常教學工作中擁有極大的行動自由。學校的學生人數甚至達到校舍容量的兩倍之多，很少有老師離開這所學校，這也是成功的表徵之一。

校長強調，學校管理層級成功地把政策制定的責任授權給自治團隊的老師們。在他看來，這樣的做法給了每一位老師真正的責任。他也指出，幾乎所有孩子繼續在教育體制就讀或順利找到工作。他認為，有超過學校容量一倍的學生申請就讀，也算是卓越的徵象。

學生強調它是一所好學校，因為他們主動地參與了許多活動。他們相信，他們被重視並且受到平等對待。他們也認為，老師能把困難的學科變得很活潑，也是學校卓越的一項證明。

校長

校長是六十三歲的男士，已經帶領這所學校二十五年之久。他被視為具有領袖魅力的人，在學校裡到處都看得到他。他並不是以主動性出名，而是以愉快的方式把主動權交給教師和學生。校長這樣形容：「我上膛裝子彈，但是我不開槍」，老師、中階幹部和學生都可以證實這樣的說法。

他被形容爲關心各級成員和學生,是個溫暖的人。他實踐了民主的領導,傾聽學生、老師和父母的心聲。

學校的管理相當良好。校長極爲關心學校,「對他而言,學校就像他自己的家庭一樣重要」。

校長必須要應付那些有過分要求的棘手父母。他直接面對孩子和父母,解決了許多問題。他的寬宏大量創造了信任感,並且想方法找出解答;他注重實效。他善於運用秘書從事高效率的管理。他對行政細節不感興趣,也時常忘記追蹤。不過,他擁有充足的行政支援,即使他沒能親自督促,事情還是會順利進行。

校長總是談著「我們的學校」(our school),這表示他深信,有效的學校領導必須仰賴團隊的良好運作。這可由決策權相當程度地授權給各自的學科、教師團隊、甚至個別老師,看出校長的作風。

學校很明顯地表現出一種「我們的文化」(us culture)。校長強調,不論是正式或非正式的領導功能,都已經廣泛地授權給中階幹部和老師。他認爲,學校被認定爲民主式的管理,是一件重要的事情,校長不應該被視爲領導人,而是一位鼓勵民主程序的人,校長是學校的對外代表,代表學校與當地社區及地方政府溝通。

校長對學生的學習及溝通有重大的影響,不過,是以間接的方式進行。學校到處可見到校長,不僅是因爲他常在學校,還因爲他堅持學校是一個民主組織,必須認眞地對待並且尊重每一個人。這樣的氣氛瀰漫了整個學校,以及教學的原則與實施。

校長的願景總是把學校放在最中心重要的地位,校長對學校的看法是,學校永遠是開放的,只有在從事極爲私人事務的情形下,學校的大門才會關閉。

在學校的觀察

　　學校的各年級、不同學科及不同班級的互動相當密切，藉由一連串的會議建立彼此的互動。學科主導教師須參加區塊會議，同年級的教師團隊有例行會議，所有區塊的主席每個星期三須與學校管理階層進行會議，學校管理階層每週一舉行內部會議。

　　我們觀察到，與會人士在內部會議中，充分交換資訊及取得協議，學科領導人與校長在會議中擬定對待利益關係人的策略。學科領導人不斷發言，校長則頻頻點頭。有一項議題是關於如何對教學委員會（供校長諮詢）次年工作計畫提出的意見做出回應。何種意見會被學校管理階層採納？校長說，學校管理階層必須全體一致的共識。部門主管將校長的角色形容為經由對話（在此例中，是和其他學校管理階層成員）影響過程的共鳴板。例如：

　　　　校長是一片共鳴板。我們也想要聽聽他是否有其他論點，以及我們的論點是否完美。我們不需要被批准，但我們經由對話和討論發展我們的策略。我們與學校管理階層以外的人員開會前，總會先會面以找出共同的立場和策略：我們想在這次會議中達成什麼？這令我們感到非常安心。（一位部門主管）

　　校長告訴我們，通常部門主管和老師找他表達意見，是為了得到認同和回應。他有時不明白為何他們需如此求得心安，因為他們能夠自己做決定。這似乎是一種再肯定機制：他們希望在實現想法之前獲得「父親式的首肯」。

　　他如此描述他在學校裡的角色：

我在合適的地點施肥，並種下一個想法使其生長成熟，直到有人將它視為自己的想法。接著我會鼓勵此人完成它。我通常將想法交由部門主管擴展，如此似乎使他們更名副其實。

教師習慣自己當主人。他們極具自主性，而且他們授課時必須如此，所以，你不能像領導私人企業員工般地領導他們。我的基本態度是，如果你提供個人揮灑的空間，他們會充分運用並提升自己的能力。

不同的小組每週有許多會議。

這是關於創造神話與少說多做……我們負責不同的工作，因此需要互相溝通，使學校管理階層所有成員了解一切。（一位部門主管）

這篇簡短的報導著重於校長、部門領導者和老師之間的關係。針對一位老師和一位學生的觀察紀錄及後續採訪顯示出，他們有決定和選擇的空間，且相關人士間的訊息，與我們所看到或主管及校長所告知的內容很接近。

人際關係

管理人際關係並找出組織內權力的平衡分配，是進行領導時的重點。如何設定方向、培育人才、再造組織，乃是成功領導的關鍵（Leithwood & Riehl, 2005）。Day（2005）更進一步注意到成功管理關係時應考慮及平衡的衝突有：領導對管理，發展對維持，專制對自治，個人價值對制度規則。歸納我們對八所學校的研究，可以得到以下的結論：多數成功的校長

在處理人際關係管理的議題時，都受到諸如「學習型組織」及「分佈式領導」等概念的啟發。

哥本哈根郊區一所中學校長的做法是，要求所有利益關係人做出承諾，以達成學校的目標。她的願景很明顯是奠基於學習型組織的概念（Senge，1990），並堅信執行個人專業的角色，無法與個人的私人承諾分離。

實現這樣的願景需要使用一些工具及科技，以建構分佈式領導的人際關係管理。一方面要求參與，另一方面也要強烈要求部屬做出較高程度的個人承諾（偶爾會幾乎達到像「告解」的程度）。

有一些內部科技可以連結組織內的所有議題至廣泛的願景，並且持續發展與擴充。在所有的國際卓越校長計畫（ISSPP）學校，全部教職員都要參加教育日的活動，以營造對學校目的與目標的共同語言，並建造正確理解學校願景的架構。學校對校方追求的價值及優先項目均擬定行動計畫。以個別分隊作為會議的層級，經常召開會議，研擬達成願景的共同執行方式。校長則參與定期的分隊檢討會議，了解進度，聽取分隊的意見回饋。至於在個人的層級方面，校長也會透過詳細排定的面談時間表，逐一與隊員對話，共同設定工作目標。評估會議提供校長及教職員良好的機會，評估上一年度的工作執行情形，及設立下一年度的目標。同時，校長也可藉此機會，深入了解個別教職員對學校願景的投入程度，畢竟教職員有義務對學校執行願景的方式提出他們的看法。

校長擴展人際關係管理網絡的方式，包括和外部利益關係人互動、加入市府校長網路、舉辦會議、使用學校網站，以及公開學校活動計畫。此外，她也鼓勵教師和學生及家長保持密切聯繫。

不同的學校和校長之間是有差異的。前述的校長在相當大的程度上是學校的驅動力。然而，為做出明智的決定，她努力了解校內幾乎所有人的願望、問題與想法。她願意敞開心胸接受執行時的願景及建議。另一所都市學校的校長非常熱衷於善用學習型組織的願景。城內學校則是在團隊中

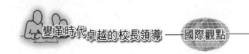

運用許多人際關係管理技巧，且校長將自己視爲「鑄造子彈」的人，希望其成員自我激發出高度的自主性。

學校組織中的溝通、會議結構與權力

所有我們個案研究的學校逐漸被組織形成三個層級：零到三年級、四到六年級、七到九年級。有的學校還在此過程的初始階段，其他的則已完成。有些學校還進行改建，使學校建築符合此種組織架構，也就是三個層級的班級各自集中於獨立的建築單位中。

因此，教師的組織化是指在此三個層級上，將教學組織成自治團隊，主要以團隊進行教學。老師們選擇自己的團隊後，在某些學校必須維持數年不變，而有的學校則可以每年轉換團隊。此種結構意味著學生必須轉換部門三次。雖然各學校進行此種轉變的時間不一，但所有學校都在不同程度上，開始走向部門化及團隊結構的組織重整過程。

此種組織似乎是有所幫助的。於固定團隊中工作使教師成爲「他們各自層級的專家學者」。然而，實施此種新結構之後，有些老師感到彼此間的凝聚力受到破壞，這是他們覺得遺憾的一項發展。根據某些老師所言，這是因爲學校分割成三個層級或群集（home areas），以及團隊合作讓老師個人變得微不足道。這種自治團隊結構符合 Mintzberg（1983）所謂的「專業官僚」。

會議結構

這種組織結構與學校的會議結構互相配合。源於此種學校組織的會議結構，在北方學校是很明顯的（不同的個案學校大同小異）。

首先，會有學校董事會會議，由家長、老師和學生組成。校長擔任幹事，一位家長擔任主席。每月開會一次進行重大決策。

其次，**學校全體教職員會議**，學校全體教職員每年開會四次。此外，管理階層和職員間也有會談時間。

第三，**教育人員會議**，也就是教師會議（三到四年），有行政會議規畫教師會議。教育人員會議協調教學發展，每年召開六至十次會議。另外還有兩次教學媒體會議。

第四，**教師團隊會議**，此會議每週舉行，教師團隊和管理部門的會談則是每年一次。還有一個由教師團隊、管理團隊和學校心理學家共同參與的閱讀能力研討會，討論一、二年級學生的早期閱讀能力。各個教師團隊每年至少有兩次課程會議。

最後，還有**特別中心會議**，包括一位心理學家和本中心的老師們，特別中心有四次年度協調會議討論整體計畫。這些會議由管理團隊和本中心成員參與。

組織中的權力

高級管理團隊（Senior Management Team, SMT）或校長幾乎在所有會議中都有代表參加，使他們持續了解學校發生的事務。此種獲取資訊的特權給予校長一種直接或間接的特別權利，例如議題設置權（agenda setting power）（Barach & Baratz, 1962）、意識控制權（consciousness controlling power）（Lukes, 1974）或結構權（structural power）（Foucault, 1976, 1994）。組織與會議的結構方式使管理團隊更有機會運用間接的議題設置權與結構權。

關於權力分配，要決定哪些群體享有較大的權力並不容易。身為自治團隊中的專業者，教師有相當大的權利進行其工作。只要不發生問題，管理階層不會干涉平日的教學活動。要顯現丹麥國民學校的有效領導，管理團隊就必須信任其專業教師。事實上，若教師不受到信任，他們可能會「開除」（sack）管理階層（Kofod, 2004）。

專業組織中的權力關係不只是由上而下的方式，也有其他的方式。最

重要的方式是經由結構和意識控制權；也就是被控制的可能性，即使此控制並未明顯使用（Christensen & Jensen, 1986; Foucault, 1976, 1994）。在丹麥學校中，組織、團隊結構和會議結構為這三種權力運用保留了空間。

組織中的連結

我們一直都只專注在組織的一部分，到現在為止，那就是老師和學校管理階層的關係。北方學校的工作人員人數幾乎和老師一樣多，為了簡化，我們專注於老師與行政人員的關係。

學校的組織和開會結構有鬆散和嚴謹兩種連結。分散結構加上半自治部門和教師自治團隊，指向部門之間及部門和學校管理階層之間鬆散的連結。若考慮到此種組織高度的複雜性，鬆散連結的解決方案會是一個降低複雜性的聰明答案（Weick, 2001a, 2001b）。學校管理階層對教室事務的控制是間接透過會議結構而運作的。協調是經由技巧的共同調整和輸入來完成（Mintzberg, 1983）。為了應付這種在不同區域分工合作的流動性體系，組織必須具備鬆散連結的要素以扮演一個自我規劃體系（Weick, 2001a, 2001b）。

討論

在研究丹麥學校校長的卓越案例時，我們的假設是：非強制的理性溝通對卓越的文化發展非常重要，我們的方法找到證實，我們的數據也發現卓越的基本方向。在我們研究的兩個學校裡，學生們都說校長會用心聽他們說些什麼，所以他們都很用功。老師們也強調，這種特色是一種校長領導權下的重要個人特質。

這兩個學校裡都強調，校長只會間接影響學生的學習情形與成績。這種情形在北方學校比城內學校來得明顯，原因是北方學校位於較富裕的地

區，父母們比其他地區的家長支持學生的教育，也更有企圖心。當然，也可能是當地教育當局的影響力，這些當局過去四年額外撥經費給學校，同時也表達出希望學校應該重新調整師資結構及教學方法。

在本章中，我們發現這兩所學校都可以稱爲「參與式」的民主社區（Furman & Starrat, 2002），這是指開放的想法交流和意見分析，批判的反省與分析，對他人福利的關切，尊重社區中每個人及少數人的權利和尊嚴。也就是說這些學校都努力督促社區的各項發展，有助於培養學生將來的能力發展。

學校和他們的領導者對於民主式領導有不同的解釋（Blase, Blase, Anderson, & Dungan, 1995），但都鼓勵老師參與決策。老師也鼓勵學生參與班級決策。領導者皆以孩童爲中心且認眞改善教學，而且相信老師們的動機，也願意聆聽和溝通。

這些學校的民主式或共享式領導的觀點，是要確保決策者能以稱職的方式做決策。校長和領導團隊信任老師的教學能力，校長也信任副手及部門領導者的能力。如同在城內學校個案中所述，會議是校長確保教師符合需求的方法。他以此方式訓練部門領導者成爲能幹且有智慧的領導者。他說，若部門主管學會像他一樣做正確的決策，那麼他們就有能力對決策負責。

許多老師和部門首長要求校長提供意見或接受他們的意見，他們往往想要在實現想法之前獲得「父母式的首肯」。在這些情況下的溝通是清楚、透明而詳盡的，所以雙方都知道哪些想法是一致的。在另一方面，教師和部門領導者似乎傾向於要求校長同時以官方身分認可，並以個人身分保證。

我們不禁要問，是否有一種經由情感及認知基礎來建立校內關係的趨勢。獲得授權的成員似乎想尋求領導者的保證和接受。Poul Poder（Mehlsen，2005 的一次採訪）發現，許多成員變得相當依賴領導者情感上的支持。此趨勢源於目標導向企業組織中的權力分散，此種組織非常依賴成員的支持，且成員的工作意願是根據組織價值而非官僚規定。我們的個案學

校在許多方面都是價值導向組織的實例，其校長是具有遠見、想法和情緒智商的良好溝通者。

　　因此，老師對校長保證的依賴性包括心理面和體制面。這是新式管理體制的組織內一種安心與服從的問題。學習型組織、新式公共管理，與其他現代化組織管理技術的特色，就是一方面要有強力的領導，另一方面，又要老師在自治團隊中獨立且靈活地工作。這就造成服從與自主之間的拉鋸。

參考文獻

Barach, P., & Baratz, M. S. (1962). The two faces of power. *American Political Science Review*, 57, 632–642.

Blase, J., Blase, J., Anderson, G. L., & Dungan, S. (1995). *Democratic principals in action: Eight pioneers*. Thousand Oaks, CA: Corwin Press.

Christensen, S., & Jensen, P. E. D. (1986). *Kontrol i det stille – om magt og deltagelse* (1 ed.). Frederiksberg: Samfundslitteratur.

Day, C. (2005). Sustaining success in challenging contexts: Leadership in English schools, *Journal of Educational Administration*, 43(6), 578–583.

Foucault, M. (1976/1994). *Viljen til viden. Seksualitetens historie 1*. (S. G. Olesen, Trans. Samlerens Bogklub ed.). København: Det Lille Forlag.

Furman, G. C., & Starrat, R. J. (2002). Leadership for democratic community in schools. In J. Murphy (Ed.), *The educational leadership challenge*. Chicago, IL: Chicago University Press.

Habermas, J. (1984). The theory of communicative action – reason and the rationalization of society (Vol1) Boston: Beacon Press.

Habermas, J. (1987). The theory of communicative action – lifeworld and system: A critique of functionalist reason. Boston: Beacon Press.

Kofod, K. K. (2004). *På sporet af ledelse - ledelse i spor. En analyse af ledelse i socialpædagogiske institutioner*. Unpublished Ph.D., Danmarks Pædagogiske Universitet, København.

Krejsler, J. (2005). Professions and their Identities – How to explore professional development among (semi) professions. *Scandinavian Journal of Educational research, 49*(4), 335–357.

Leithwood, K., & Riehl, C. (2005). What we know about successful school leadership. In W. Firestone & C. Riehl (Eds.), *A new agenda: Directions for research on educational leadership*. New York: Teacher College Press.

Lukes, S. (1974). *Power. A radical view*. London: McMIllan.

Mehlsen, C. (2005, February). Empowerment som frihedsgode. *Astrix, 2005*, 25–26.

Mintzberg, H. (1983). *Structure in fives. Designing effective organizations*. Englewood Cliffs, NJ: Prentice Hall.

Moos, L. (2003). Poedagogisk ledelse – om Pedelsesopgaven og relationerne i uddannelsesinstitutioner [educational leadership-on the leadership assignment and the relations in educational institutions] Copenhagen: Børsen.

Moos, L., Carney, S., Johansson, O., & Mehlbye, J. (2000). *Skoleledelse i Norden*. København: Nordisk Ministerråd.

Senge, P. (1990). *The fifth discipline*. London: Century Business.

Weick, K. E. (Ed.) (2001a). Organizational design: Organizations as selfdesigning systems. In *Making sense of the organization* (pp. 404– 419). Oxford, UK: Blackwell Publishers Ltd.

Weick, K. E. (Ed.) (2001b). Sources of order in underorganized systems: Themes in recent organizational theory. In *Making sense of the organization* (pp. 32–56). Oxford, GB: Blackwell Publishers Ltd.

卓越的領導：
其背景脈絡重要嗎？

Denise Belchetz、Kenneth Leithwood

 引言

目的

　　本章舉證了六個卓越學校領導者的實例，探究有關領導文獻上的明顯矛盾差異，如同我們本章章名所指陳，此種矛盾是有關背景脈絡對卓越領導本質的影響性。一方面，有些論點認為，背景脈絡（context）對於卓越領導的影響無限深遠；另一方面則是認為，對於卓越領導，不論其背景脈絡為何，領導的形式才是重要的。

　　教育領導中有許多聲稱背景脈絡是重要的不同學說（例如，Johnston, 1996; Sergiovanni, 2000; 亦參見本書其他各章），的確，此種論點與緣自半世紀前的「權變」領導（contingent leadership）理論不謀而合（Fleishman, 1998; Halpin & Winer, 1957），儘管當今的倡導者與原先兩面向（「對人的關懷」，以及「對結構的倡導」）的權變理論已大有所不同。

　　有一種更為廣泛的領導理論認為，卓越領導可經由交互文化研究而來

的情境脈絡。這種派別的研究認為，了解到對於不同文化下有效領導實務所需的付出，此種認識可作為 Hofstede（1980）所謂有關文化檔案研究的起始點。如同 Den Hartog、House、Hanges、Ruiz-Quintanilla 以及 Dorfman 所言：

> 在某些（國家）文化中，你可能需要採取強勢的決定姿態才能被視為領導者，然而在其他文化中，諮詢與民主式的過程有可能是必需的。而且……對於領導者的行為及特徵評價與意義，在不同文化下都可能有顯著的差異。（1999, p. 225）

雖然聲稱背景脈絡對卓越的領導者很重要，大部分的報告都傾向於人格魅力及應變措施方面，支持這方面來自非學校組織情境的研究文件，是經由許多國家的大量研究而來（Bass, 1997; Fiol, Harris, & House, 1999）。儘管依據的是較少量的證據，Leithwood 以及他的同僚亦在少部分國家中發現類似的結果（例如，Geijsel, Sleegers, Leithwood, & Jantzi, 2003）。

當然，有許多情境我們可以做選擇，國家的文化背景只是其中一項。如果情境脈絡真的很重要，那我們進行研究的情境選擇也絕非易事，結果將依我們所選擇而大大不同。一個重要而且不能為公立學校領導者所忽視的情境，便是國家的教育政策，這種情境對於卓越領導的影響性將會是本章的重點。特別的是，我們要問，這些高績效追求的巨型改革政策情境，是否影響卓越學校領導的本質？如果是，又是如何影響呢？

假設

如果有影響的話，領導者工作的背景脈絡會如何影響他們實際的作為？我們提出四個可能性；第一，這個背景脈絡可能對領導者現存的實務增加

不同的工作量。Goldring 和 Rallis（1993）的研究證明，學校本位管理政策（site-based management policies）的實施，使校長需要去建立營造新社區關係。第二，當一個背景脈絡改變時，也許不需要增加新的作為，但原來的工作方法可能需要因應改變。如 Den Hartog 及其同僚所觀察到的：「即使一般措施的執行，並不代表它包括了在執行時所有可能產生的不同行為或反應；即相同措施在不同環境和背景實施時，會產生不同的反應或效果。」（1999, p. 225）這兩種選項並不互相排斥，政策的情境可包含此兩種。第三項假設是包括第一和第二個假設同時發生，即增加新的作為，並修正現有的作為同時存在；第四種假設是不需要修正作為及工作方法，或僅做細微的修正或增加，影響不大，僅有輕微的改變。當不同的背景脈絡出現，而領導者需要去因應的時候，會面對以上四種不同的變動。

 ## 本研究探討的政策脈絡

研究證據是在 2003 年加拿大的安大略省（Ontario），根據一份更龐大的研究之一部分資料（Belchetz, 2004）所蒐集而來。政府在這七年中的變革及影響，嘗試改革一些教育的方式，他們遵循保守派政府的模式，例如紐西蘭（Lauder & Hughes, 1999）、加拿大亞伯達省（Alberta）（Levin & Young, 1998）和英格蘭（Finkelstein & Grubb, 2000），這種形式主要目的在於重建結構，減小組織規模，減少公眾的服務，一連串積極推行減稅措施（Bedard & Lawton, 2000）。這些對學校造成重大影響，尤其是前五年的時間，特別是在財務、課程及評量的政策。

從學校行政管理來看，整個組織精簡，學校行政管理人員平均從 129 人減至 66 人，幾乎是精簡二分之一，省選舉出的學校董事從 1900 人減至 700 人，成立了大部分是家長代表的學校校務監督委員會，但僅有建議權。校長被排除於教師會團體之外，師資培育機構（學院）法定負責專業上的規

範，監控教學標準、為核發證照、職前訓練，及由系所或相關單位所提供的專業發展課程負責。

這個措施也影響整個省的教育預算，例如，當地土地稅撥給教育經費之用被移除，當地教育局無權設定及收取當地賦稅，只能依賴政府預算分配補助，沒有稅收可用。個別學生經費被減少到低於加拿大其他省的平均資金，學生超過二十一歲即無法以專職學生身分享受全額補助款，不論其課程為何，而被視同為成人（社區）教育的學生。

在全省課程及學生評量政策上也有所改變，新的課程影響了所有年級，對國中階段影響最大，因為被縮短為四到五年。政府也實行全省通行的成績單，省內所有學校均使用同一標準訂定，舉行全省性的學生成就測驗（每一個學生在國小三年級和六年級都要測試數學和英文成績），給予媒體比較學校以及學區的機會，並列出學區內的學校排名。

這些改變目的在增加學校績效責任，政策很快就被執行，執行過程中並沒有參考很多專業人員或教育人員的意見及建議。在此情形下，安大略省經歷一個非常類似其他政府以績效表現為指標的變革經驗。

卓越學校領導的標準

為此研究主題，我們建立合理、可比較的規準，來比較領導者的措施哪些是「卓越的」，而且必須有明確的證明，設定卓越領導的指標。這套卓越領導的標準可作為一種標準或參照點，並容許我們提出這樣的疑問：在績效政策的情境之下，卓越領導者是否融入其中？又是如何融入？這些領導者是否覺得在既有的實務上增加其他措施是必需的？是不是有些措施是不必要的？

在第一章有關卓越領導主題的綜合論述中提到，包含兩種最主要被大家廣為研究的卓越學校領導方式，一是由 Leithwood 和 Jantzi（2005）近來

研究的轉型領導（亦參見 Leithwood & Riehl, 2005）；另一種是由 Hallinger （2001, 2005）代表的教學領導。在我們的綜合篇章中的轉型領導，包含了無論在學校或非學校都是較為卓越的實務，但單只有轉型領導的合宜性仍然為大眾所批評，認為其不足以達成教學上的改進（例如，Hopkins, 2003）。為了避免以上批評，併用整合了轉型領導與教學領導兩種模式。此指標包括四個主要部分，分別是設定方向、助人、組織再造及管理教學方案，總共有十三個具體細目包含在這四大類別。

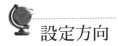

設定方向

蒐集了學校與非學校的證據，將設定方向分為確立與釐清願景、凝聚團隊目標共識、高成就的期望三個方向。

確立與釐清願景

這個實務面向反映出 Bass 所謂「激勵動機」（inspirational motivation），也是 Podsokoff、MacKenzie、Moorman 和 Fetter 所說：領導行為「主要是在為其團隊找出新的契機，並以他對未來的願景，發展、強調及激勵其組織成員」（1990, p.112）。Bass（1985）認為人格魅力及激勵動機是行為上的顯著特徵，但實證上的研究（如重複性的因素分析）欲拆離分析它們，卻從未成功過。

凝聚團隊目標共識

願景可以被激勵，行動需要大家認同，訂定中程目標朝願景方向邁進。從這個領導行為的面向包含了，「當你要向你的員工推銷整個公司，使員工一起為公司的共同目標來奮鬥，就必須這麼做」（Podsokoff et al., 1990, p. 112），以學校設定目標來說，改善計畫的過程是一些行為被強調的明顯情

景的其中一環，我們擷取 Hallinger 兩面向教學領導模式——「構建學校的目標」（framing the school's goals）及「溝通學校的目標」（communicating the school's goals），作為此面向中的一部分。

高成就的期望

這一部分領導者的行為包括在訂定方向之一，因為此與標準有關。對於高表現的預期，並不為組織目標的實體下定義，而是它們證明了如 Podsokoff 所言：「領導者在達成這些目標時，對於卓越、品質與高績效表現的期待。」（Podsokoff et al., 1990, p. 112）這個向度也呼應了 Hallinger 所提到的「建立高期望和標準」（developing high expectations and standards）。

助人

助人（人性關懷）是在所有學校領導面向研究中，被研究最多的（Leithwood, & Jantzi, 2005），在很多不同領導模式中可以得到不同的版本。

提供個別化的支持／關懷

Bass 和 Avolio（1994）認為：「了解你的部屬需求，提升他們到更成熟的領域，有時可透過提供機會給成員自我實現，達到自我要求，與道德成長的更高層次。」（Bass & Avolio, 1994, p. 64）有關這部分的領導行為，Podsokoff 等人（1990）認為，領導者必須尊重同仁，並充分與他們溝通，能夠考量員工個人的感覺及需求。在這部分措施中，我們加入了 Hallinger 所提到的「提供教師誘因」（providing incentives for teachers）。

智性的刺激

此面向中的行為，包括鼓勵同仁在智性上願意去冒險，重新檢視所有

的假定，從不同角度審視自己的工作，思考更新或更好的工作方法（Avolio, 1994; Podsokoff et al., 1990），甚至於引導成員「去感謝、深思及發掘他們在乎的事」（Lowe, Kroeck, & Sivasubramaniam, 1996, pp. 415-6）。在教學領導中，與專業發展及發展能力延展性上有關的重要事項在此面向中，Hallinger 所提「推動專業發展」（promoting professional development）亦包含在此項類別中。

提供適切模範

Bass 提到領導者要有「理想化的影響力」（idealized influence），這一部分取代了其原先有關領導天生性格人格魅力的說法。Avolio（1994）認為，當領導者表現出適切的行為與態度作為一個榜樣，建立員工的信任及尊重，這是領導者運用理想化的影響力。楷模是領導者的一部分，作成員的模範，讓成員追隨領導者的價值觀（Podsokoff et al., 1990, p. 112），許多不同取向的領導理論都認為領導者作好的榜樣，以身作則是很重要的。Hallinger 的模式也提到「要保持高可見度」（maintaining high visibility）。

組織再造

在這個範疇中包含的特定作為，包括，要想使「第一順序」優先的變革（亦即教學上的改進）有所成效，也必須做出第二優先順序的變革，這便是「連結」（alignment）的基本意義。這個範疇認為，領導必須聚焦在以下三種學校特徵。

建立團體合作的文化

自從 Little（1982）的研究證明，建立團體互助文化對學校本身改革、教職員發展專業學習溝通、學生學習改善是很重要的，即明白揭示了大量

的證據（例如，Louis & Kruse, 1995; Rosenholtz, 1989）。其他證據亦清楚地指出，領導者如能建立互助的文化，更能實現這個團體目標的實踐（例如，Leithwood & Jantzi, 1990）。

重構

組織文化與結構是一體兩面的，要建立與保持一個互助的文化，須仰賴如何把互補性的結構，特別是需要由領導者倡導的部分，放到現有的架構中；與此有關的包括像是：訂立共同計畫的時間給老師，或建立解決問題的小組或團隊架構（例如，Hadfield, 2003）。

與家庭及社區營造建設性關係

在 1990 年代，對於正式學校領導者來說，最大的改變便是，將只注意到校內成員的關注移轉到對家長及與廣大社區更緊密的關係（例如，Goldring & Rallis, 1993）。此種論調經由家庭教育文化對於學生學習成效有正向助益的研究結果（例如，Coleman, 1966; Finn, 1989）、學校本位管理實施下，學校增加對社區的公共績效責任（Murphy & Beck, 1995），以及學校日益增加營造公共觀感的需求，而更被接受（例如，Mintrop, 2004）。

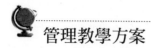

管理教學方案

這一部分包括了 Hallinger 的教學領導模式，還有轉型領導的最近一些版本，有實例證據顯示，這一部分的影響還是有矛盾。Hallinger（2001）提到的三大類主要措施，這一類對卓越領導的測量結果是影響最小的。相反的，在轉型領導模式中，對學生表現（成就）方面有重大影響（Leithwood, Riedlinger, Bauer, & Jantzi, 2003）。

計畫與督導教學

這一部分在我們認同的轉型領導模式，與 Hallinger 的「督導與評鑑教學」（supervising and evaluating instruction）有部分相同，但又不完全重疊。

提供教學支持

這一部分措施行為與Hallinger的「協調學校的全部課程」（coordinating the curriculum）有所重疊。

監督學校的進度

這一部分是由 Hallinger 模式的「監督學生進展」（monitoring student progress），擴大延伸到其他組織變動的方面。

保留人力於學校的優先事務上

這包括Hallinger的「保障教學時間」（protecting instructional time），以及領導者為達到目的所使用許多不同的策略。

研究方法

研究設計

我們的研究使用質性「離群值」（outlier）設計與一般學校設計使用在學校效能研究中的質性研究類似。離群值的設計是從成功兩端來取樣比較，在我們的研究案例，只有最成功的學校才會當作研究樣本。在固定的研究資料下，據以作為卓越與不卓越領導的比較，這樣才能從研究資料中，看

出某些特點是造成卓越領導或不卓越領導的因素，我們的設計權衡卓越領導與不卓越領導的比較機會，選擇以卓越領導的較大樣本作研究背景。

　　無論是哪種離群值設計都預設了一種連結上的邏輯。以學校來說，是具有複雜而多元面向的個體，依據某些項目來選擇，從其他角度來看，學校規模、人數、地區等這些項目被假設是類似的，它們目前的各項狀態是相似的，差異不會太多。以一般狀況舉例來說，學生成績通常被用來印證學校是否「卓越」（successful）或是否為「有效能」（effective）的教學。以學生來看，學生成績可以用來證明學校是否有效能，基本上是學生的背景、特性不能差太多，亦即學生的背景在同樣的狀況下，學生成績通常可以被用來證明學校是否有效能。學校教法、組織、領導……等等，同樣被假設為影響學生成績的原因，因此將它定義為成功的標準。

　　前面假設並非百分之百完全符合邏輯的想法，然而，以真實環境、現實生活為主體的研究，通常會需要容許一些誤差，即容許有差異範圍。本研究方法的可信度，使用這些假設的研究結果，都必須小心謹慎看待，如果有許多研究使用這樣的假設都得到類似的結果，這結果就可以形成一個具有可信度的論據。再者，大部分離群值設計，在各選項條件中，尤其是有關學生成績方面，都會把「測驗分數」放進去，以符合一般大眾的期望（想法），本研究亦不例外。但另外一個爭論的說法是，學生成績好不好，跟學校卓越與否沒有關係，但在這裡選擇樣本時，學生成績會是一個主要考量。

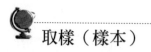

取樣（樣本）

　　本研究在安大略省一個大的學區中一共選了六所國小，學區包括市區、郊區和較偏遠的地區，主要根據四個條件來選擇要研究的學校和校長：

- 在研究進行之前的二至三年，在全省性三及六年級的成就測驗閱讀

部分有持續性進步的成績。如同其他有關領導的研究，加上使用這個評量表設計的研究，我們也認為，卓越的校長應該有能力直接或是間接證明他們的工作，在學生的學習結果上有正面顯著影響。省級的閱讀測驗結果，只代表學生學習成果的一小部分，卻是非常重要的一小部分。這有兩個理由：第一，閱讀普遍被認為是取得學習成功基本的學術技能（Stringfield et al., 1997），所以，或許我們可以聲稱閱讀不是一個用來判斷學生學習成就的足夠基礎，但至少它是必需的一個基本項目。第二，對學校及校長來說，閱讀測驗的成就，在省區上是對公眾負有績效性的，它經常被視為校長是否卓越的定義項目，不管他們喜不喜歡，對他們的領導來說，擁有潛在的決定影響力。

- 校長必須是在這三年任期中未更換。理論上來說，評量表的設計是仰賴連結的邏輯。應用在我們的研究上，這個邏輯的設定是，如果我們找到卓越的學校，也可能因此找到卓越的領導者，最起碼，這個規準提供了一個契機，認為校長在這些學校從事的工作，對改進學生學測成績來說是很重要的一部分。

- 校長的作為必須被資深管理階層的同仁檢視過，認同校長的作為對學校的進步有所幫助。這個條件讓前面兩個條件更有依據、具體且更具可信度。學校這些管理階層的同仁本身也在學校當中，熟悉自己的學校，並了解校長的作為，對於校長的作為會有自己的想法意見。就這項條件本身是可議的，但以這整個取樣條件來說，它還是具有一些價值。

- 所有學校都必須有類似的規模大小。學校大小針對學生成就來說，是一個重要的解釋，有不同的影響。諸如 Howley（2002）研究指出，學生在規模較小型或中型學校中的表現，很明顯比在大型學校中來得好。從學校領導的角度來看，學校的規模大小對於有關學校的領

導效能,也是一個很重要的衡量點。同樣的領導方式(做法),在規模不同的學校中會有不一樣的影響。控制學校的規模大小,可以讓我們更容易找出哪些校長在相同的組織結構環境下是卓越的。

- **所有學校都必須有相似的學生數**。作為選擇學校和校長的標準,這與學校規模大小是相同的理由,我們知道學校學生人口數分布對於領導效能的影響是無庸置疑的(Hallinger, Bickman, & Davis, 1996)。所以,在研究學校的領導時,在相同的組織結構環境下,需要用相同的人口型態(學生分布狀態)來提高機會,找到成功的領導方法和作為。

篩選出完全符合以上五個條件的學校是非常困難的,雖然我們已請學區用前述條件,找出至少十所學校和校長,但是只找到四所。通常在這個學區,只要學生有明顯長足的進步,卓越的校長就會被調到其他需要的學校,因此,校長的條件未能達到本研究所需三年過程中都在同一個學校的標準。放寬條件為過程期間兩年以上在同一個學校的校長,我們的研究因而找到六所學校。

除了校長本身以外,再加上從這六所學校中每校選二位老師及一位家長,這些老師及家長是由每一個熟悉該校的資深督學提名,並徵詢被研究者的意願。被選出的人都相信,自己對校長的作為詳盡認知並有足夠的了解,這並非隨機選擇或無效的樣本,是以方法為基礎、技術性的調整。找一個對校長作為有詳盡認知、很了解校長工作的人,比過去找一個根本「沒興趣」或「過於主觀」的人要好。

資料蒐集與分析

學生成績與學生背景資料使用在這些被抽樣的卓越學校和校長的研究中,都是從學區檔案中調出來的資料,包括每年安大略省的年度學測。

研究的訪談資料，是從 2003 年的秋季開始，花了兩個月的時間，訪談每所學校校長、二位老師及一位家長，但有一位老師後來因爲健康的因素退出了。這二十三位受訪人，每一位都花了一至二個小時，大部分校長都訪談得比較久，而家長是訪談最短的。在這二十三位受訪人中，有十四位有錄音，並做成逐字稿；在訪談的期間內，有九位拒絕錄音的，則做成詳細的手稿及口述紀錄。所有訪談紀錄都會交給受訪人看過並確認，有六位受訪者退回做一些意見修正，並加註一些意見。

在訪談中問的問題都是從研究架構中發展出來的，僅從個別的研究小組中做一些調整。訪談稿重複閱讀多次，訪談內容並沒有完全被研究架構限制住，這是一個互動式的過程，建立在既有的理論上（Denzin & Lincoln, 2000）。舉例來說，小樣本的文字是一行一行逐項被分析的，關鍵詞句以劃線標註，裡面隱藏的涵義可加以確認，與更大型的樣本文字去做比對，從每一類參與者的回應裡用一個圖表加以分類，用以比較分析研究結果。

結果

本節中表 8.1 到 8.4 整理出這個比較大的研究中延伸出的訪談結果。在每個表裡，最左欄列出領導作爲的指標，結合之前解釋過的轉型與教學領導模式所列出來的標準，接下來三欄則分別列出由校長（第二欄）、教師（第三欄）和家長（最右欄）針對安大略省高度績效政策背景脈絡中之相關領導作爲所提供的回應。當二或三個受訪的小組提供類似的回應答案時，這些回答會出現在毗鄰的隔壁欄位中。

接下來表中的文字，有三個項目應該要注意：第一，每個回應後面括弧中的數字，是指有多少人有同樣的回應，大略反映在文字上。第二，爲了方便閱讀，我們將訪談結果以表列方式呈現，簡要敘述卓越校長的作爲。第三，本研究報告是一個「質性」的資料，讀者可能預期會如一般質性研

究，有著許多引註用以闡述我們的結果；但本研究主要目的不是去形容或把抽象的情境具體化，所以並不需要此種說明，我們直接聚焦於此份研究的目標。

設定方向

表 8.1 大略整理出六位卓越的校長如何建立一個學校共同方向。有一半的校長認為，應該建立一個共同願景，結合省與學區的政策，使其變得容易了解。絕大多數老師認為，這樣可以看到更整體、全面性目標圖像，家長看到校長提供以學生為主體的學校願景，並使用此願景去激勵所有相關的人參與，並且共同完成。

所有的受訪者都相信，卓越的校長能夠建立一系列明確的短期到中期之目標，當作學校行事的重心。所有校長和大部分教師都認為，校長對學生和教職員表現出高度的期望，而家長在這部分，對校長的作為並不是很清楚。其中有三位校長認為，他們努力試圖銜接科技的發展，以作為高期

表 8.1　設定方向

設定方向	校長 N = 6	老師 N = 12	家長 N = 6
1.1　願景 （架構學校的目標）	理解地方與學區的倡議(3)	看見大的藍圖(7)	聚焦於學生(6)
	自我開端─創始新的構想(1)		激勵成員、學生和家長(5)
1.2　團隊目標 （傳遞學校的目標）	學校計畫的進程有明確可以達成的目標(6)	透過學校計畫，優先改善學生行為(11)	清楚地把重點放在學生活動(5)
1.3　高度成就的期望 （發展高度期待與標準）	對學生成就設定高期望(6)	有高的標準(9)	
	銜接科技的發展(3)	明確的期望(8)	

待的部分關鍵。

助人

表 8.2 整理出校長如何幫助人們達成學校所設定的方向和目標。**個別化的關懷**列屬於提供「軟體」的支援（指精神上的，實質上的「硬體」，指的是提供技術上的支援、金錢、資源等）。所有受訪者都認為，個別的支持包括當一個好的聽眾、提供精神上的支持、對學校貢獻表現感恩，還要能夠表揚成功的或做得好的成員，當一個激勵者的角色。以個別化的關懷來說，老師也提到校長的鼓勵，校長尊重他們的專業，用各種方法試圖減輕他們的壓力，增強他們的使命感與道德觀。有四位老師也提到，他們的校長對老師、學生和家長都很尊重。

所有受訪者都同意透過有遠見的、專業發展的訓練，能夠提升**智性的刺激**。老師也認為，偶爾會從校長那兒得來一些有用的意見、分享有用的教學方法，或評量學生的一些想法。

受訪者也提到校長如何成為**適切的模範**。這部分很容易在學校和教室裡看出，包括分享中餐或其他例行工作，一有機會就跟學生及老師互動。所有家長和教師認為，校長身為模範的行為包括：充滿期望、對學習充滿熱情衝勁、以學校這份工作為傲、不斷精進專業學習，或「永遠保持對所有問題的關心和敏感度」。

表 8.2　助人

助人	校長 N = 6	老師 N = 12	家長 N = 5
2.1 個別化的關懷／支持 （提供鼓勵給教師）	仔細的聆聽與關心問題(6)	好的傾聽者(10)	仔細聆聽(4)
	祝賀成功(4)		恭賀學生成功(2)
	對教師提供支持(3)	擔任領頭喝采歡呼者，支持成員與其行動(11)	支持老師(6)
		如同鼓勵成員般鼓勵學生(11)	鼓勵及肯定(4)
		把教師當作專家(10)	
		減輕教師的壓力(7)	
	當需要時，對成員表示感謝(4)	對教師的努力表示感激(5)	
		提升士氣(4)	
		尊重成員、學生和家長(4)	
2.2 智性的刺激 （促進專業的發展）	支持教師專業的發展(6)	提供教師專業的發展機會(11)	對學校的所有人提供不斷學習的機會(5)
		提供建議(7)	
		分享有效的教學及評量的構想(6)	
2.3 模範 （保持高的可見度）	在學校常露面(5)	在學校及班級是常露面的(11)	
		是受尊重的模範(9)	
	擁有學習熱忱的模範(4)	塑造期望(5)	
	與學生互動且了解學生(4)		
	與教師一起投入學習(4)	在教育議題上有豐富的資訊(8)	
	說到做到／知道坐而言不如起而行(4)	了解學區和地方的議題(2)	關心當前的議題(6)
		義務協助(7)	
	灌輸學習的自信(1)		

組織再造

　　表8.3整理出校長如何重整學校的組織。這些校長會扮演不同工作團體（如：學校精進團隊）裡的一分子，為了在學校**建立互助、專業的文化**；為了鼓勵老師和家長們參與學校工作的決策，校長同時也主動以其他不同方式，活躍地參與學校及社區中的活動。要鼓勵教師與家長的參與（**建立促進合作的架構**），校長會賦予教職員和家長擔任學校委員會議重要決策的角色任務，校長也分享領導權給其他人，建立有建設性的工作關係，會專注在學生的學習和提供教師時間從事學習和計畫。

表8.3　組織再造

組織再造	校長 N = 6	老師 N = 12	家長 N = 5
3.1 創造合作的文化	建立合作的校園文化(6) 作為學校團隊的一分子(5)	促進合作與支持的學校環境(10) 積極投入學校和社區(11) 鼓勵及分享替代的策略(9) 試圖改善學校氣氛(6)	合作且投入(5) 積極的參與學校團隊(2)
3.2 建立促進合作的架構	主動參與學校會議(6) 安排與教師專業對話的時間(5) 建構關係來支持學生的學習(5)	積極的參與學校會議(4) 提供專業對話的時間(6) 促進支持性的關係(10) 共同領導(2) 與成員及家長共同做決定(7)	以合作關係參與學校會議(6) 建立積極正向的關係(6)
3.3 與父母及社區建立有效的關係	認識社區(3)	參與並支持家庭(5)	支持社區(4)

　　與社區建立建設性的關係需要校長深入了解社區大眾，而這些校長都做到了，主動幫助個別的家庭和社區，為他們孩子的教育貢獻一己之力。

管理教學方案

　　表 8.4 整理出校長如何管理教學方案。儘管卓越校長在教學上的管理活動，家長通常都看不到，但有半數的家長相信，校長都很熟悉這些小孩。有關計畫與督導教學這方面，校長和教師都珍視校長的管理與組織能力，半數校長也提到他們會去督導教師的教學活動。大部分老師都強調，他們的校長對於學習有著更寬廣的遠見，而不是只拘泥在全省學測的成績。從他們這個觀點來看，校長採用可以看得到的行動來提供教學方面的支援，

表 8.4　管理教學方案

管理教學方案	校長＝6	老師＝12	家長＝5
4.1 計畫與督導教學（督導與評鑑教學）	有強而有力的管理技能(4) 監督教學實務(3)	是有組織的(7) 提醒我們考試不應領導教學(7)	
4.2 提供教學支持（協調課程）	是學校的教學領導者(5) 結合學校行動與計畫(4) 修改學校上課日的結構，使學習最大化	提供人力和學習資源來支持學生學習(10)	
4.3 監督學校的進度（監控學生的進步）	將學生學習的決策，建立在清楚的證據基礎上(5)	支持學校的計畫(3)	了解學生(3)
4.4 緩衝成員免除過分且令人分心的要求（保障教學時間）	確保學校運作順暢，教師可以安心教學(3) 孕育學校成員安全的教學環境(5)	緩衝成員免除來自地方或學區新的倡議 紀律管理(4)	緩衝成員遠離學區的倡議(5)

比如說，他們會自願擔任整個教學系統的領導者，把學校所有活動和學校改進計畫結合起來。校長們提到，他們努力改變學校的組織，使學生學習有最大的機會；大部分老師也提到，校長很努力地尋求資源來支援學生的學習。

卓越的校長會監督學校的進度，以有系統性的方式蒐集證據（從校長的角度來看），對學校計畫提供持續不斷的支援（從教師的角度來看），認識並了解個別的每一位學生（從家長的角度來看）。

大體上來說，老師和家長都注意到，校長努力在爲學校保留緩衝空間，避免來自於社區或省的一些教學以外的干擾。老師們也說，管理常規行爲也是一種避免性的策略，校長努力確保學校能夠順利地運作，爲大家建立一個安全的學習環境。

討論與結論

我們的研究目的主要是探討卓越的學校領導是否需要高度仰賴其所運作的情境。利用被視爲卓越領導實務的整合性指標，我們蒐集高度績效責任政策背景下，六個卓越學校領導者的作爲，包括很多對學校產生學生學習績效性的特定政策。其中自然也涵蓋每位學生年度成績評量，以及測量結果的公開發布。當然，這只是卓越領導裡可以被檢驗的背景脈絡之一（雖然這是很常見的其中一項）；而且，這個研究結果可能無法直接轉嫁到其他情境中做推論。

背景脈絡是如何影響卓越領導呢？我們有四個可能的答案來回答這個問題：

1. 一般來說，卓越的學校領導行爲，不需要調整特定的背景脈絡。

2. 一般來說，卓越的學校領導行爲，不會因不同的背景脈絡而不同。

3. 另外，在特定的學校背景脈絡下需要增加卓越的領導行爲。

4. 第 2 及第 3 個答案的部分結合。

本研究的證據似乎與第 4 個答案一致，有關於怎麼樣的成功作為才是主要的改變，可以在第一項「設定方向」的範疇中得到探究。樣本中的領導者發現，處在高績效政策背景下，他們將建立共同願景以及發展明確目標與優先順序的方向設定，強烈聚焦於學生學習上。這一點在目前大部分學校，目標設定在學生成績表現上來看，可能不是一個太令人驚訝的重點。可是，在較低度績效政策背景脈絡中，將學校願景和目標著重於教育方式上卻是很普遍的（例如，改善教學措施、提供更多專業的發展、改進作息時間表、提升家長參與決策等），例如在學生三年級期末，明顯地提高原住民學生在閱讀方面的時數。

為大家所認同的是，專注在教育的方法上，通常也附帶一些假設。假設你可能會選擇一些對學生好的方式，但是，當願景與目標和實行教育的方式一樣的時候，就會產生兩個常伴隨而來的問題。第一，教育方式的選擇通常是奠基於哲學或意識型態，而非以實際或有系統性的驗證，以提供學生更大的學習。第二，依據哲學或意識型態所選擇的教育方式，會嚴重減低學校在面對學生及社區真正需求的彈性和適應力，隨著時間流動這問題將更明顯。

儘管哲學及意識型態，對於某些目的來說有其重要的價值性，但隔絕外在現實的評論，卻導致不穩定的效果。以這點來說，倡行市場化意識型態，以建立更高學習效率及效能的人，推動學校選擇權，認為那是對於學生接受高品質教育，不公平的入學方式裡，主要的解決方法之一。時至今日，大量文獻證明，學校選擇權實則擴大加深了不平等現象（例如，Hughes & Lauder, 1999）。

當願景和目標都是教育的最終目的時，學校教職員可以自由選擇哪些是達成這些教育目的應該去做的事。儘管著重於學生的學習，確實可帶來教育工作者意識型態限制的解放，它也帶來了不容忽視的不同挑戰。這些

挑戰包括我們所看到的證據，我們如何決定要把改善的焦點、努力的重心放在哪裡？當我們改進的努力得到預期效果，什麼才可算是有關聯的證明？我們如何取得這些證明？我們要如何把它適當地呈現出來呢？

這些挑戰來自以資料為主的決策，有很大一部分值得考量的是，學校的管理者與老師還有很多東西需要學習，如果他們想要成功的克服那些挑戰。舉例來說，Earl和Katz（2002）建議領導者「在資料豐碩世界中宜建立的三種能力」（p. 1009）：第一是養成不斷求知的心智習慣；第二要有資料分析的能力，習慣去蒐集資料；第三是在學校建立一個求知的文化。Timperley（2005）敘述一個學校成員試圖透過更高的資料運用素養，成功改進學生讀寫技能的歷程，其中所面臨的困難。

在領導者位於高績效標準的政策背景下，也看到一些證據，顯現管理教學課程中需要增加一套做法，作為**管理教學方案**。這些做法融入在學校改善計畫（school improvement planning, SIP）中，最好是增加在**計畫與監督教學**的附屬項目中，特別是在建立與實施這計畫和過程中，都要能參考校長的反應。提出計畫對他們來說是一個有用的管理工具，可是外人比較看不到也不能了解。所以，不只是省政府的教育高度績效標準政策使得校長必須專注在學生學習上，這也迫使校長及其成員發展出要加強弱勢學生學習的具體計畫。同時，省政府要求更進一步經由表揚學校的改善計畫（SIP）而強調教育的高度績效標準政策。

學校改善計畫在這研究之前已經實施好幾年了。但現在普遍行之有年，及其伴隨而來的公開測驗結果報告，為校長帶來更多的關注焦點；因為校長們不僅要改善學生測驗的成績，還要提出證據，以便向家長或教育局長印證學校已改善這些問題。

儘管學校改善計畫對學生影響的證據，可以看出學校改善計畫對學生學習的影響是好壞參半的（例如，Flinspach & Ryan, 1992），在我們研究的省分及區域卻指出，這對校長的學校是有正面影響的（MacGilchrest & Mortimore, 1997）。有效的學校改善計畫研究認為，其與蒐集綜合性資料、利害關係人真實的參與、具體行動目標的產出、監督進度的過程、週期性SIP過程的評量、經常性計畫過程的溝通，以及與所有利害關係人的成果有關（Leithwood, Aitken, & Jantzi, 2001）。卓越領導者必須具有使這些任務得以在其學校實行的能力。

這個研究讓卓越的領導是仰賴情境的這種說法，獲得適當的支持。我們的證據支持這點，因為在我們研究的背景脈絡中，設為標竿的領導作為（願景）設定，更加精準的聚焦（學生學習），然後新的一套作為（學校改善計畫）於焉產生。然而，我們認為這只是適當的支持，因為了解到像這種小型質性研究廣為人知的限制，許多卓越學校領導中情境重要性的宣稱，都顯得過度渲染誇大，至少在高度績效性政策背景下是如此的。

什麼可被視為是此種擴大渲染呢？我們臆測下列兩種原因以作為結論。一種可能的原因是距離。愈靠近某物——包含領導權，視覺上突出地變成了細節，一般的外型也不易察覺。就像從衛星站看義大利像一個靴子，如果只從十公尺距離來看義大利，大部分只看到許多沙和水不可分的混合。這樣對學校領導研究者帶來一個很重要的問題：當檢視或描述卓越領導者所作所為時，有一個標準或理想的距離嗎？

第二個背景脈絡的重要性有可能被誇大的理由是領導「風格」。舉例來說，個人特質之於卓越領導者行為，有些個人主觀的行為像信仰、價值觀、體力和溝通技巧等，在領導行為中都有很重要的影響。但是我們的論點認為，這樣的影響不是表現很多在領導者他們**做了什麼**（如我們這章所敘述他們的實務作為），而是他們**怎麼做**（如：積極的 vs. 溫和的）。有關背景脈絡對領導貢獻的說法，有時可能會因為不同的背景脈絡，而有不同的領導模式，這樣的論點也引導出一個需要進行更深入探討的區別：他們的行事作風（風格）對領導行為的影響有多重要？

參考文獻

Avolio, B. J. (1994). The alliance of total quality and the full range of leadership. In B. M. Bass & B. J. Avolio (Eds.), *Improving organizational effectiveness through transformational leadership* (pp. 121–145). Thousand Oaks, CA: Sage.

Bass, B. (1997). Does the transactional/transformational leadership transcend organizational and national boundaries? *American Psychologist, 52,* 130–139.

Bass, B. M., & Avolio, B. J. (1994). Improving organizational effectiveness through transformational leadership. Thousand Oaks, CA: Sage.

Bedard, G., & Lawton, S. (2000). The struggle for power and control: Shifting policy-making models and the Harris agenda for education in Ontario. Canadian Public Administration, *43*(3), 241–269.

Belchetz, D. (2004). *Successful leadership practices in an accountable policy context: Influence on student achievement*. Toronto: OISE/University of Toronto, Unpublished doctoral dissertation.

Coleman, J. S. (1966). *Equality of educational opportunity*. Washington, DC: Government Printing Office.

Den Hartog, D., House, R., Hanges, P., Ruiz-Quintanilla, S., & Dorfman, P. (1999). Culture specific and cross-cultural generalizable implicit leadership theories: Are attributes of charismatic/transformational leadership universally endorsed? *Leadership Quarterly, 10*(2), 219–256.

Denzin, N. K., & Lincoln, Y. S. (Eds.). (2000). *Handbook of qualitative research* (2nd ed.). Thousand Oaks, CA: Sage.

Earl, L., & Katz, S. (2002). Leading schools in a data-rich world. In K. Leithwood & P. Hallinger (Eds.), *Second international handbook of educational leadership and administration* (Vol. 8). Dordrecht, The Netherlands: Kluwer.

Finkelstein, N. D., & Grubb, W. N. (2000). Making sense of education and training markets: Lessons from England. *American Educational Research Journal, 37*(3), 601–631.

Finn, J. D. (1989). Withdrawing from school. *Review of Educational Research, 59*(2), 117–143.

Fiol, C. M., Harris, D., & House, R. J. (1999). Charismatic leadership: Strategies for effecting social change. *Leadership Quarterly, 10*(3), 449–482.

Fleishman, E. (1998). Consideration and structure: Another look at their role in leadership research. In F. Dansereau & F. Yammarino (Eds.), *Leadership: The multiple-level approach* (Vol. 24, Part A, pp. 51–60). Stamford, CT: JAI Press.

Flinspach, S., & Ryan, S. (1992). *Vision and accountability in school improvement planning*. Chicago, IL: Chicago Panel on Public School Policy and Finance.

Geijsel, F., Sleegers, P., Leithwood, K., & Jantzi, D. (2003). Transformational leadership effects on teacher commitment and effort toward school reform. *Journal of Educational Administration, 41*(3), 228–256.

Goldring, E., & Rallis, S. (1993). *Principals of dynamic schools*. Newbury Park, CA: Corwin Press.

Hadfield, M. (2003). Building capacity versus growing schools. In A. Harris, C. Day, D. Hopkins, M. Hadfield, A. Hargreaves, & C. Chapman (Eds.), *Effective leadership for school improvement* (pp. 107–120). New York: RoutledgeFalmer.

Hallinger, P. (2001). *A review of two decades of research on the principalship using the "Principal Instructional Management Rating Scale"*. Paper presented at the annual meeting of the American Educational Research Association, Seattle, WA.

Hallinger, P. (2005). Instructional leadership and the school principal: A passing fancy that refuses to fade away. College of Management, Mahidol University, Thailand.

Hallinger, P., Bickman, L., & Davis, K. (1996). School context, principal leadership and student achievement. *Elementary School Journal, 96*(5), 498–518.

Halpin, A., & Winer, B. (1957). A factorial study of leader behavior descriptions. In R. Stogdill & A. Coons (Eds.), *Leader behavior: Its description and measurement*. Columbus, OH: Ohio State University, Bureau of Business Research.

Hofstede, G. (1980). *Culture's consequences: International differences in work related beliefs*. Beverly Hills, CA: Sage.

Hopkins, D. (2003). The foundations of school improvement. In B. Davies and J. West-Burnham, (Eds.), Handbook of educational leadership and management, London, UK: Pearson Education Ltd. pp. 552–531.

Howley, C. (2002). Small schools. In A. Molnar (Ed.), *School reform proposals: The research evidence* (pp. 49–78). Greenwich, CT: Information Age Publishing.

Hughes, D., & Lauder, H. (1999). *Trading in futures: Why markets in education don't work*. Buckingham, UK: Open University Press.

Johnston, S. (1996). *Leading to change*. San Francisco, CA: Jossey-Bass.

Lauder, H., & Hughes, D. (1999). *Trading in futures: Why markets in education don't work*. Buckingham, UK: Open University Press.

Leithwood, K., & Jantzi, D. (1990). Transformational leadership: How principals can help reform school cultures. *School Effectiveness and School Improvement, 1*(4), 249–280.

Leithwood, K., & Jantzi, D. (2005). *A review of transformational school literature research 1996–2005*. Paper presented at the annual meeting of the American Educational Research Association, Montreal, QC.

Leithwood, K., & Riehl, C. (2005). What we know about successful school leadership. In W. Firestone & C. Riehl (Eds.), *A new agenda: Directions for research on educational leadership*. New York: Teachers College Press.

Leithwood, K. A., Aitken, R., & Jantzi, D. (2001). *Making schools smarter: A system for monitoring school and district progress* (2nd ed.). Thousand Oaks, CA: Corwin Press.

Leithwood, K., Riedlinger, B., Bauer, S., & Jantzi, D. (2003). Leadership program effects on student learning: The case of the Greater New Orleans School Leadership Center. *Journal of School Leadership and Management, 13*(6), 707–738.

Levin, B., & Young, J. (1998). Understanding Canadian schools; An introduction to educational administration. (2nd ed.). Toronto, ON: Harcourt Brace & Co.

Little, J. (1982). Norms of collegiality and experimentation: Workplace conditions of school success. *American Educational Research Journal, 19*, 325–340.

Louis, K., & Kruse, S. (1995). *Professionalism and community: Perspectives on reforming urban schools*. Newbury Park, CA: Corwin Press.

Lowe, K. B., Kroeck, K. G., & Sivasubramaniam, N. (1996). Effectiveness correlates of transformational and transactional leadership: A meta-analytical review of the MLQ literature. *Leadership Quarterly, 7*(3), 385–425.

MacGilchrest, B., & Mortimore, P. (1997). The impact of school development plans in primary schools. *School Effectiveness and School Improvement, 8*(2), 198–218.

Mintrop, H. (2004). *Schools on probation: How accountability works (and doesn't work)*. New York: Teachers College Press.

Murphy, J., & Beck, L. (1995). *School-based management as school reform*. Thousand Oaks, CA: Corwin Press.

Podsokoff, P., MacKenzie, S., Moorman, R., & Fetter, R. (1990). Transformational leader behaviors and their effects on followers' trust in leader satisfaction and organizational citizenship behaviors. *The Leadership Quarterly, 1*(2), 329–351.

Rosenholtz, S. J. (1989). *Teachers' workplace: The social organization of schools*. New York: Longman.

Sergiovanni, T. (2000). *The lifeworld of leadership*. San Francisco, CA: Jossey-Bass.

Stringfield, S., Millsap, M. A., Herman, R., Yoder, N., Brigham, N., Nesselrodt, P., et al. (1997). *Urban and suburban/rural special strategies for educating disadvantaged children: Final report.* Washington, DC: Planning and Evaluation Services, U.S. Department of Education.

Timperley, H. (2005). Instructional leadership challenges: The case of using student achievement information for instructional improvement. *Leadership and Policy in Schools, 4*(1), 3–22.

上海的卓越校長：個案研究

Kam-Cheung Wong
香港大學教育系教育領導中心

概論

在中國卓越學校校長的研究，由中國教育系統獨特特徵的描述開始，這些特徵一方面支持，同時也限制校長及其學校的經營。本篇描述的兩位校長，以其個性及領導才能，成功地創造學校戲劇性的進步。這兩所學校都在上海，在校長上任之前，恰好位在品質光譜的兩端。東方高中是一所市立的「重點」學校，曾是上海最好的高中之一。但是當潘校長就任時，正好處於「低潮期」。透過在體育及音樂方面一些創新性的想法，潘校長成功地讓學校恢復生氣，並從墊底的後五名攀升為上海二十六所重點學校中的前十名。與此相對，北方中學在1980年代是一所失敗的學校。羅校長在1994年到任，往後的數年中徹底地改變了學校。羅校長及其團隊發展的「卓越學校」概念很簡單：為學生創造連續的成功經驗。羅校長落實理想的方法及策略令人印象深刻。

我在2001年開始拜訪上海的學校，目的是觀察班級，看教師們如何準備課程，如何進行課程評量。本篇挑選的兩所學校，除了本身的特徵之外，

對比的學業成就也是挑選的因素。在 2002 年 6 月，我和潘校長及羅校長討論，並且邀請他們參加本書所提的國際性研究計畫。

2004 年 5 月，和校長、教師及學生們正式面談。與潘校長進行兩個早上的訪談；因爲羅校長已經寫過一些文章，而且曾經出版有關於卓越學校議題的書籍，我在面談之前花一整個早上看了他的作品。在那年稍後，我回去找羅校長爲面談資料做一些小澄清。在兩所學校中與老師和學生的面談，大部分都以團體方式進行。

國家背景

政府政策

從 1949 到 1970 年代後期，中國採取封閉的政策。1950 年代早期，除了俄國人的影響力以外，教育制度是走自己的路。在 1966 年開始的文化大革命十年中，完全與外界隔絕。在整肅四人幫和鄧小平復權之後，中國回到大肆改革而且採取開放政策。自從那時以後，中國擁有穩定和強健的經濟成長，而且現在已經變成世界主要的生產國，這是一個非常戲劇性的改變。在 1980 年代早期，來自其他國家的一些研究人員拜訪了中國的學校，開始了解很多從 1950 年代以後所發展高度集權的中國學校系統。

在不同的報導[1]，學者讚頌如此優質的中國教育系統，包括：

- 關注在學術的學習；
- 教師的職務分級；
- 新教師養成系統；

---

[1] Paine, 1990; Paine & Ma, 1993; Cheng & Wong, 1996; Cortazzi & Lixian, 2001; Wong, Law, Wang, Fwu and Wu, 2004.

● 教師教學的區域支持系統[2]。

這些作者也注意到並且認同：在學校層級中教師的專業發展系統（示範課程、團體的備課和同儕評鑑）；要求學生日常生活紀律；以及父母對教育的支持。這些特徵同樣為西方學校所強烈提倡（例如，Fullan, 2005）。

教學與研究單位和教師的專業發展

1956 年，以俄國模式為基礎，中國建立了教學與研究單位（Teaching and Research Unit, TRU），它是教師專業支持的一個集中網絡。在每個地區，教育局給學校中的老師專業發展的機會（Yau, 1984; Ding, 2003; Pang, 2003）。在早期，TRU 的主要任務是給經驗不足的老師提供訓練，主要是經由有經驗教師提供的示範課程[3]，從那時起，示範課程變成一個尊重經驗的中國教育特色。Paine（1990, 1992; Paine et al., 1993）把這個模式叫作「行家」（virtuoso）教學。

最近，每所學校已經成立自己的教學與研究單位（tru），與它的轄區 TRU 合作。所有老師都屬於各自學校「tru」的成員，在每個 tru，老師定期集會規畫教學進度表，決定每科的內容，設定教學目標、測驗和考試的內容。這「tru」是給年輕的老師向比較有經驗且視為良師的同事請益的地方。每年，年輕的老師會被要求去觀察他人教學，大部分在自己的學校，有時

---

2 香港分享優質教育的三項特徵：著重在學術學習、普遍的學生規訓，和文化上父母對教育的支持。對於學生的規訓，在中國大陸沒有基本例行的規定。這個觀點連同其他的特徵，從 1950 年代起在中國是很大的發展。

3 中國教師分成五個等級：
三級教師：初任教師者；
二級教師：中階教師，三級教師服務 3-5 年後經內部評鑑及格者升任；
一級教師：進階教師，二級教師服務 4-5 年後經內部評鑑及格者升任；
高級教師：一級教師服務 3-5 年後經外部評鑑及格者升任；
特級（模範）教師：全國傑出有經驗的教師可以獲得的榮譽。

在 TRU 指定的其他組織。除此之外，老師也可能在其他相關主題上觀察他人教學。學校 tru 也為老師組成課後的討論（視導）。教師的專業發展就這樣被提高。

依照西方的標準，他們的教學負荷並不重，所以老師能夠參加這些活動。減輕教學負擔是在 1950 年代開始的做法，以替更多的人創造就業機會。今天，在小學，教學負擔仍然設定在一個星期十五到十八節，每節四十分鐘；在國中和高中，一個星期十二到十五節，每節四十五分鐘。在中國班級通常相當大；Cortazzi 和 Lixian（2001）觀察到：多數中國老師寧可教授大班級，來換取每週較少的教學節數 [4]。

基本路線 [5]

在中國傳統而言，紀律和集權是社會生活主要關心的價值，人們通常接受這些價值。孩子在團體中被教育成人們期待的行為，以及中國對「團體」的觀念是結合命令和責任的觀念（Tobin et al., 1989）。在此令人想起一件在中國西南部的東風（Dong Feng）幼稚園，Tobin 民族誌研究中的盥洗室事件。當研究人員問及，為什麼她同時讓所有的孩子去盥洗室，幼稚園的老師答覆說：「為什麼不行？小孩子為什麼要個別分開去盥洗室？這是很平常的事情，孩子學習調整他們的身體和調適他們與同學間的步調，那對孩子是好的。」（Tobin et al., 1989, p. 105）

然而，這一段盥洗室事件被許多美國和日本的幼稚園老師認為是困擾的，可是對大部分中國老師而言，它是一個關於集體性很普通的例子。Tobin 等人（1989）也觀察到，中國老師不喜歡因孩子年紀小的緣故給予自由（p. 121）。在許多有秩序和有效率的學校，調適自己與幼稚園其他同學間的律動，以

---

[4] 上海教育局由於人口降低，最近已經在一些學校採行小班（24 位學生）教學。

[5] 教師提到善盡責任是他們基本的路線，職責是需要老師主管某些活動。

塑造孩子的行爲和教室教學，也許是必需的[6]。

績效獎金

在 1980 年代之後，當中國擴大了學校教育時，面臨了經費的嚴重不足。學校被要求設法籌措經費來源，及採取新的措施：如經營工廠和出借學校（Ng, 2001）。今天，許多學校，尤其重點學校，能夠完全靠自己的基金支付老師的薪水[7]。學校經營發展一個完整獎賞老師的制度。在上海，老師一個月領薪兩次——月初支領來自政府的經費，依照老師的資格、經驗、責任和教學工作量；在月底的時候，則是來自學校自己的基金，以個別的表現爲基礎。當月付款結束時，所有老師得到一個基本的紅利。老師在公開的競賽、考試和在非學術活動中若成功地呈現出學生的成就，有時可得到額外和豐厚的獎金，這是中國的績效獎金制度[8]。

一個令人好奇的問題是：中國大陸教育制度如何能一方面高度支持老師專業的發展，但是同時建立老師們彼此間的競爭？一個接近眞實的解釋是：中國人解決問題傾向於務實面的（Wong et al., 2004）。自 1980 年代以後，這清楚地顯示在經濟的改革方面。改革的指導原則是引用已故鄧小平

---

6 Cortazzi 和他的同事（2001, p. 124）在武漢觀察一個課程，報告在中文課中有以下互動：
  ・教師閱讀或解釋，學生們傾聽，一個學生閱讀或評論；
  ・幾個學生依照先前排定的次序閱讀（閱讀一段或對話）；
  ・全班學生齊聲朗誦；
  ・半數學生齊聲朗誦（根據座位行列）；
  ・全班學生根據自己的速度大聲朗誦；
  ・學生們默讀（經常有事前排定的測驗）。

7 最近由於稅收增加，一些地方政府（例如上海）開始管控他們自己的基金，而且企圖公平分配基金到學校，但是個人薪水仍舊依據績效而定。

8 上海的另一個發展是企圖打破教師的終生契約。現在教師須經學校以公共課程、自我評鑑和評價的評鑑。每年，少部分被評鑑不佳的教師將被要求改善。如果相同情況繼續發生，教師將被減授課程或調整到次要的工作。

的話：「不管白貓黑貓，能抓到老鼠就是好貓。」另一種為這個時期的經驗總結的表述方式是：「摸石頭過河」這個建議，克服困難的方式是藉由謹慎地檢查每個步驟以向前邁進，或「實踐是檢驗真理的唯一標準」。當新的方法被嘗試的時候，他們將謹慎地檢查，而且根據議題的發表和解決問題的效率做判斷。看似矛盾的教育現象也可以用這種方式來理解。更進一步的研究中國在這方面的進展是有用的。在西方，這或許被稱為「以證據為準」（evidence-based）的實踐。

在此制度下校長的角色

近來，中國政府已經藉由引入私立學校和藉由鬆綁控制來使教育制度多元化。儘管如此，中國教育仍然是高度集權，而且政府仍然在經費、教師和校長雇用、課程設計等方面有重要的影響力。中學和小學的校長是地方政府遴選資深或特殊優良教師出任，副校長的制度也是一樣。

在相對集權的中國教育組織結構，包括在轄區和學校層級支持老師教學的教學和研究單位，強調職權責任以執行管理工作的官僚結構。在顧及學校的主要工作要項之餘，校長也十分著墨學校的長程發展方向，儘管如此，他們之中仍有許多花很多時間為他們的學校尋找額外資源。

針對這兩個個案研究的證據指出：在校長和教師之間的務實態度。討論一個新的教育理念不是關心它的定義或意義，反而經常問的是：「在真實情境中如何進行？」在和校長與老師的面談中，「紀律」、「義務」和「責任」比「民主」、「信賴」、「賦予權能」或「權利」更常提起。然而，信賴和賦予權能在老師的職務分級中是引人注目的，但這似乎不是他們主要關心的。

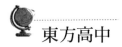

東方高中

東方高中於 1915 年在上海北方成立。學校的任務是教育年輕人愛他們的祖國。1949 年之後，學校被上海市政府選爲一所「重點學校」[9]。1992 年，學校的國中部被取消，剩下高中部三個年級，每年級十六班，大約 2000 位學生和超過 120 位專任老師。在上海，政府爲所有的孩子提供九年的教育。在國中教育結束的時候，所有學生參加畢業考試，畢業考的結果作爲進入高中的依據。要進入市立重點高中，學生需要有很高的分數成績，但有幾年，東方高中接受比許多其他重點學校較低分的學生。並且，東方高中進入大學的學生比率，特別是重點大學的比率，一點也不令人滿意[10]，這是潘先生接任校長時的情形。

校長潘潤谷（Pang Rengu）

在 1956 年，潘先生於上海師範大學中文系完成了兩年的學業。畢業之後，他在一所中學教語文。1961 年，潘先生來到上海，而且在轄區的師範學院工作。當轄域 TRU 成立示範教學課的時候，潘先生是受邀參加富有經驗的老師之一。他發展語言教師的能力逐漸被認同。在文化大革命之後，潘先生回到學院而且成爲一名語言的研究員，稍後晉升爲轄區 TRU 的副主管。他不斷觀察許多教室、鑑定好的語言老師和精進優良的教學實務。潘先生在 1986 年被任命爲東方高中的校長，那時他是一個資深職級的老師。

---

9 現今，上海當局有 19 個學區，除了上海市的重點學校外，也有學區重點學校。

10 雖然最近的改革遠離考試，高比率的學生進入大學，重點大學仍舊保留父母和學生選擇高中的重要標準。一位年輕的學者評論說：改革現存考試導向教育到品質教育導向的聲浪這幾年很高。但是學生進入大學的比率仍然是高中的重要路線，也是父母選擇學校的非常重要指標（Tian, 2003, p. 11）。

潘先生的「任務」

當潘先生來到東方高中的時候，學校正處於困境，有些事是經由他在轄區 TRU 副主管的工作中所察覺的。最初兩年他沒有太多改變，舉例來說，他繼續讓主科的老師沒有課的時候可以留在家裡，文化大革命的後遺症使得那時生活很辛苦，而且人們必須爲每天的生活必需品花時間排隊。他也在東方高中謹慎地處理資深教師的問題。東方高中有一些多年以來依舊停留在第二級或第一級教師，而且習慣採用過時教法的老師。但是，潘先生強調他們有強烈的責任感，而且肯爲學生著想。回想起來，潘先生認爲他做對了，因爲東方高中那時正蒙受信心的危機，他要老師一起去面對這個危機。

1988 年初，他制定了他的第一個三年計畫。這計畫在 1988 年 8 月經由老師討論而且簽署通過。他回憶說：

> 在教學方面，我要求老師建立在學生已經學過的內容上。我要他們幫助有潛能的學生更優秀。對於弱勢學生，我要求老師把重心集中在他們非學術的能力上。在其他方面，我提議加強我們的排球計畫，並且成立一個新的學校合唱團，建立學校的特色。在這兩項活動表現傑出的國中學生，將獲得特別優先考慮進入東方高中。[11]

潘校長對學校的長期重點計畫是排球和合唱團。他的策略成功了，學校的排球隊開始贏得獎項，包括兩年的上海高中冠軍。東方高中至此保有一個堅強的競爭優勢，在寫本章的時候，該校已成爲排球項目中第二級國家運動員的訓練場地。學校合唱團也贏得傑出的比賽結果，在 1995 年的高

---

[11] 以 2003 年爲例，東方高中入學總分（六個科目）爲國中考試 480 分，但排球和音樂（唱歌）專長學生入學總分降到 460 分。

中歌唱競賽，贏得第一個全國冠軍，他們繼續保持這個頭銜。這些傑出的結果幫助東方高中得到好名聲，成為一所市辦的重點學校並吸引更多有能力的學生。在 1990 年代早期，這個學校進入大學的升學率開始上升。1986 年，入學率約為 90%，排在二十六所市辦重點高中的後半段；但是在 1990 年代後期，升學率已經達到 98%，使東方高中成為行政區內十所頂尖重點學校之一。

潘先生在 1999 年以校長身分退休，被任命為榮譽校長，並且在學校擔任語言教師，直到 2003 年 9 月時，他被任命為附近一所私立高中的校長。

潘先生覺得自己是一個寬大的人，他回想起兩個例證最能反映他的教職員管理方式。在第一個例證中，他剛成為東方高中校長時，有一位女學生寄了抱怨信給他，並且要求一次面談。這女學生說她不被允許參與一門體育示範課程，因為老師害怕她會降低班級的表現成績。這是一個嚴重的錯誤，但是潘校長了解這是老師處於壓力下的表現。他安慰了女孩，而且答應和老師談。他等候機會和老師談話，而且讓他知道，那門課程拒絕接納學生是錯誤的。然後，他要求老師向學生解釋和道歉。老師聽從他的忠告而且解決了問題。

第二個寬大仁慈的例子，是有關一位英文老師。1990 年代中期，這位老師剛晉升為一級教師。在學校學期結束的時候，她告知潘校長，她的一位朋友邀請她去國外研究，所以她想辭掉她的工作，潘校長同意她離開。稍後潘校長知道她的計畫並沒有實現，因此就邀請她回來教書。那位老師回來了，而且待到隔年，這時她獲得澳洲的獎學金。她再次找校長商量，潘校長再一次同意讓她去。一些資深的老師不滿這個決定，認為他寵壞這個老師。潘校長解釋他知道那位老師是個優秀的教師，而且她絕不放棄直到她成功為止。兩年之後，在她完成她的研究後，這個老師再回到東方高中，而且至今一直留在學校，最近已被晉升為高級教師。因為潘校長的「寬大仁慈」，對東方高中來說，一個短期的損失變成一個長期的獲利。

教師的觀點

東方高中有七位老師接受訪談，當作個案研究的一部分，占焦點團體中的大部分。除了副校長是學校所聘請之外，其餘的受訪者（一位生物學、一位語言、一位英文和三位數學老師）都因爲東方高中的重點辦學地位，而主動加入東方高中的教學行列。五位老師在我的研究之前已經在東方高中任教五年。所有七位老師對於學校的感覺都很好。他們相信學校會提供他們成功的機會。年輕的老師認爲，他們有兩個富有經驗的老師當良師益友，一是在他們的學科教學部分，另一個是處理有關與級任老師間的關係。當問及他們最喜歡學校的什麼部分，英文老師回答，她對學生的自我管理印象最深刻。學生自我管理委員會建立在照顧學校走廊和餐廳衛生的例行事務上。事實上，學生每日會輪流打掃學校。

當詢問有關學校允許具有運動和音樂特別才能的學生，以較低的分數入學一事，一些老師覺得此舉影響了學校一般學生的素質，不過不嚴重。有位老師在教數學的最後幾年，感覺要維持學生在國家考試的表現成效是十分具有壓力的。她注意了另一所重點學校已經趕上她學生兩年之前數學的成績，在知道結果之後，教學與研究單位（TRU）負責的官員和學校的副校長和她見面，商討對學生比較好的教學策略。

維持高升學率以進入大學的問題，在東方高中是未來值得研究的議題——尤其是老師身上承受的壓力部分。

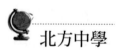

北方中學

這所學校於 1963 年在上海北方火車站附近創建，在這個區域大多數的家庭住在貧困的環境，而且平均教育水準非常低，也因此有著高比例的半文盲和犯罪率。在 1987 年，仍然有小學六年級學生的考試，考試項目包括

語言、數學和英語成績，由北方中學招募的學生來看，得分在這個區域中是最低的。當考試在 1996 年被廢止，雖然所招募的學生成績進步了，但是分數仍然非常低。的確，這個學校有一般失敗學校的大部分特性：低落的教師士氣、貧乏的設備和硬體環境、低的學習成就和不良的學生行為。父母認為北方中學是一個最壞的學生學習場所。

當羅先生在 1994 年接管學校擔任校長，有四十五個班級，大約 2100 位學生和超過 100 位老師，其中大約三分之一老師接近退休。今天，學校有三十六個班級，1625 位學生和九十二位老師（十四位高級教師，五十位是二級或一級教師和二十八個年輕的三級教師）。

校長羅賓克（Lo Binkai）及其成功的教育計畫

在我進行有關學校改進計畫的時期，羅先生尚未成為校長，當時他大約五十餘歲。從 1970 到 1980 年，他在另一所低水平的學校教書；在 1980 年，他被任命為北方中學的副校長。他從前的一位學生發生一件事，這事件讓他感到震驚。羅先生說：

> 那是 1980 年初，當我才來的時候。一位昔日的學生經常回來拜訪老師，我好幾次在校園中遇見他。然後一段時間，他沒有回來，我問他以前的班級老師[12] 關於他的事。老師告訴我學生牽涉一場搏鬥，他持刀殺了另一個人，他被判死刑。我聽了之後很吃驚。在我看來，他是非常正派的學生。為何他會如此暴力？如果我們之前知道，我們能幫助他嗎？我們可以幫助那些像他一樣的人嗎？在

---

12 在中國，學校老師可以分為班級導師和科任教師兩類。班級導師照顧學生和他們的學習進展。他們到學生家裡會見父母和訪問學生。他們經常擔任導師超過一年，而且和學生建立聯繫。這些工作大部分由三級教師和二級教師擔任，教師們年輕且有活力。

我們的學校中有多少這樣的人？在我心裡有許多的疑問，但是沒有答案。在 1980 年，除了擔任副校長之外，我也是班級導師，每個學期我會拜訪我教課學生的家庭，我多少知道一些他們的情形，但我仍舊沒有解決這些問題。

1983 年，羅先生有一個機會在中國的東方師範大學進修全時的學位。由於對學生的關心，他寫的論文是以這個區域超過 900 位學生的社會活動作為調查的基礎，他想要發現這些學生面臨的問題，以及可以如何幫助他們。

當他在 1985 年畢業的時候，羅先生沒有回到北方中學，而是調任區域教育局，主持一個資助低成就學生的學術研究計畫。在區域內三十六所中等教育層級的學校中，有十二所被認為低標準，他拜訪了這十二所學校，觀察班級和老師教學，而且和老師及學生對談。學生表現出的是既對自己的能力缺乏信心，對學習也沒興趣。他們分享的經驗之一是重複的失敗。這是來自學生共同的經驗，羅先生和他的團隊發展了改善策略。重複的失敗是他們的問題起因，改善策略既簡單也很直接，那便是為學生創造成功的經驗[13]。

1987 年，有了區域教育局的支持，羅先生展開在北方中學的一連串計畫。從 1987 到 1990 年，有兩個班級接受他的計畫試驗，這個計畫有三種要素：

• 提供積極的期待、務實的要求和堅定的信念，相信每個孩子都想要成功而且有潛力成功。

---

[13] 他們的概念後來出版成書，書名為《學生學習上的困難》（*Difficulty in Learning for the Students*）。在這本書中，探討問題的多元因素。羅校長和他的團隊採取中醫治療的方法：設定和聚焦在疾病的主要原因。基本原理是當主要的問題解決了，相關的議題也被對付了。卓越的教育根據羅校長的看法有兩個部分：第一部分是學業的提升，顯現在測驗分數的增加；第二部分是建立自信，甚至當改善的事物尚未提升到必須的程度。

- 提供成功的機會，包括四個特徵：低的起點；小步的進展；多元的活動；快速的回應。
- 提供確實的獎勵，而且教學生做自己評價的主人。

透過三個階段的工作，在教室中持續執行計畫。首先，老師在學習活動中激勵他們的學生。以每位學生想要且有潛力成功的信念為基礎，老師根據學生的基礎和能力，為每位低成就的學生，設立合理務實的期待和目標。老師透過鼓勵而且支持學生，以達成這些目標。

一開始，羅先生相信老師會擔憂低的起點更進一步降低標準。但是，「低的起點」策略將會刺激興趣而且使學生能夠有成功的經驗。一旦學生提早達到成功，他們將會更樂意再試一次。老師的工作是支持學生邁向新的目標，直到學生到達或超過必需的水準。老師的工作變成是為學生調整目標，以及提供連續的支持和新的挑戰。

在第二個階段，既然已經達成初始的成功，老師可以投入更多的努力，創造激勵學生的情境，以利學生參加更多的學習活動。目標是幫助建立學生的自信，對老師來說，這是一件非常具有挑戰性的工作，羅先生覺得他仍然有很多工作要進行。

因為老師的訓練和發展對計畫是很重要的，因此鼓勵老師去發展他們的潛能和對成功的渴求。他們參加成功教育的研究班，藉此跟進行動，並且學習自我分析，了解自己的實力和弱點，幫助自我成長。鼓勵教師相信每個孩子是有潛力成功的，並且欣賞每位學生。

計畫的第三個階段是第二階段的延伸。當學生經歷更多的成功，他們在老師的指導和支持下得到鼓勵，提高自身的期望，也加強對更大成功的渴求。他們也學習到，當遇到困難或麻煩，該如何調整他們的目標。

計畫相當順利地完成後，羅先生記得那些老師很想去推行計畫，感覺他們正在為學生做一些事。兩年之後，在那兩個班級中的十二個學生顯現了較多的進步，同時其餘人也有所進步，雖然並不是很明顯。羅先生和他

的團隊感覺這是正確的策略，基於他們的推薦，當局決定在適用於整個學區之前，把計畫延伸到整個學校。

在一兩個班上帶來改變是一回事，但一涉及全體教師以及為全校帶來成功，又是截然不同的故事了。新校長在 1990 年被任命到學校推動改革，但是在他四年的任期內，幾乎不太有所謂的成功治校。羅先生記得學校面臨一個很大的問題：老師的士氣低落，使得他們面對學生時採用否定的態度。新校長不能夠完全抓住成功教育的觀念，據羅先生所說，他也不能改變老師對於他們學生的觀點。在 1994 年，羅先生被當局要求再次擔任校長職位繼續改革。

今日的成功教育：一些傑出的成果

在 1990 年之前，北方中學在學區中被視為排名落後的學校之一。學校已經改進六個學科[14]的區域考試中的通過率。在 1994 年之前，通過率在十二個最低的學校平均標準以下。但是到了 1996 年，羅校長第二次接管學校之後的兩年，通過率第一次在十二所學校中達平均標準之上；自從那時以後，北方中學的通過率保持在平均標準之上，特別在數學方面，還有英文和語言。1994 年，一年級學生重修的有 6.9%，二年級重修的有 5.3%；1995 年，一年級重修率只有 3.5%，二年級 2.4%。從 1996 年至今，學校持續的努力加上成功的教育策略，幾乎將重修的機率降至最低，甚至接近零。

北方中學已有許多證明來證實他們的經驗。從 1989 年起，將近兩百多篇的文章與論文發表在期刊與書本，這些發表的論述不僅是在學術界，同

---

[14] 每年聯考包括六個科目：語文、英語、數學、科學、社會科學和政治學。在這個學區的所有學校是從一級到二級（這也發生在其他學區）。透過這些非正式測驗，因為它們不影響學校內部學生的提升，但每個學校知道測驗的結果。這六個科目的總分，習慣作為判斷所有學校和學生的衡量標準。因為這個理由，這些測驗分數的提升成為教師和校長的目標。因此，北方中學學生六個科目的成就分數在平均數以上，特別在數學、語文和英文。

時也刊登在區域的教育行政與全國的期刊上。這些出版品分享了不同學科教師重新設計不同課程的教學經驗。目前，北方中學是成功教學經驗的基地中心，成立了常態性的研究班與研討會組織，提供給北方中學地區以外的教師與校長參與。

楊老師是一位語言教師，正討論著過去三年如何改善教學（從一年級到三年級）。她回憶說：在1997年，當時有些學生被安排進入一年級，父母便將小孩轉往他校，不曾再出現；部分父母卻因為沒有能力採取行動，只好認命，忍受著讓小孩繼續待在北方中學。但她始終堅信，總有辦法處理學生的問題。就在她擔任級任教師，教學的第一年，她組成了活動營，讓學生聊聊自己優秀的學習成果。在鼓舞的氛圍下，她見到學生樂於分享他們的成功經驗。她與其他科目的教師，共同實現了較低與小級距的進展。第一年，她的教學工作就緊密地和學生家長合作。接下來每個月，學校都會安排與家長會面，她也個別做了家庭訪問。在學期末，大多數學生都表現進步良多。楊老師回憶，每多一次與家長見面，家長對於北方中學的敵意便降低一些。

從第二年起，家長不再是問題，但問題卻在於一些學生的行為。儘管如此，到了第三年，在其他四十二個學生中，有十八位獲得「三好學生」的殊榮，共計有150個學生獲得品行優良獎，其中三分之二被個別表揚，甚至少數頑劣的學生也沒有犯嚴重的罪行。

持續的改革

在羅先生第二次接任校長之後持續的改革，主要任務是重建教學的力量，聚焦在主要的兩項議題：教師能力和學生成功經驗。由於他不再對學校陌生，他能召集教師群，分享卓越教育的精髓，並且願意成為以課程與學科為主的一年級教師。當他回憶：

在 1994 年早期，他意識到他極度需要教師的支持，但事與願違，教學的力量卻是欲振乏力。教師中大約三分之一正等待退休，其他人也不知如何進行。

羅校長知道，至少在不公開的情況下，教師並不反對卓越教育的精神。他著手開始設計卓越教育的框架，並且要求教師在他們的課堂上執行。為了增加教學力量，促進此教學計畫，他利用課後，實際教學示範與評估。他應用早先的經驗，舉行支援教師的研討會，幫助教師們討論自我發展和自我分析。卓越教育的實施，透過這種方式得以合理進行。羅校長早就知道這並非一蹴可幾，但他也不願意僥倖行之。當被問及其面臨最大的困難時，他說：「是老師們。」他不僅需要激發教師士氣，也必須處理一些教學不力的老師。如今回頭看，羅校長仍堅信自己做了正確的事。

在 1995 年，他採用卓越教育的計畫作為教師評鑑的標準。他參與了每年兩次「tru」的教師評鑑。當一位好的教師被認同，他（她）的班級將被錄影下來作為教學範例。同時，他利用引介於 1990 年代獎賞制度的績效獎金以獎勵優良教師。對於一再收到學生和家長抱怨的教師，他也做出嚴格的處置。

此外，羅校長對那些收到不良評等的教師們採取強硬的措施。首先，他免除這些教師的班導師職責。如果沒有改進，再降低他們的教學職務。有時候他甚至提議，將那些教師調職到其他學校。引介這樣的評鑑模式，是建立在 1990 年代初的上海，它打破教師鐵飯碗的制度。被調動的教師可以繼續從學校那裡獲得一年的薪水。一年後，校方將再決定是否續聘該名教師。從 1994 到 2003 年，大約有三十名教師遭受調校懲罰，另有二十七人選擇退休。

羅校長利用這樣的機會招募新的教師，雖然這不是簡單的事，因為北方中學仍舊聲名狼藉，上海的教師很少有人願意在這所學校工作。羅校長

必須為了師資求助其他省分。1994 年之後所有聘用的教師當中，有三分之二來自上海之外的省分，但如此現象在 2000 年之後逐漸改觀。

1990 年代後期，羅校長在北方中學的成功教育改革，倚賴新教師是極為明顯的。例如，在 1995 年，他聘用了來自上海之外一名有經驗的數學教師王老師。王老師快速地擁抱卓越教育的精神，在數學方面，他發展多變的活動和調整不同水準，來適應不同程度的學生能力。王老師成為高度引人注目的教師，他樹立了典範；同時，他的課程被製作成教學影帶與教學分析，供其他教師研究與參考。三年之內，他晉升為高級教師。現在，除了教學之外，他的主要工作是指導年輕的數學教師。讓有經驗的教師指導年輕的教師是其中的一項策略，這是羅校長持續在進行的。

筆者在為本章的內容蒐集資料時，羅校長說，帶著一份滿足感，他已經建構出教學的力量與真實的經驗，用在改變學生的身上。他的下一項任務，是要在課堂內不同的學科領域加深改革。

教師的評價

研究者所晤談的五名教師，全數贊成卓越教育模式。這組包括數學專家王老師和數學教師林老師，他是在王老師指導下的年輕教師；國文教師楊老師和英文教師胡老師。他們同意他們在北方中學的工作是要求很高的，而且學生所回饋的表現也是非常令人滿意的。當被問及，學生能勤奮學習，是如何做到讓留級率趨於零，林老師道出這段故事：

> 我班上有個小男孩，我是班級的導師。小男孩罹患了小兒麻痺症，大腦也被感染深受其害。當他來到北方中學，他媽媽告訴我，她不介意孩子學的不多。因此，我決定在這位小孩身上給予更多的援助。一開始，我由低於起點的教學方式教育他。發現這似乎不夠，於是我在下課後給予他額外的學習。小男孩很喜歡找我尋求這

些額外的學習。或許在以前，他並沒有受到太多的關注。因此，他在學習過程中，他學習的心表現得更加殷切。一學期後，他在數學與語言方面雖然不及格，但已經小有進步。

在一年級結束升二年級時，談論到小男孩的案例。我和語言教師們也因他的良好學習態度和努力表揚他。儘管小男孩嘗試過，他仍舊無法通過最低標準。其他學科的教師很擔心，認為他到了二年級時，其他六科的平均分數會拉下來，這樣的關切是我所了解的，但我認為小男孩已經盡他最大的努力。我也為小男孩的升級極力辯護，讓他留級將不會因此幫助他或是學校。我以負責任的態度介入，重申卓越教育的類似論點，最後我看到其他學科教師也讓步。

當問到：這樣做難道不影響其他六項學科時，林老師認為，在北方中學的學習氣氛已有顯著進步。她推測相當多學生已經獲得非常大的進步，同時，他們也能順勢協助程度低的學生。至於小男孩，她認為他去年上了三年級後離開學校，仍然持續不斷地增長與進步。雖然他最後並沒得到他的畢業證書，林老師很高興小男孩已經在北方中學裡有個相當愉快的生活；她把它歸因於卓越教育的結果。

今天在北方中學，不再是背負教育失敗的名聲。雖然很多父母依然喜歡選擇明星中學，當他們的孩子被送到北方中學時，他們不再像以前那麼擔心。

結論

過去二十年間，在亞洲許多組織的研究人員，指出不同的核心價值（Hofstede, 1980, 1991; Hallinger, Walker, & Bajunid, 2005），儘管我們意識到這些

核心價值的不同，但這些價值是如何在亞洲情境脈絡中被展現，卻仍不是十分了解。而這份研究便是嘗試填補這樣的缺口。

兩位受訪的校長，就大部分的定義來看可說是「卓越的」，並且與本書中其他篇章所描述的校長都有一些共同點。但是他們在處理中國教育背景的問題，方式是相當不同的。首先，兩位校長雖然服務於不同學校不同職位，但都被賦予傳統中國思想的菁英教育。在到職之前，他們過去是在不同的職位上獲得自我審視；他們兩位都非常了解整個系統，並且具有相同的價值觀。

其次，他們兩位都是採行由上而下的管理者。雖然有諮詢過程以接納教師參與決策，但通常教師的涉入是要回應校長的倡導計畫。一旦決策被校長採用，中間階層的副校長和教師們將被委以責任落實，這是我們所知道在中國的職權責任制。這也是 Hofstede（1980, 1991）描述的威權（high power distance）組織，也就是說，有明確的領導方向，由下屬有效執行。

但是，這兩位的領導風格有所不同。潘校長有所保留，當他進入東方高中的前兩年，並無強烈要求迅速改變。這或許是正確的方法，因為當時在學校並沒有直接危機須立即解決。他善於處理人際關係，因此獲得他人信賴。另一方面，羅校長當時所面對搖搖欲墜的北方中學問題，是非常嚴重的。羅校長必須迅速採取行動，而且他也以決斷力來行事。

兩位校長對大型學校運作系統也相當熟悉，他們對校內關注的事物開拓新局。潘校長善於建立學校特色，經由招募具有潛能的學生，組織了排球隊和合唱團，恢復校園生氣，成功獲得家長們的信賴；羅校長發展出新的評鑑模式，引介到上海，透過獎勵優良教師，將未能令人滿意的教師調職。這使得他能夠在卓越教育計畫中，建構出一種新的教學力量。羅校長帶給人最深刻的印象，就是他有效實現卓越教學系統架構的才能。因此，在短短幾年內，完全改變學校的地位。

從這兩個案例可以非常清楚地看出，卓越的校長經常從事許多相同的

領導實踐，和擁有許多相同的價值觀。但是在不同的學校環境下，他們會在戲劇性的情境中啓用這些共同的價值。他們將在未來，讓卓越教育的模式適用在不同平台、不同條件的學校。

參考文獻

Cheng, K. M., & Wong, K. C. (1996). School effectiveness in East Asia: Concepts, origins and implications. *Journal of Educational Administration, 34*(5), 50–73.

Cortazzi, M., & Lixian, J. (2001). Large classes in China: 'Good' teachers and interaction. *Teaching the Chinese learner: Psychological and pedagogical perspectives* (pp. 115–134). Comparative Education Research Centre, The University of Hong Kong.

Ding, K. (2003). Peer support and evaluation: The new force in renewal of teaching. *Curriculum and Teaching, 6*(2), 1–10 (Taipei, Taiwan).

Fullan, M. (2005). *Leadership and sustainability*. Thousand Oaks, CA: Corwin Press.

Hallinger, P., Walker, A., & Bajunid, B. A. (2005). Educational leadership in East Asia: Implications for education in a global society. *UCEA Review*, 1–4.

Hofstede, G. H. (1980). *Culture's consequences: International differences in work-related values*. Beverly Hills, CA: Sage.

Hofstede, G. H. (1991). *Cultures and organizations: Software of the mind*. London: McGraw-Hill.

Ng, H. M. (2001). 'Creation of income' by schools in China. *Education Management and Administration*, 379–395.

Paine, L. (1990). The teacher as virtuoso: A Chinese model for teaching. *Teachers College Record, 2*(1), 49–81.

Paine, L. (1992). Teaching and modernization in contemporary China. In R. Hayhoe (Ed.), *Educational and modernization – The Chinese experience* (pp. 183–209). Oxford: Pergamon Press.

Paine, L., & Ma, L. P. (1993). Teachers working together: A dialogue on organizational and cultural perspective of Chinese teachers. *International Journal of Educational Research, 19*(8), 667–778.

Pang. R.Q. (2003). Interview with Pang Renqun, the former principal of Eastern Senior High School.

Tian, A. L. (2003). Brief introduction of educational system in Shanghai, East China Normal University, Occasional Paper.

Tobin, J. J., Wu, D. Y. H., & Davidson, D. H. (1989). Preschool in three cultures: Japan, China and the United States. New Haven: Yale University Press.

Wong, K. C., Law, W. W., Wang, H. H., Fwu, B. J., & Wu, S. H. (2004). *Leadership in Hong Kong, Shanghai and Taiwan schools, A tale of three Chinese cities*. Paper presented at the CCEAM Conference, Hong Kong.

Yau, Y. B. (1984). *Chinese education: 1949–1982*. Hong Kong: Wah Fung Publisher (in Chinese).

卓越的可能性：
美國具挑戰性學校的卓越校長

Corrie Giles、Stephen L. Jacobson、
Lauri Johnson、Rose Ylimaki
紐約州立大學水牛城分校

引言及概論

　　本章是以七所位於美國紐約州西邊具有挑戰性的學校爲案例，其校長施行的領導風範而讓學校卓越。本章以三個部分呈現：首先，對美國公共教育的管理、政策制定、資金配置，以及社會背景做一個概述；其次，對學校的位置、校長、學校政策施行的標準等一一描述，並依此選擇學校；最後，規劃兩階段的分析架構，首先以 Leithwood 和 Riehl（2003）領導風格的核心特點爲主，接著則是以更細部的分析結構，以凸顯「校長的實務作爲」在七間學校中有不同的風格。

背景介紹：美國公共教育的管理、政策、資金配置

　　美國或許是本書介紹的所有國家中，對於公共教育的管理、政策及資金採取最分權的國家。儘管不斷立法規範，教育在美國是由五十個類似、但在法律上屬於自主的州立系統所負責的。州教育廳（State education departments, SED）賦予當地學區相當的權利與責任，並且由投票選出的董事會加以監督。在 2000 年，美國有 14,700 個學區為 4,700 萬名孩童服務，學校從幼稚園學前班一直到十二年級，而夏威夷則為單一學區。我們個案研究學校所在的紐約州，有超過 700 個學校，不過，這個數目正在透過逐年的合併而有減少的趨勢。

　　美國教育的資金來源也是遵循同樣的分權模式。平均來說，每個學區其資金來源有 48% 是由州立政府提供，而 45% 是由地方稅收來的[1]。雖然聯邦政府僅提供學校資金的 7%，但是他們可以透過立法的方式，來要求學校達到學童表現優良等標準，其影響力是非常深遠的。舉例來說，在 2002年，聯邦政府訂立了「沒有孩童落後」（No Child Left Behind, NCLB）法案，要求州政府必須每年定期舉辦閱讀及數學的標準測驗，其對象從三年級到八年級。在這項測驗上超過兩年沒辦法逐年進步（adequate yearly progress, AYP）的學校，將被視作需要改進，且需要額外的聯邦學校改善資金。若是持續沒辦法達到 AYP 的學校，將會受到幾項懲罰，包括重新組織，或是替換學校教職員，或是改設為特許學校（charter school）。家長們也有權力去選擇同一學區內其他的學校。

　　在紐約的「學習標準」最初是由 NCLB 所促進加強的，州立教育部門每年定期出版學校報告，報告中會追蹤學生在英語／語言（English／Language Arts, ELA）和數學等標準化測驗的表現，其對象由四年級到八年級。結果將與州內其他類似的學校相比，並且將被州政府、當地行政官員、批判的媒體所關注。持續表現不佳的學校，例如本章所討論的 Hamilton 學校，被稱作是「接受註冊資格審查學校」（School Under Registration Review, SURR）。無法改進則會導致更密切的觀察、州政府接管，甚至解散。雖然

1　一項持續漸增的「tax-phobic」地方選民每年投票接受或拒絕學區徵稅的增加。然而州和聯邦政府資金，特別在「指定用途的補助」（earmarked grants）強烈地影響地方政策，尤其在大的市區學區，正式的工業稅基已經減少。

SURR的狀態，會讓學校受到更多技術及資金上的支援，但是學區、學校本身，以及校長都會有名聲不好的問題，導致家長還是會將孩子轉到別的學區就讀。而家長所做出的選擇，會讓學校產生稅收減少以及資產上的損失，而這些都會使學區沒辦法達成原本的使命。所以，原本就存在於城市貧窮區以及富庶市郊區的社經差距，也就是所謂野蠻的不平等（savage inequalities）（Kozol, 1991），將會因這些強調績效的法令要求而更加劇，使這些有高度教育需求地區的孩童造成傷害[2]。

因此，本章著重在檢驗卓越校長的實務作為，並且能夠在微小成功機率（against odds）的學校中，一個具有挑戰性的社會經濟環境下，成功改善學生的表現。這部分也是別人所指出目前在領導的文獻中所低估的（Bizar & Barr, 2001; Day, Harris, Hadfield, Tolley, & Beresford, 2000; Hopkins, 2001）。

案例學校的位置、校長以及選擇標準

既然美國教育重視校長在具挑戰性的學校中的領導，本研究便以NYSED資料[3]立意取樣，從紐約州西邊五個不同的行政區中，選出六個需要高度關切的學校[4]。除此之外，選擇學校也由現任校長在任期內達到改善成果來決定，尤其是學生在標準測驗上的改善表現。因此，其中四間被選中的學校，是在現任校長任內，州內進步最多的學校。第七間學校雖然是位於市郊區

---

2 美國四分之一學生生活在貧窮程度之下，這些孩子的59%屬於母親為主的單親家庭。統計上，這些貧窮孩子有四分之三屬於非裔美國人、西班牙人或移民來的少數民族團體，而且住在衰頹的市區。雖然人數在過去二十年非常快速的增加，17歲西班牙人和非裔美國人在SAT分數，閱讀上低於白人20%分數。同樣地，只有75%19歲的西班牙人，和87%的非裔美國人從高中畢業，少於白人的92%。

3 NYSED資料是依照幾個社會經濟因素，包括孩童數以及減免營養午餐等指標，將學校分類為「高度需求」的學校。

4 關於這個個案的更多細節請參閱Giles、Johnson、Brooks和Jacobson（2005）。

的小學，並非列為高度需要改善，依舊被選為研究案例，原因是雖然學業上學生的表現良好，但因周圍環境的關係，其社經狀況（SES）的評估依舊是下降的。

我們的樣本包括了五間小學（有不同的年級）、一間中學（五到八年級）、一間高中（九到十二年級）。有三間學校來自同一個大型市內行政區（紐約州內「五大」行政區之一）；有兩間學校屬於市內較小的兩個行政區（一個較屬於市區，一個則較接近鄉村）；一個是從第一環[5]的市郊行政區選出；還有一間是來自較鄉下的行政區。

我們也考慮每位校長不同的個性及專長，在七間案例學校中，有五位校長是女性，兩位是男性；有三位是非裔美國人，有四位是白人；有兩位校長有博士學位，有五位在教育界已服務超過三十年；其他三位則是在行政部門有超過十九年的經驗，包括在不同學校擔任校長職務。有四位是剛到任，關於校長的主要特徵比較整理如表 10.1。

分析架構

我們的分析是從七位校長展現的三項核心領導策略，這是由 Leithwood 和 Riehl（2003）所主張不論其社會背景脈絡，對學校的卓越是必要的。其主要的特質分述如下：

- 設立方向：幫助發展一共同目標，鼓勵共識的產生。為了發展更明確的方向，領導者必須能夠描述一個具共識的願景，並創造出可以有高度表現的期待，且能更有效地將這種願景及期待與別人溝通。
- 發展人才：透過智能激發的方式，影響其行為，而導向為共同目標努力，將共同目標與個人行為作結合，以及給予團體支持。

---

5 譯註：圍繞著市中心有好幾層的市郊（suburb），這裡指的是第一層。

表 10.1　美國案例學校摘要

學校年級	Costello	Hamilton	Crockett	Coleman	Fraser	Kelly M.S.	Pershing
類型	幼兒班到6年級 小城市（市區）	幼兒到8年級 市區	幼稚園到5年級 鄉村	幼稚園到5年級 郊區	幼稚園到8年級 市區	中學6到8年級 小城市（鄉村）	高中9到12年級 市區
學生數（就學年齡）	857 (4-11)	397 (4-14)	459 (5-10)	505 (5-11)	519 (5-14)	697 (11-14)	883 (14-21)
須改善程度	高	高	高	低	高	高	高
免費午餐百分比（%）	74	82	62	15	90	32	41
學生花費	$12,800	$12,200	$12,400	$10,900	$12,200+	$10,800	$12,200
種族百分比（%）	(%)	(%)	(%)	(%)	(%)	(%)	(%)
學生特徵　白人	33	2	97	95	1	88	25
非洲（黑人）	53	94	1	1	98	92	55
西班牙	5	3	1	1	1	2	3
原住民	3	1	0	0	0	0	17
亞洲	6	0	1	3	0	1	0
年齡	50多歲	50多歲	50多歲	50多歲	50多歲	40多歲	50多歲
性別	女性	女性	男性	女性	女性	男性	女性
校長特徵　種族	非洲	非洲	白人	白人	非洲	白人	白人
教育界服務時間（年）	35	14	34	33	38	17	36
擔任行政人員時間（年）	12	4	24	19	28	7	14
在校擔任校長時間（年）	8	4	22	6	10	4	8
學歷	碩士	碩士	碩士	教育學博士	博士	碩士	碩士

● 重新建構組織：促進學校內的工作，以便達到共同目標，這個目標是需要領導者重新塑造其學校的文化和組織，以期達到目的。

初期資料分析顯示出，七所學校校長在不同程度上，均運用了這些主要的領導策略，以便改善學校的表現，這部分可以 Fraser 學院為範例[6]。但是，Leithwood 和 Riehl 的文獻中也建議，藉由實施這些深具影響力的策略，是不足以表現出校長在這些需要改善的學校中，所扮演獨特且複雜的角色。在文獻中的其他部分也指出，校長領導方式的產生並非線性相關或有公式的（Gronn, 1996; Portin, 1999）。每位校長在不同階段，修正他們核心策略的本質，以適應其學校內在與外在的不確定情境。如此一來，他們得以維持一種有目的性的方向感（Reitzug, 1994）；同時，也建立持續性的改革所需要的能力（Harris & Chapman, 2002）。在社會背景的不確定性下，各時期的改善並非總是向上成長，或是正面發展。我們也發現，這七位校長所作所為及實務的進行點，不論在自身或情境下，不僅僅是脈絡化，也同時是採行權變方式的（Hallinger & Heck, 1996; Leithwood & Duke, 1999; Sarason, 1972）。學校的組織、共同發展的目標（不論是外界所訂立的，還是內部同意的）、可獲取的資源、建立的時間架構，同時還有參與人員的人格及特徵（尤其是校長部分），都與卓越的校長領導息息相關。

為了解這三個與成功不可分的主要實務類別（Leithwood & Riehl, 2003），這些案例幫助我們去了解幾個成功的領導者（校長），當他們面對特別需要改善學校時的挑戰，所建立的信念及行動。資料也顯示出這些重要校長的領導策略，也就是績效責任（accountability）、關懷（care）以及學習（learning），將會在下面討論到。

---

6 詳細了解此案例，見 Giles、Johnson、Brooks 和 Jacobson（2005）。

重視績效的校長

　　儘管案例中的每一位校長都同意一般NYSED測驗的標準，我們定義下所謂「重視績效的校長」，都明顯地存在於七間學校中，特別是在市區的學校，也體現在上述三項核心的領導實務中。不把外在壓力當作進步的絆腳石，校長們反而學習到利用「績效責任命令」（accountability mandates）作為讓相關利害關係人提高對學生進步期待的工具，提高他們對本來就已經在追求目標的期待。校長利用改造學校課程規畫等方式讓目標明確化，特別是有關語文或數學方面的進步。

　　績效責任的資料可以從當地的BOCES[7]資料庫取得，也廣泛地被校長們利用，以便克服初期在改善上遭遇到的困難，例如專業的反對、不必要的聯合限制措施，以及教學能力上的不足。以資料為導向的學校改善計畫，有助於促進合作對談、分享學習，以及對專業技能發展的共識，還有對共同發展目標的進度監督。外界力量影響下的「績效責任命令」，也讓校長能夠將新的方式帶進傳統的「品質保證措施」，例如教師觀察及評鑑、教師紀錄（像是電腦檔案化取代評分簿，或是手寫報告等），以及符合州立規範的課程。

　　就像校長一樣，年輕以及中年的教師們，不僅十分歡迎由州政府推動的績效責任，帶到他們教室內的明確目標，他們同樣重視校長能提供的專業支援。作為教學上的領導者，一些校長特別會激勵教師專注於能夠讓教學進步的目標（Coleman, Fraser, & Hamilton）。其他校長則有不同的方式支持，例如，爭取額外的資源、與當地企業或高等教育建立姊妹校或合作關係。這些方式都透過一種開放式的政策（open door policy），讓教師有能力

7　在紐約州，除了五大行政區外，合作教育服務董事會（Board of Cooperative Educational Services, BOCES）能夠提供較小行政區在教育方面技術上的支援、專業技能培養，以及其他服務。

去達成目標，能夠形成教師和暴力、愛謾罵的家長們之間的一種阻隔，也因此能夠建立出一個安全以及溫馨的工作環境。換句話說，在這些學校中，績效責任幫助校長推動學校要改善的方向，不是單單一種成功的狀態，而是能夠讓學校在各方面都能夠有進步的空間。

雖然校長利用外界施予績效責任的方式，成功設立學校的改善方向，但是卻沒辦法得到教師普遍性的支持。一位任職在具挑戰性學校（Costello, Fraser, & Hamilton）[8] 的資深教師，即對於失去專業自主性和缺乏時間，以及對學生學習在情感及效率上的影響有著許多批評（Hargreaves, 2003）。在幾個案例中，我們有證據顯示，這對教師專業能力的喪失並不多見，但存在對校長公開的敵意或懼怕。特殊教育教師特別容易在要求考試成績下，高壓力造成心理傷害，及受限於所謂「教到最好」的限制下，而常感到受挫或是氣憤。不只一所學校，其特殊教育的教師感到被校長邊緣化以及「忽略」，因為他們感受到校長只重視那些讓測驗分數增進的學生身上。

相對於正式的績效責任，同儕之間也產生「非正式的績效責任規範」（informal accountability norms），也發生在一些校長促進共同願景和共同目標的學校，最受到注目的是 Coleman、Fraser 以及 Hamilton 學校。校長有高度的專業期待顯然會形成同儕壓力，透過教師之間的關懷和支持，也培養彼此密切的關係。

我們也同時發現，當校長展現出有學識、熱情，以及以學生為中心的教育領導時，教師感到更多非正式績效責任的壓力。這些校長透過新課程合作學習的方式加入員工行列，參與班級或是有挑戰性學生的教學，以及建立父母方案，教導家長運用潛在的壓力，支持孩子的學習。一位在 Fraser 的受訪者告訴我們：

---

8 細節參照 Jacobson、Brooks、Giles、Johnson 和 Ylimaki（2004）。

讓我們這樣說吧，我曾是一位不情願的教師，當看到同事工作，當老闆說：「發生什麼事了」，都會使我產生壓力，因此這是一個不適合只想休息之人的工作環境。

不論是校長，或是共同決定以學生為主要目標（在多數案例中），校長傳遞了明確、直接，以及對於學校有高度期待的訊息：「……如果他們（教師）對這個目標有任何問題或懷疑，他們可能需要考慮去別的地方工作，因為這將是我所訂立的方向，也是我對這個地方的承諾！」

關懷的校長

高度期待下產生的績效責任，不論是外界壓力所產生或是內在自然發生的，都由校長在關懷的信念下調整。與績效責任可以導引方向一樣，我們發現案例中的校長，透過創造教職員、學生和家長相互的關係與關懷，而發展能力及影響成員（Mulford, Silins, & Leithwood, 2004）。

長遠來看，如何營造並維持一個正向的學校文化──對於部屬專業技能，還有（經常性）個人要求的支持及回應，這是與傳統校長的領導策略：仰賴法職權、層級官僚體系，及正式的專業關係是截然不同的（Gronn, 1996）。

在我們的個案最具挑戰性的學校中，這些學校的紀律都被打破、公共物品到處被破壞、父母疏離，以及教師之間充滿痛苦和隔閡，因此，一位具有強烈關懷心的校長會是一大改變。在兩個以關懷為主要典範的案例中，Fraser 校長的首要之務，便是要贏得學生、教師及家長的信任和尊敬（見Giles, Johnson, Brooks, & Jacobson, 2005）。為了達成此目標，她快速地建立紀律，創造一個安全、有秩序，且對學習具有吸引力的學校環境。這些微小卻很重要的步驟，不僅是向當地發出「孩子們應該有更好的教育和更好

的環境」的訊息，同時，她的關懷足以作爲學生家長的代表。

　　在一個學生、家長以及彼此都喪失信任和尊重的環境中，這位校長的行動宣示了她關懷這些老師的安全，而且希望他們能在工作職場上發揮最大的潛能。最後，這位校長明確地說明應做到的行爲，因此老師可以仿效，特別是要求老師們透過家長，檢視自己與學生間的互動，家長們只是希望能有機會得到一個眞正的教育，是一個十分簡單的希望。

　　Coleman 小學提供了第二個具關懷力的校長鼓勵老師的例子。這學校是一間開辦已久的教育機構，教職員深怕新到來的行政管理者會在他們既有的專業下，做出不切實際的要求。這位校長在首次的校務會議上贏得了教職員的心，她在會議上說：「家庭才是你們第一要務，這份工作從來就不是你們第一要務。」在建立以家庭爲主的共識之下，教師們能夠安心地與校長溝通他們在個人及專業技能上的問題，因爲她確實重視並關心每一個個體，而非僅僅是員工的身分而已。在連結現在最流行的專業學習社群觀念（Louis & Kruse, 1995）到個人的需求上來看，教職員以前會抗拒，現在卻快速地與校長合作，並共同發展新的目標。

　　在我們所有的案例中，校長們也運用關懷的原則，「重新出現」（re-capturo）在走廊、教室、各社群的方式以表現關懷。在一些較具挑戰性的學校案例中，前任校長均躲在辦公室內，重新出現是一項大改變。在 Costello 學校，校長爲展現關懷以及承諾，將自己安置在學校最前方的大廳，在每天的開始和最後迎接學生和家長。同樣地，在 Crockett 學校，校長展現走動式的領導，藉由迎接家長及學生表現出關心，定期參與家長會和鼓勵家長志願參與教室內的活動。在 Fraser 學校，校長與當地的社區團體（Block Club）[9] 和家長行動委員會共同合作，一同解決社區問題，例如貧窮、藥物

---

[9] Block Club 指的是當地居民志願參與的團體，倡導一起提出對鄰近地區問題的解決方案。

濫用，以及危險道路問題，這些問題都會影響到學生安危或是學習。她顯現的關懷立場以及和家長們建立的關係，對於學校的卓越發展有正向的影響力。

最後一個是具關懷的校長如何使人力得以發展的例子，發生在Hamilton學校。Hamilton學校面臨入學率下降、人口遷移，即將被關閉的情況，還有其 SURR 的狀態，需要一位具果斷行動力的新任校長來接手。這位校長表現了她是多麼在乎學生、教職員以及學校團體，採取正向積極的立場、重建紀律、向家長們保證會提升學生成就，並且積極擔任教學領導者的角色（Blase & Blase, 1999）。當發生在學期中找不到數學代課教師，她便決定：「……我自己走進去幫學生們上課……我會盡快用最好的方式幫助這些孩子學習數學」[10]。這位校長不僅在公平對待老師、學生和家長上獲得好名聲，同時，也因為她總是毫不猶豫地捲起袖子去完成困難的工作，而成為其他同事間效法的對象。一位老師這麼說：

> 你不能要求人們去做連你自己都不想做的事。如果你不願意留下來加班，或是禮拜六來，又或者你不願意在放學後坐在辦公室幫助孩子，那麼你就不要要求任何人去做，這些事情都發生過。她以身作則，特別是親自去做教學裡麻煩的工作，這是最大的不同。她會不論晴雨站在街角，以確保每個孩子的安危。我相信如果真心去看待，這世界將會變得不同。

在這些例子中，這些校長透過與人們建立關係，表現出他們對孩子們的信念與理想，他們大部分都抱持著開放的政策，這是一種對學校及社群

---

[10] 美國的校長甚少親自教課，當他們這樣做時，通常是教授學區內特別的議題而非一般普通科目。

的社會性及專業性。他總是有空，永遠不會因為太忙碌，而沒辦法傾聽學校內團體的需求，並且會在他們的個人信念、行為，以及對他人的期待上堅持下去。回報而來的，他們期許的是**每個人**（學生、老師和家長）都做到最好的表現，即使他們學校遭遇到許多看似巨大的阻礙和挑戰。為了讓這期待能夠成真，這七所學校的領導人必須深入了解他們目前遭遇的情況，並以人為主，以作為高道德目標的改變，而非僅僅是評量結果的提升。在過去，尤其是具挑戰性的學校，有許多令人絕望的情況，以關懷來建立關係，人們可以分享他們對未來共同的希望（Starratt, 2003）。

學習型的校長

最後，我們檢驗學習型的校長，這包括學生、教職員、家長，以及組織本身的學習，是每個人主要的工作重心。即使上述三個核心領導策略是普遍的，我們聚焦於學習理念的追求，協助校長們重新建立學校的組織。

對校長和教師來說，要在充滿挑戰的學校中，激發並維持學習是很困難，似乎是無法克服的事。種族的刻板印象、缺乏彈性的組織架構和教學安排，教師和行政人員之間的互相不信任感、學生暗潮洶湧的偏差與暴力行為，這些在我們研究的案例中都造成失敗文化的產生。我們並不意外，這七位校長在不同的程度上都克服了這些困難。而同樣存在的，是他們對學習的基本信念，幾個措施可以顯示出，學校是由學習型的校長所改造，特別是教職員的學習，包括公開的專業實踐、示範及督導，以及組織合作架構的發展與運用。

在我們案例學校的教師，有許多已經長期退縮到自己的教室之內，藉此逃離他們每日常見的不正常環境。前任校長經常是遠端遙控的官僚，遠離教學，並鮮少看到他們離開辦公室。而我們的七位校長經常公開的進行專業實踐，他們不再遠端遙控學校，他們會定期在學校走廊或教室內巡視，

雖然課程上的評鑑還是在規範內，但是教師們已經習慣校長的定期巡視，與校長開始專業的對話，以及重視校長的支持，而不再只是抱怨。同時，隨著校長對老師的鼓勵，教師們也開始運用公共資源，進行個人及團體的學習。例如，在 Kelley 中學的校長，便會定期在校務會議上分享他在教育研究上的發現，而這可能會改善教師的學習及教學。在 Hamilton 小學，教師共同參與當地大學的閱讀活動，並歡迎教授或是實習教師到教室裡分享他們的學習經驗。專業的讀書會也常見於這幾個學校中。在Coleman小學，老師們定期在領域的會議上，及全校教職員定期會議上，分享他們的閱讀心得。在Fraser，校長更進一步利用同儕輔導的觀念，鼓勵教師們透過觀察與討論，分享每位老師的教學方法和哲學觀。在學校內，一旦校長被視為博學並關心教育的領導者，而對成員有更高的專業期待，老師似乎會更願意去學習「最好的教學實踐」，公開分享他們的想法，同時也願意傾聽他人所使用的有效策略。

我們對於經由示範與督導所帶來合宜的專業學習，以至於學校卓越的表現感到驚訝。在這些小學案例中，大部分資深的教師敘述了之前的學校或不同的行政管理者下的孤立狀態，對於其他成員不恰當的工作準備也多所批評；然而，現在他們對於新的學習活動，所帶來幾乎不可能的成功感到驕傲。在「學習失敗」是必然的學校中，校長若願意作為模範並進行指導，將會在專業技能上有深遠的影響力。曾經，我們所有校長都以這些方式為準則——參與工作討論、閱讀並討論專業期刊文章，並且與教師一同研商出改善學生學習的方法。

其中幾位校長鼓勵教師領導（Muijs & Harris, 2003）——指導教師為了團體合作、特殊的教學或是學習動機而擔任領導的責任。雖然不常見，但有些甚至鼓勵老師去學習領導管理的課程。例如，在 Coleman 學校，校長認為自己是以支持老師學習領導著稱，特別是女性教師，提供其資源與支持他們學習。超過一位老師這樣描述她：「她鼓勵我、啟發我，讓我形成

一種信念。」這項鼓勵女性教師學習領導的方式，可以產生更多女性校長，特別是我們研究的其中兩個行政區內少數族群的女性。例如，在 Hamilton 校長成為校長之前，Fraser 的校長便是她的精神導師，而 Hamilton 校長也鼓勵她的老師去追求學校領導的機會和事業。

除了示範和督導外，校長也必須藉由改變組織的安排，以促進全校合作、建立團隊以及學習新事物，以消除教師的隔閡，但並非所有學校都能夠做到。這在我們案例中兩所非小學的學校（Pershing 和 Kelly）更是難達到的，這兩間學校屬於傳統分隔部門的結構，也就是缺乏跨課程領域的合作。在 Crockett、Kelly 以及 Pershing，州政府所制定的學校本位決策小組，不過是徒具象徵意味而非實際運作的實體。在 Costello、Crockett 和 Kelly，年級之間的合作是非常少的；而 Costello、Kelly 和 Pershing，則是部門之間的組織整合並不完整——有部分的受訪者並不曉得他們的學校是如何運作。

相對來說，在 Fraser 的校長便強調促進民主及互相連繫的委員會，包括執行或是建議的功能。教師、家長和學生不僅僅是代表而已，對於政策決定同樣具有影響力，目的都是為了改善學生的學習。願景的建構、目標的確立、目標的傳達以及評估似乎是完美，但需要校長去留意，以作為廣泛的學習機會。雖然在我們案例的中學及高中（Kelly 和 Pershing），將傳統的行政部門預先排除，但在 Coleman、Crokett、Fraser 和 Hamilton，校長們努力促進年級之內以及跨年級的團隊合作，以便規律地設定全校性的學習議題。在城市內高度需求的小學，例如 Fraser、Hamilton 和 Costello，其委員會便致力於學校安全和美化上，透過一小部分的成功，創造一個更好環境以供學習和改變。在學校變革的後期階段，這些學校的委員會則是藉由共同合作的活動，如：成就落差分析及促進專業發展機會，以更直接地改善教學。

結論及對實務和進一步研究的建議

　　本篇文章的資料是根據美國研究計畫，研究七所學校及其校長等案例而來的。雖然學校人數、年級和社會背景不同，這些學校依舊因為幾項共同的特徵而被選中：(1)他們都承受紐約州的績效責任標準以及壓力。(2)除了在市郊的小學（Coleman）之外，他們都必須處理學生的經濟貧困問題。(3)自從現任校長到任後，學生在州立的標準測驗中都有明顯的進步。

　　雖然案例中的校長有不同的特質，包括性別、種族、經歷和學歷，他們同樣也有些共同特質；而最重要的，便是學校目標方向的設定，鼓勵人才發展，以及組織再造──而這也是 Leithwood 和 Riehl（2003）所提到必要的核心領導實踐策略，但學校要成功，這些還是不夠。要使學校得以改進，這些校長所展現必要的領導實踐會經由三種策略而加強，亦即：績效責任、關懷以及學習。換句話說，卓越學校依靠持續堅持的校長──這是在我們的案例中，在不同人格特質下所展現共同的內在信念和特質。

　　跨案例的分析指出，校長要為學校設定目標及維持方向，並能夠激發學生、教師以及家長，讓他們跟隨校長的腳步。在經常面對挑戰的狀況下，他們為孩子和成人建立了一個安全、教養的環境，並高度期待學生的表現，讓所有人──包括學生、教職員、家長以及校長本身，對於達到這個期待有責任感。在學校改革文獻中，高度期待是存在於對目標的共同決心上（Fullan, 2001）。在其他學校中，為達到卓越的表現，目標是由校長個人選擇，但任何變革卻導致更多的失敗。雖然個別採取的方式或許不同，我們的校長都巧妙地利用外界評量的壓力，而專注在學校表現的改善上。對學生表現的高度期待成為校長本人的目標時，紐約州的標準以及「沒有孩童落後」法案的績效責任便能夠協助校長，明確地釐清學校任務。

　　然而，對於實現學校改進的目標而言，設定方向的核心領導策略依舊是不足的。如果要教職員發展出意願及能力二者，以便能做高層次產出的

話，人們在有害且高度壓力的工作環境下，就需要被培育、發展以及關懷。除了仰賴職位的權力、傳統的行政結構，以及正式的專業關係外，案例中的七位校長，特別是小學裡的校長，不僅在其所欲求的行為、實踐上做示範，更將關懷加入他們的實踐中。他們的努力得到了與學生、老師和家長們間，充滿關懷的相互回饋關係，這部分是如何被感受，以及如何深深影響了人的行為，最佳的解釋便是Fraser的家長告訴我們，他們會願意為校長做任何事，因為「他們不希望讓校長失望」。她（校長）的話語和行為讓他們（家長）知道，她對孩子的教育具有使命感，而他們也承諾回饋，盡最大的力量幫助她達到。

最重要的，學習型的校長將學校置於中心最重要的位置，這並不是說，教師們就不在意其他形式的學習，而是將重心放在提高測驗成績上。在我們其他研究資料中（McNeil, 2000），資深教師和特殊教育教師也普遍擔心這一點。但是對學習的專注，尤其是當要表達主要的理念，例如：什麼對孩子是好的，或是所有孩子都應該學習時，提供了學習目的的重要性，使得責怪和失敗的文化被邊緣化。從孩子的學習開始，延伸到成人的學習，專業的規範有助於辨識出學習上的阻礙，並進而進行組織再造，以便除去改革過程中遇到的障礙。在某些案例中，並沒有足夠的時間去計畫，所以計畫也經常在改變。而其他案例中，能夠提供教師的專業技能發展，讓他們的技能能夠合乎時代，以便達到改善的目的。一小部分成員拒絕改變，或是不願意接受：貧民區的孩子也能夠有高程度的課業表現，這些成員都被鼓勵調職他處[11]。利用重建組織而特別重視學習的需求，微小但持續性的改進會慢慢出現並展現成功。雖然不是所有校長的做法都有正面效果，但平均起來，七所學校校長在任期內都讓學校有所改善。

---

[11] 在美國司法範圍內，要開除一位不具競爭力的教師是很困難的。然而，教師可以「自發性地」請調同一行政區內其他學校。

　　這些案例對位於亟需改進及充滿挑戰社群中的校長而言，有著重要的提示。首先，校長必須體認到他們有非常重要的任務，這不僅僅是工作而已。而在資源短缺的情況下，領導者必須學習有效地利用現有的資源。這些案例也顯示，教職員和家長所展現的人力資源，必須由校長以關懷的方式培養起來。

　　對於學校領導者博學的需求，不管是從短期或長期的可能性來看，也逐漸在此研究中顯現出來。在有高度需求和挑戰性的環境裡，於最初的困難時期，他們或許沒辦法達到共識，但之後，他們會逐漸培養出領導風範。知識的教學領導（Blase & Blase, 1999）對於改善我們小學教育有重要的影響力。特別在 Fraser 和 Coleman 學校裡有效率的校長，也是採取組織轉型的領導風格（Hallinger & Heck, 1996），以及個人和專業的轉型（Giles et al., 2005; Quantz, Rogers, & Darthy, 1991）。只是在 Fraser 和 Coleman 學校裡，分佈式的領導（distributed leadership），也就是說，教師能夠自發性地參與決策，並願意擔負責任的這種情形，相對來說是較為罕見的（Copland, 2003）。確實，在我們大部分的案例裡，對於領導人才的發展及接班計畫，以進行激勵和建構能力策略，還是十分缺乏。這對於一個學區在挑戰性的環境裡長期經營，相對上來說是不民主的；同樣的，對那些還在培養接班人才的學校（例如 Costello 和 Hamilton），當他們的校長退休或是不得不輪調到其他學校時，也會造成問題（Fink, 2005）。

　　最後，僅僅只研究七個案例，其結論很難類推到一般情境。例如，我們沒辦法從現在有限的例子中，決定出就學人數會如何影響學校的表現，雖然看起來小型的學校表現似乎比較好；我們也沒辦法看出，校長的學歷是否會影響其實踐，雖然案例中最成功的兩所學校的女性校長都擁有博士學歷。我們也不相信三個核心的策略：績效責任、關懷以及學習，就是全部所需的條件，我們也期待能夠從 ISSPP 計畫中得到更多的資料，進行校長、偶然事件，或是社會背景下的細微互動關係等研究。因此，我們認為

這是十分重要的研究議題，需要深入研究更多案例和更多地區，因為在高度挑戰性的環境，持續性的改進教育，是相當重要而不可忽視的任務。

參考文獻

Bizar, M., & Barr, R. (Eds.). (2001). *School leadership in times of urban reform*. Mahwah, NJ: Lawrence Erlbaum Associates.

Blase, J., & Blase J. (1999). Principals' instructional leadership and teacher development: Teachers' perspectives. *Educational Administration Quarterly, 35*(3), 349–378.

Copland, M. (2003). Leadership of inquiry: Building and sustaining capacity for school improvement. *Educational Evaluation and Policy Analysis, 25*(4), 375–395.

Day, C., Harris, A., Hadfield, M., Tolley, H., & Beresford, J. (2000).*Leading schools in times of change*. Buckingham, UK: Open University Press.

Fink, D. (2005). *Leadership for mortals*. London: Paul Chapman Publishing.

Fullan, M. (2001). *The new meaning of educational change* (3rd ed.). New York: Teachers' College Press.

Giles, C., Johnson, L., Brooks, S., & Jacobson, S. L. (2005). Building bridges, building community: Transformational leadership in a challenging urban context. *Journal of School Leadership, 15*(5), 519–545.

Gronn, P. (1996). From transactions to transformations: A new world order in the study of leadership? *Educational Management and Administration, 24*(1), 7–30.

Hallinger, P., & Heck, R. (1996). Reassessing the principal's role in school effectiveness: A review of empirical research, 1980–1995. *Educational Administration Quarterly, 32*(1), 5–44.

Hargreaves, A. (2003). *Teaching in the knowledge society: Education in the age of insecurity*. New York: Teachers' College Press.

Harris, A., & Chapman, C. (2002). Democratic leadership for school improvement in challenging contexts. *International Electronic Journal for Leadership in Learning, 6*(9), 1–12.

Hopkins, D. (2001). *Meeting the challenge: An improvement guide for schools facing challenging circumstances*. London: Department for Education and Skills (DfES).

Jacobson, S., Brooks, S., Giles, C., Johnson, L., & Ylimaki, R. (2004). *Leadership in high poverty schools: An examination of three urban elementary schools*. Albany, NY: The Education Finance Research Consortium. Available at: http://www.albany.edu/edfin.

Kozol, J. (1991). *Savage inequalities: Children in America's schools*. New York: HarperCollins.

Leithwood, K., & Duke, D. (1999). A century's quest to understand school leadership. In J. Murphy & K. S. Louis (Eds.), *Handbook of research on educational administration* (pp. 45–72). San Francisco: Jossey-Bass.

Leithwood, K., & Riehl, C. (2003, April). *What do we already know about successful school leadership?* Paper presented at the annual meeting of the American Educational Research Association, Chicago, IL.

Louis, K. S., & Kruse, S. D. (1995). *Professionalism and community: Perspectives on reforming urban schools*. Thousand Oaks, CA: Corwin Press.

McNeil, L. M. (2000). *Contradictions of school reform: Educational costs of standardised testing*. New York: Routledge.

Muijs, D., & Harris, A. (2003). Teacher leadership – improvement through empowerment? An overview of the literature. *Educational Management and Administration, 31*(4), 437–448.

Mulford, W., Silins, H., & Leithwood, K. (2004). *Educational leadership for organisational learning and improved student outcomes*. Boston, MA: Kluwer Academic Publishers.

Portin, B. S. (1999). *Manifestations of critical leadership in tides of reform: Contradictions or opportunity*. Paper presented at the annual meeting of the University Council for Educational Administration, October, Minneapolis, Minnesota, USA.

Quantz, R. A., Rogers, J., & Darthy, M. (1991). Rethinking transformative leadership: Toward democratic

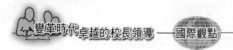
reform of schools. *Journal of Education, 173*(3), 96–118.

Reitzug, U. C. (1994). A case study of empowering principal behaviour. *American Educational Research Journal, 31*(2), 283–307.

Sarason, S. (1972). *The creation of settings and the future societies.* San Francisco: Jossey-Bass.

Starratt, R. (2003). *Centering educational administration: Cultivating meaning, community, and responsibility.* Mahwah, NJ: Lawrence Erlbaum Associates.

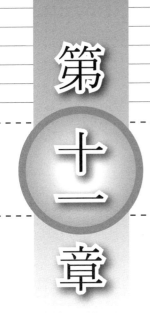

第十一章

建構與支持卓越的校長領導：關鍵的主題

Christopher Day、Kenneth Leithwood

　　本書所報導的個案研究介紹了不同文化、地區與社會經濟背景的卓越中小學迷人的圖像（有如玻璃彩繪的效果）。當校長運用文化的眼光時，他們的工作情境，以及外在衡量他們卓越的標準，似乎在國家間以及不同社會、政策歷史的國家間顯得有所不同；而當他們能展現有關於此不同的層面時，最惹人注目的是那些價值、成就、抱負、特質，以及實現與支持他們卓越的方法，這部分在所有國與國之間及校與校之間，不論其規模大小，都有相當類似的地方。若有差異，則是因為校長一開始的短期策略，是為了補救學校長期存在的問題。例如，學校或學生社會經濟地位的差異，或妨礙學校改進力量的教職員的期望與行為。這樣的策略之所以被擇取是為了創造改進的條件。因此，儘管在情境、風格與開始的管理策略上有所差異，但在個案與跨國之間仍有相當大的相似點，這部分是指校長所持有的價值，以及主要的採行策略或諸多持續性的行為，以作為普遍價值的導入與維續，無論其情境脈絡為何。

　　五種關鍵的「相似主題」已經被證實（見表11.1）：

　　1. 持續熱情的承諾與個人的績效責任。

　　2. 管理壓力與困境及堅持道德目的。

3. 以他人為中心和聚焦於學習。

4. 促使感性與理性的投入。

5. 強調個人與職務的關係。

這些要項指出卓越的校長需要認知上與情感上對：⑴相關的標準與價值，⑵關鍵策略的差異運用，⑶對人們及教育的熱情，此三面向有綜合性的了解。對國際間多元但又一致的價值、理解、關鍵策略與承諾的確認，這正是本研究對卓越領導知識面的貢獻。校長們雖有不同的出發點，但都有相同的願景。

表 11.1　建構與支持卓越學校校長領導的五種要項

1. 持續熱情的承諾與個人的績效責任
高度期望；強烈的自尊；堅持；肯定的；成就導向；學習中心；開放溝通；教育關心的是整個人建立在明確清楚表達價值的基礎上；深植於學生的人權；包容的；社會正義與民主的原則。

2. 管理壓力與困境及堅持道德目的
能管理模糊與衝突，以提升個人與學校的改進並超越工具理性（instrumental rationality）。

3. 以他人為中心和聚焦於學習
持續的改進，個人與集體的溝通及能力的建構，合作學習文化；分權式領導；做決定與責任；促進信任；透過社群參與的方式策略性地介入相關的個人與系統的情境，獨立自主的專業實踐與培育教師領導。

4. 促使感性與理性的投入
理解感性；同理心；信任；富勇氣的精神；立即行動（staying close to action）；與關鍵利害團體在認知與感性層面的互動；創造安全的教學環境，富創新的精神。

5. 強調個人與職務的關係
建構以人為中心的社群；重視楷模的價值；尊敬他人；運用績效責任、關懷。

校長職位之情境與類別的差異

回應情境但不依賴

校長工作的社會與政治的情境是有差異的。有些必須提高評量學生的成就標準，或是在情境中面臨國家（特別是挪威）的政策，將民主政治價值的提升視爲學校教育過程的基本原則。然而，如果相信這些情境是靜態的，勢必產生錯誤。相反的，教育的全球化日益提升市場化與競爭，驅使政府加強學校績效責任，特別是改進的步調被意識到太過緩慢時；因此，分權與再集權之間的壓力不斷成長。本研究的所有國家創新管理模式強烈宣稱績效責任的定義（如挪威），聚焦於社會與學業成就目標兩者的層面上（如瑞典）。

在所有國家、所有學校的科層結構內，結合了合作責任與分散式領導（dispersed leadership）的層面，相容著「權力分享」（power with）與「權力控制」（power over）的意涵。這種結合表示個人專業的重要與回應校長管理情境的不同方法等兩種層面；換句話說，他們追求改變與改進的策略，不僅僅建立在他們共同改進的信念、價值、願景，且強調依賴個人與功能性的基礎上，同時受到組織情境與社會文化調解效果的影響。在個案研究內與跨個案研究中，領導者也有不同的個性與風格。從丹麥「家長式的領導」（paternalistic nod），與中國校長「威權」（high power distance）的領導，到那些美國、英國、挪威與加拿大等國家，他們與教職員間密切的合作，經常都是榜樣領導（leading by example）。從太多的校長中發現（中國、丹麥以及美國），他們毫不猶豫地使用方法請一些教師離開學校，因爲他們不能分享校長對於學校的願景。

稍早於英國（見 Day, Harris, Hadfield, Tolley, & Beresfold，2000 年有關價值與情境領導的研究）的研究之後，加拿大與瑞典的個案研究中特別提

醒我們注意，影響卓越領導的類型，以及特定外在（政策面）與內在（學校內部）情境的相對影響力議題。然而，在八個國家的個案中，如丹麥的個案研究證實，學校教育所面臨的發展趨勢有如「價值導向企業的權力分散」，透過分佈式領導與參與作決定的過程，這種權力下放的領導依賴情境與人的兩種層次。先前的研究顯示，地方及國家價值與文化逐漸要求政府增加學校的「績效表現」。這些無可避免地對不同歷史、不同認同的教職員產生了壓力。確實，或許我們可以辯稱，當一個國家承接許多政府施政上的變革時，需要校長依據它們的種類與強度逐漸增強回應。由於可以成功介入變革的專家不只一人，也因此愈來愈複雜的績效責任方案，要求校長的權力是共享的。因此，團隊的計畫與建構是教育意識型態的重要特徵，它們同時也是對目前績效責任情境的回應表達。英國、美國、安大略省的高績效責任背景，讓卓越的校長運用他們寬廣的教育理想、目的，並實踐國家的政策。然而，他們要如何發展卓越學校，透過他們個人的領導風格與管理，反映個別校長的價值與信念、專業與組織生活等。

在安大略省的章節中，Belchetz 和 Leithwood 描述六種卓越的學校領導者，加拿大的個案解釋了卓越學校領導本質的脈絡效應（effects of context）中領導文獻的「衝突」。這六種校長需要新型態的公共績效責任，且這個研究提供卓越校長的證據是「回應情境但不依賴情境」。在貧窮地區之校長似乎比那些優勢學區的校長展現出某些品質、策略與技能的綜合能力，使他們扮演更重要的角色（Day; Giles et al.，本書中）。在所有的國家案例研究顯示出，不同的領導策略在不同情境中是有效的。此外，校長在工作情境中的意圖與他們付諸行動的信念、價值與願景的方式，將會造成成功與失敗之間的差異。

勇氣或英雄主義？

這些研究中的所有校長是「英雄」，但這不是指傳統的定義。此研究

中，所有國家的校長都運用個人風格結合；有關情境、文化、信念之策略
（例如，卓越的校長是一個許多人與行動者互動溝通的過程）；有察覺真
正壓力的勇氣（例如，高風險績效責任）。例如，個案研究清楚地顯示，
澳洲、加拿大、英國與美國的校長比丹麥、挪威與瑞典的校長更容易受到
來自政府長期的外在壓力。近來，雖然結果導向的課程與其他科層體制的
績效責任日益增加（如國家測驗與廣大民眾對測驗結果的要求），但因尚
無相同標準的參照點（如國家測驗、學校外部的監督、每年學校的改進計
畫、所有教職員績效管理計畫），所以，在堅持道德的意圖上可能需要有
很大的勇氣，且在教育上不僅強調是個人的，且是功能的。我們可以辯稱，
學校與地方社區、父母、教師與學生的關係將更為複雜，對這些國家的校
長來說，要維持一種支持熱情的承諾也將會更困難。因此，當勇氣是所有
國家之間卓越的校長之特徵時，由於它必須藉由所有參與變革的人而來，
因此，勇氣也是高風險績效責任中的一項基本特質。

　　因此，消除兩種迷思是重要的：(1)成為一位「英雄的」或「有魅力的」
校長是必然的好或壞，因為校長離職時它將會消失；(2)除非校長能承諾在
做決定的過程中，對所有教職員做分佈式的領導與合作管理，否則他們不
會成功。這些國家卓越校長領導的個案，解釋兩種類型的校長都能獲得支
持以致卓越。重要的問題是，「魅力」、「分佈式領導」、「合作管理」如
何被運用，要達到什麼目的。實際上，這些校長達成目標的策略，反映出
領導與管理的「風格」或「類型」，結合個人與功能的兩種層面，對情境
回應但不依賴的方式。這是一種不證自明的真理。除非能把情境考慮進去，
否則卓越如何能夠達成？卓越的策略有必要以不同的方法被應用到「失敗」
的學校，而非僅是應用到「順利發展」的學校。同樣的，在經濟上受到挑
戰的學校中（澳洲、加拿大、英國及美國），由於情境上的不穩定而帶來
的改進是有可能發生的。這將以不同項目影響到校長與教職員，這些可由
每個國家的個案研究中獲得到證明。例如，北歐半島國家的校長彰顯公民

優先權（prioritize citizenship）與社會關係；反之，在美國、加拿大、澳洲、中國與英國，則是彰顯教學的（教導的與學習的）、測驗結果爲導向的教學。無論如何，不論是前者或後者強調的重點，對所有校長來說都是重要的。無論何時與何地，自己或他人都要強調相關情境的重要性。

相似性

持續熱情的承諾與個人的績效責任

迄今，在學校效能與領導文獻上，總體說來，不是強調策略的理性管理與領導方法的應用，就是強調情緒理解及人際品質與技能的水準。例如，儘管有效能的學校研究中已經證實，有效能的校長是有強烈企圖心、堅強的、堅持不懈與成就導向的（Sammons, Hillman, & Mortimore, 1995），但這些承諾的種類可能無法完全捕捉個案校長「認知的彈性」（Leithwood, 2005）與「支持熱情的承諾」（Day, 2005）。澳洲的研究發現，十四位校長在誠實、同理與承諾等層面有「顯著共同的特徵」，Gurr 等人稱之爲「與生俱來的美德與熱情」。在中國，有兩位校長讓學校「恢復生命力」：一個個案（潘校長）是透過與現有的教職員，運用耐心，循序漸進地建構成功；另一個個案（羅校長）是透過聘用能超越傳統學術課程、展現高標準熱情的新教師。

熱情（passion）在牛津字典中的定義是：「任何能被強烈影響或驅動的感覺」。這是驅力（driver），一種從情緒優勢散發（emanate）的動機力量。人們對於事物、議題、原因與人是熱情的，熱情產生能量、決心、信念、承諾，甚至著迷。熱情不是奢侈品、裝飾，或只是少數校長擁有的特質。對支持卓越的校長來說，熱情只是基本的要素。通常驅動熱情的感覺是無意識的；控制命令的背後與校長幻想計畫展現的專業平靜是：

> 深層的、潛在性爆發的熱情，產生絕望的情緒、興高采烈、憤怒和快樂通常不會引起大眾的共鳴。（Nias, 1996, p. 226）

本書研究個案中，卓越校長的熱情是顯而易見的，他們的表達是透過對人與對績效的熱情，也透過有原則的領導及價值領導的策略（Day et al., 2000）。就像有效能的老師一般，這些校長對學校有熱情，對學生的熱心，且他們擁有熱情的信念，相信他們的領導方式會對教職員、學生、父母與社區帶來不同；領導不是一時的，且不是幾日、幾週、幾個月的時間，甚至往後每年都如此。熱情是對於成就、關懷、合作，與所有層面利害關係人的溝通、承諾、信任、包容性與勇氣的熱心，是高效能的關鍵特徵。如同本書所報導的全部個案，他們的熱情可以透過勇敢地堅持學校的願景「挺起胸膛來戰鬥」（雖然在這些學校中，願景是共享的，但是由校長一開始來草擬建構的）。誠如一位澳洲老師所言：「你需要有一位熱情的人來負責。」

熱情也與公平、理解，及有效展現在每日社會互動中的特質有關——傾聽教職員與學生所說的，形成親密而非疏遠的關係，擁有風趣及幽默感，鼓勵教職員以不同的方式學習，體驗學習的樂趣，鼓勵所有的人學習同僚責任相互承擔，維持有組織的學校與教室環境，擁有工作上淵博的知識，創造教職員與學生兩者皆能努力於學習的環境，且促使他們產生樂於學習的動機。

> 參與我們學校的發展過程真是令人興奮的一件事。（挪威老師，106 頁）

校長透過不同方式來表達熱情。在潘校長的個案中，他長期的熱情信念，是支持長期服務但變革有困難教師身上；相反的，「有魅力的」丹麥

校長，能「握有子彈」但不隨意發射。在挪威是由「團隊爲中心領導」所主宰，儘管中國個案有明顯「由上而下」的管理本質，像其他校長們一般，他們持續的與利害關係人致力於「非強制的理性溝通」（non-coercive rational communication），並承認這種溝通模式對成功的學習與成就文化的發展至關重要。也因爲擁有熱情，所有領導者都信賴教師。

如果沒有明確地描述這些校長要選擇抗拒「組織的專業主義」（organizational professionalism）與支持「職業的專業主義」（occupational professionalism），則隱含信賴的運用（Evetts, 2005）。前者與 Weber 的組織模型相關，是運用控制的論述，伴隨著權威、決定、管理主義，與標準化程序等階層結構。後者涉及 Durkheim 的視職業模型爲道德社群，論述是建構在專業團體之內，有協作式的權力（collegial authority）的意味，有同僚的威權、工作的自由決定權（discretion）及職業的控制，以及來自顧客對於執業者的信任。

Sinclair（1995）區別五種不同績效責任類型之間的差異，也有助於解釋校長在面臨外部變革情境，以及緊密符應熱情與個人間人格特質之重要性。這五種績效責任是政治的、大眾的、管理的、專業與個人的績效責任。最後一種個人績效責任，對人來說是「神聖的」（sacred）價值陳述。Moller指出它的涵意是：

> 忠誠（fidelity）是基本價值中的個人良心，例如，尊重人性的
> 尊嚴與扮演影響他人生活所承擔的責任。（2004, p. 91）

這些校長落實了個人績效責任，而不是爲了「訓練與征服」之意圖，而避開或利用績效之形式（Boler, 1999, p. xxiv）。這些可以在全部個案研究中獲得印證，尤其是英國、加拿大、澳洲、美國等國家中，所謂工具性主義者（instrumentalist）的革新中，潛在威脅到了教育的個人功能，以及在與

其他國家相較之下，政治及管理的高度績效要求。在丹麥、瑞典與挪威，學校校長也會在來自不同利害關係人的績效責任衝突間，遭遇「池魚之殃」，雖然個體間的衝突強度並不同。他們被預期的是「新穎的觀念、強勢的作風、能見度高」，此種要求與理想中意欲將機構關係間的宰制，降至最小的企圖產生了衝突。有一種很顯而易見的衝突產生於以市場為導向，與長久以來珍視民主教育價值，如民主的領導方式間（Möller et al., p. 73）如同加拿大的個案（包括英國與澳洲），瑞典、丹麥與挪威等國強調學生的學習與成就是透過團隊與完整的學校改進計畫。然而，伴隨而來的是學校明確清楚的表達且認同的價值：關懷、尊重，以及「為他感到對的事情而奮鬥」的熱情（對照英國、澳洲、挪威與美國的個案）。

堅持道德目的：管理壓力與困境

本書的個案研究雖然受限於時間，但研究捕捉到連續性的關鍵，進而解釋價值與信念間的關係，其導致卓越校長所做的決定。短期看來，捕捉到了政策情境對他們的影響性，以及校長運用他們的影響力，試圖長期影響社區的事物。這種影響力致使他們身處壓力中，仍致力於管理壓力、衝突與困境，以確保達成核心的道德目的。

在所有個案中，我們發現一個共通議題，那就是校長對於內部與外部的壓力與困境等層面的不同管理能力。困境被定義為「在更大或更廣泛程度相互排他的」行動課題中的選擇。壓力（tension）則被界定為領導者在某些沒有相互排他的情境中所體驗的特定壓力（Day, p. 62）。

在挪威，校長於學校中處理不同的衝突或爭論，有非常多樣化的型態，「不會有太大的不適感」。換句話說，因為他們充滿自信，並因為自信受到學校文化的支持。學校文化透過共享價值，且規律的互動，使校長能處理內在的衝突，並協助他人管理外部的績效責任需求，這些績效責任壓力對某些情境來說，會使目前的價值與實踐互解。

對這些校長來說，教育基本上是一個道德的事業，學生應有的權利被良善地教導，學習與達成最佳的能力是學校的核心。他們著重與強調的議題，與管理內在、外在的壓力和兩難困境的方式，經常比他們國家的政策制定者來得更開闊與長遠性。雖然後者未曾被忽視，但它們通常是經由調適而不是被允許成為單一的強調點。因此，對這些校長來說，道德的目的包含了責任的接受，將實施績效導向的管理，作為一般社會需求的代表（如英國的案例），同時也接受質疑與批判的責任；對所有父母以及學生執行關照到學生全部（物質的、認知的、感情的、行為的與心靈的／人性的）發展的教育；堅信（assert）他們經由提供全部人民教育機會，不論其種族、區域、宗教、性別與障礙（disability）（公平、關心與社會正義）為何，以達到社會福祉，提升民主的長期責任。這些是他們對於領導的認知與扮演角色（互動與溝通）的整合構成要素。

本書所有的個案，似乎證明了教師本身能理解他們的校長必須綜合外界對學業的推動，與內部對社會目標的渴望等不同角色。對他們來說，最低限度是積極地致力於對話，以便能清楚地表達這些過程中，對他們的工作所能提供的支持與回饋。如丹麥、挪威、瑞典、澳洲、英國與美國等國的分佈式領導與學生參與（雖然有不同的強度）是關鍵特色：「每個人的意見都是重要的」，高信賴水準透過分權式領導在教師間運作著，校長能即知即行，在學校中有高能見度。透過分佈式領導，教師之間有很高的信賴。然而，所有國家中，在面臨社會經濟嚴峻挑戰的學校中，要強調與外部機構及地方社區的緊密合作，並與父母建立信賴關係。瑞典的個案闡述了校長在學校文化與結構的長期影響，他們的信念、價值與當代重視績效責任的政策立場是一致的。

以他人為中心及聚焦於學習

校長內隱的信念與實踐——通常在領導文獻中較少談及，是一種高自

尊心與內控信念，此與道德意圖做連結，亦即對情境的知覺以及對學習與成就的一份熱情，提供了卓越校長足夠的能力，以支持他對於學校、社區的動機與承諾，也使他們在學校的經營方向與管理中做出決定。這些執行公平概念的個人承諾，在澳洲的個案，我們稱之為「與生俱來的美德」與視他人為中心，支持並達成本書中所研究的卓越領導：

> 這是最有效地運用你的教職員，理解他們如何行動，形成支持的力量，及在適當的時間表現適當的領導行為。就是這麼簡單……判斷同情與了解同仁們在這兒所面對的壓力。他們如何需要以不同的方法來支持，也同時探索如何以不同的方法支持社區。

這些校長卓越的理由是，他們了解威權與民主對話間的互動，所有利害關係人積極參與之間的本質。他們也了解變革的目的是使美好成為可能，領導所運用的方法不僅依賴渴望與信念，同時也依賴政策、組織與個人的專業及環境。他們為創造新的工作途徑運用教職員集體（共同）的信念，並沒有與現存的價值妥協——無論是否透過正式或非正式的對話（互動與溝通）與擴大參與（如丹麥、挪威）；正式計畫架構的介紹（中國）；或分權式領導，建構個人的能力（如瑞典與澳洲）。

校長也了解，成功的變革要有參與成員對於變革的決定權，且變革要有強烈與支持的情緒，而且需要理智的承諾。雖然這些在所有個案中是隱而未現的，但透過來自美國、英國與澳洲等國的個案中卻可清楚看出——或許是因為這些國家的學校，經歷了權力下放，實施以考試結果為導向的文化。這三套個案研究就像其他國家一樣，解釋校長為長期變革所做的努力，首先是進行分析、理解，然後提出面對變革關鍵的個人、組織與管理的障礙，但通常問題的核心是學生的學習。

　　學校必須展示成果，但等第與成績是一個不可信賴的指標，學
生必須真正覺察到他們已經學到東西。

　　公平與社會正義的問題積極被討論，也被校長運用到整個學校。雖然
人與環境是理解學校校長、如何達成成功目標之關鍵變項；我們可以很清
楚地在本研究的所有個案中得知，在人與環境的相互影響下，人才是關鍵
的變項。然而，我們注意到一點，就是校長鼓勵不能適應變革的教職員離
開現職轉到其他學校發展（改變情境）。

促使感性與理性的投入

　　感性在領導上是許多論述的主題，特別是最近幾年來。如同學校績效
（performativity）（Lyotard, 1984）已經把焦點放在學生測驗成就上，這種
成就被視為個人與學校有價值的產出，及控制與判斷的工具，所以，為了
使學校領導人能夠在情緒的願景內運用情緒的理解能力，學校及社區良善
的社會與認知的本質必須得以滋長。Blackmore 提到，在經濟理性主義的時
代，校長與老師之間的信任受到危害，對懷疑、憂慮、恐懼讓步，造成信
賴的缺乏（2004, p. 451）。Blackmore 聲稱，在快速與激烈變革的時代，領
導已經變成「更偏重於概念、人與情緒的管理」，同時，「教育的政策、價
值與情緒是糾纏在一起的」。理性與情緒是清楚的概念，但不是兩極化的
對立（Harris, 2004）。

　　我們希望每位教師對學校的目標發展一種情緒的連結。我們的
策略規畫代表了我們最根本的教育哲學。（挪威校長，103 頁）

　　在變革與挑戰的時代中，卓越的校長領導很清楚校長要超越技術理性
的方案。領導是一種要了解感性的感性實踐（Denzin, 1984），而且，改革

策略通常在執行者身上都會導致壓力、受傷、憤怒與挫折（Dinham & Scott, 1997; Troman & Woods, 2000; Kelchtermans, 1996; Roulston, Darby, & Owens, 2003; Sutton, 2002）。情緒的投入是卓越領導關鍵之特色，就像 Hargreaves 提到：

> 情緒變革的倡議不僅影響教師的知識、技能與問題解決能力，也影響整個構成學校工作內涵重要與有意義的關係網絡。（1998, p. 3）

他們也影響自尊、動機、承諾與效能（Day et al., 2005）。這些校長可能出自本能地認為，經常性的冷淡、忽視或拒絕他們的感覺，以及對教師、父母與小孩感覺的話，將對他們的目的及實務帶來功能障礙。這使得他們致力於定期與所有團體對話。這些卓越的校長似乎準備好在一位英國校長稱之為「可怕的」（horrendous）工時的環境中工作（意指工作超時，責任繁重）。他們有不強求教職員去做連自己都不準備做的事情的好名聲：

> 甚至於放學以後，目光還是專注於學校之事。他以身作則的領導方式得到大家的信任。（英國，89 頁）

一位加拿大校長採用的方法，是「包括分享中餐或其他例行工作，一有機會就跟學生及老師互動」（173 頁）。澳洲的學校校長強調判斷、同情與了解同仁們在這兒所面對的壓力；在瑞典，總是「校長很容易被成員和學生所看到」（130 頁）；在丹麥，保證「關心與注意每個小孩子」；美國與其他國家一樣，校長不僅要樂意積極地與教職員、學生與社區一起工作，同時要靠他們相互關懷的關係。透過這位校長的聲明，可以作為這種情況的例示：「家庭才是你們第一要務，這份工作從來就不是……」（美國，

216 頁）。

在這許多校長中，比較明顯的是，他們的高能量讓他們可以在「可怕的工時」中工作，但他們不能因為太累而不撥一點時間與家人相處。我們在澳洲個案中的校長就是典型的例子。它說明了一個事實，雖然某些校長工作時間很長，仍保有與家人相處的時間——可以在下午六點半回到家與家人相處（如澳洲個案中的 A 校長）。

一位澳洲的教師總結他們校長情緒投入的效應：

> 文化是經由你被對待的方式而生成……如果你的領導者是諮詢式的，而且他們能照顧你，也願意傾聽你的聲音……一切便會水到渠成。

Beatty 的建議幾乎沒有例外：「學校領導情緒的問題只有在教師的動機、壓力與工作倦怠時才會被考慮」，同時，它們「已經被主流教育行政論述邊緣化」（2001）。在有關 Beatty 重新安置（reposition）情緒和認同的研究工作之數量逐漸成長，我們發現兩個重要主題是校長及其工作理解的核心。它不僅是學校與校長效能更正的機制模式，因此，此種研究之建議是，有需要在情緒動力的理解與表達之內，找出功能與個人的範圍。如同 Beatty 的理由：

> 生存在相同的地方與時間是不夠的。為了功能關係的存在運作，必須有……情緒的理解。（Beatty, 2001）

情緒對學校的生活、對人群關係，與對推理及做決定的過程，是不可或缺的，無論是在教室、教師研究室或團隊會議上。甚至對自我與他人感受如何表達的理解與管理亦是重要的：

當意識是可利用時，情緒甚至可以發揮最大的影響力，個人可以進行反省與計畫。他們有控制情緒專制的方法：它被稱為理性。當然，諷刺的是，理性的能量仍需要情緒，這個意涵顯示理性的控制動力通常是溫和的。（Damasio, 2000, p. 58）

有許多校長支持情緒投入的個案。在澳洲的某些學校，變革不倉促，更重要的是，經過一段時間深思熟慮的過程才會啟動變革機制。在維多利亞省學校的校長是「設立『高標準』且視『障礙』為『挑戰』……沒有人會滿足於現狀」（58 頁）。在瑞典，有一位校長已經學到「每一件事須花一段長久的時間」（133 頁）；而一位中國學校的校長提到「知悉事情的改進是需要時間的」。在丹麥，校長相信需要在持久奮鬥中達成他們願景的成就。在所有的個案中，校長能致力與他們的教職員及校外的社區利害關係人密切合作。個案研究中充滿著許多例子：

那時沒有其他的辦法，能做的就只有動員。我們召開公開的會議，並邀請了婦女組織、運動團體組織等等。我（校長）代表學校以行動主義的精神積極參與。如果你想在地方社區中留住學校，他們必須積極參與，為學校而戰。（挪威）

當其他校長選擇放棄時，他維持對課程的認知與興趣……他能意識到發生了什麼事，並以熱情的態度來談論課程。（澳洲）

他樂於在校園中露臉，能處理問題，不像一般的校長，也會對每一個人打招呼……常出現在教職員與學生的面前。（瑞典）

親近那些失去熱情的學生。（中國）

為他覺得正確的事情而奮鬥……夜以繼日的工作……非常積極地與外部利害關係人互動。（丹麥）

在推動新方案的倡議時，校長以不同的方法與他們的教職員合作學習：班級教學或是個別令人頭疼的學生；為父母提供一套有助於支持小孩在家學習的方案，這種方案能克服在家學習產生的隱藏壓力。（美國）

家長先前根本不被允許進入校園……現在他們來了，並在辦公室提供協助的工作……使用教師辦公室。他們被視為夥伴。（英國）

在管理情緒中保有對壓力的意識知覺，是卓越校長領導的關鍵特質，也是他們成功的關鍵部分。在不同的方法中，每一種個案皆闡明了他們情緒智商的運用（Goleman, 1995）。他們認為，學校中所有個體情緒與認知的健康，是建立與支持組織健康的重要因素；根據他們所理解的個人歷史軌跡、學校文化與外部政策，都會積極及消極地影響情緒的愉悅，而這部分也會與動機、承諾、工作滿意，以及最終以專業分子來看的功能性與個人的績效有關。依此定義，卓越的校長，是那些能夠提升發展與變革的人。卓越的定理是他們能夠對自己，以及對那些共同在社會群體及系統中建構學校社群的人們，產生了解、管理，以及滋養情緒上的理解。長久以來，領導文獻總體說來，把焦點放在描述發展與變革的理性模式的本質紮根上（Hallinger & Heck, 1996）。情緒的部分已經被遺忘忽視（Fineman, 1993）。我們的研究建議，透過對於卓越領導議題中，有關情緒的理解，賦予更正式的認可是有必要的。

強調個人與職務的關係

最重要的是，本研究中的校長能成功地達成目標，是因為他能進入這兩種關係的世界——個人與功能的：

⑴功能的關係，本質上是工具性的。

⑵個人的關係，除了使我們成為我們自己以外，沒有其他的目的。
（Fielding, 2001, p. 11）

這種描述乃是植基於蘇格蘭哲學家 Macmurray 的思想，Fielding 透過這兩種關係建構了教育目的強有力的討論。這兩者關係皆屬必需，但對於Fielding 而言，以及對於本研究中卓越的校長，其中個人的關係是比較重要的：

> 在 Macmurray 的觀點中，功能上的意義依存在個人之上，不是反之亦然。功能性的生活是為了個人的生活：經濟效率的達成若是以個人的生活為代價，這是自我詛咒（self-condemned）的行為，最終會導致自我的挫敗。（Fielding, 2001, p. 12）

Fielding 建議不要把學校視為「高績效的組織」，反而要視它們為「以人為中心的」（2001, p. 12），且「爭論點的界線在於，是否要徹底打破來自於仍舊占優勢的⋯⋯學校效能的派典」（2001, p. 12），這些反映在本研究中校長表達他們的意圖，及其他人實踐其他經驗的方法中。儘管不管各國績效文化的階段或範圍，但在這些個案中，值得注意的是，在有來自外在對績效責任的強烈要求下，有更多的校長會以堅定、表達式和溝通他們的價值，展現了更強的勇氣。並不是說，他們可以忽視功能性的關係，而是他們要堅持個人的重要性。如 Fielding 所提到的：

> 對 Macmurray 而言，功能性與個人的兩者互相依賴是不可避免

且值得做的。功能性的關係提供具體、工具性的方法，使個人得以表達自我……（Fielding, 2003, p. 3）

他繼續提出建議：「不僅功能性的關係是為了個人，且個人目標的達成是透過功能性的關係，然而，個人的關係對功能性的影響是改革的，對個人的關係來說，功能性也必須是表達式的」（2003, p. 5）；他同時建議四種學校類型，如表 11.2 所示。

這是有用且具啟發性的，以 ISSPP 方案及本書研究樣本的個案報告內容來看，有助於解釋卓越校長的獨到特徵（可能跟其他大部分的人主要追求的「效率」、「維持現狀」或「有效的」學校不同）。

Fielding 在以人為中心導向領導的特質上，顯著地類似於我們實證的資料：包容性社群的建立、強調人際關係與關懷倫理、透過學校的專業文化進行共享意義與身分的創造、教職員發展方案與教學的約定、鼓勵對話的學習與評量、個人的論述、學習的互惠、對學習鼓勵的新取向、永不停止地對當代領導與管理加以理解。

表 11.2　學校的組織與社區導向

學校是非個人的組織	學校是表達感情的組織	學校是高績效學習的組織	學校是以人為中心的組織
功能性的關係將個人邊緣化	個人的關係將功能邊緣化	個人的關係是為了功能性的關係的運用	功能性的關係是為了個人的表達
機械的組織	情感性的社群	學習的組織	學習的社群
社群是不重要的或是毀滅性的組織目標	社群幾乎沒有組織的因果或要求	社群是達成組織目標有用的工具	組織存在的目的是提升社群
效率	保持現狀	感情的	有道德的及成功的教導

資料來源：Fielding, 2003, p. 6.

結論

　　從不同國家選擇卓越校長的準則，使得發現每一個國家的每一個卓越校長的工作內涵之關鍵要素成為可能。這使我們得以應驗這些領導類型的不同處與相似處，以及它們運作下個人、專業、地方性與全國性的情境。這個研究階段有三個限制：(1)所有「卓越」形式的定義是呈現在利害關係人經驗描述的基礎上。這些觀點的三角測量提供了一些關於領導的條件、情境、性質、行動與結果集體的有力證據。然而，在校長工作內涵的觀察期間，已經超過了我們所定的最大觀察時間，超過的幾年時間，對我們的知識增加不可測量的風險。學校是一個動態的組織，且其變革方式通常難以被預測；我們研究所得的資料僅能提供「快照式」的延伸功能（簡要而無整體與整全的資料）。(2)我們無法呈現校長分析事情之歷程。(3)我們無法考慮到每一位校長獨特的專業經歷；且我們再次遇到他們和他們社群的成員時，他們和他們社群的成員已處於不同的發展階段。因此，在大多數的情況下（丹麥與挪威是例外的情形，因為他們實施真實觀察的時間受到相當的限制，所以貢獻不多），我們必須謹慎看待我們的發現。

　　然而，此研究創新的設計，使我們能夠闡釋卓越校長生命與工作內涵兩種重要的觀點，同時也提供了新的理解力與洞察力。首先，校長在他們工作早期的「第一步」，特別建立能夠成為長久發展的「基準點／指標」或「跳板／出發點」。在美國個案研究學校中的安全、保險與秩序的建立，特別有助於這些論點的解釋。每個國家之內及跨國學校所運用的早期策略與兩種層面有關：一種是對新校長的需求分析，他們擁有的領導與管理風格；另一種是他們面臨情況時，採取回應快或慢、漸進式或是激進式的決斷力。然而，當我們分析每個國家的學校之內或校際之間，這些價值與長久的策略時，看到了令人吃驚的相似性，不管是風格或情境。這部分的分析使研究者達成了是什麼使得校長卓越，以及如何維持他們卓越的實證結論。

這些校長們自身便是終身學習者，認為領導與管理的成功是相對的，卓越領導有可能未完全被達成，因為情境都在改變，而且創新不見得受到教職員歡迎（例如挪威學校的資訊溝通科技），也因此校長們總是會努力去改進。我們所有的資料指出卓越的校長是：

1. 強調功能與個人的雙重層面，為了成員的利益結合學業成就與社會目標的追求。

2. 在管理壓力與兩難困境時，堅持並明確表達道德的意圖，這些表達是透過建構個人與集體的認同。為達成此目的，必須要有強烈的認同感與此隱含所謂的自我認知——「人們意識到他們身分認同上不同觀點的程度，他們自我知覺的程度能內在地統整，並與其他人感知他們的方法一致」（Hall, 2004, p. 154, in Gronn & Lacey, 2004）。

3. 保有一個充滿個人績效責任情境的承諾熱情。

4. 非常了解與鑑賞情緒理解與投入的重要性。

5. 重新校正情境的條件與限制，以便運用適當的變革策略為學校的改進創造必要的條件；這種不同的條件與限制端視內在與外在的情境而有所不同；變革的不同頻率視內在與外在的情境而有所不同。

6. 在社區中優先給予真實的關懷，並建構與支持一個專業的信任與互相的尊敬，例如分權式領導、合作的結構。

他們也指出：

1. 卓越是相對的，有賴於學校的結構、文化（社會動力）、社會經濟環境、校長、教職員與學生的信念與生命史。

2. 卓越的校長利用外在的變革，作為提升教師與學生的學習與成就的期望，同時達到外在績效責任的標準。

3. 卓越的校長採取不同但合宜的持續性專業發展。例如，減少不公開的資訊、楷模、良師益友。

4. 核心實務的展現與他們在時間的推移中，使其相互關聯的方式，既

不是線性的，也沒有公式可求。

本研究的八個跨國（國際）個案的學校卓越的領導，似乎要求依不同環境差別性，呈現與運用這些研究發現，類似的發現可能會形成原則與實踐。

這些遠超過典型領導功能的描述是必要的，但對卓越學校的情境來說不是充分的條件，例如，設定方向、發展人才、重新設計組織（Leithwood & Riehl, 2003）。它們包括：

1. 聚焦於社會與學業的兩層面目標。
2. 改變結構與文化以便開放學校給地區社群參與。
3. 在個人、社會與政策承繼的情境中，了解並解決固有的壓力與兩難困境。
4. 有回應情境脈絡的能力，但是不依賴它們。

許多學校很有可能教職員可以看到這些信念、性質與策略的結合，它們代表民主的原則與傳統形式職務權威不同程度運用的結合。所有國家的所有校長會以某些方法，要求教職員對學校發展的共同願景，做出全然的承諾，校長將之視爲他們傳承與向前進的責任。例如，丹麥校長們執行的是「教學絕對論」（pedagogical absolutism），然而，以透過團隊會議的分權式領導來看，卻是「民主的性格」（democratic disposition）（p. 107）。所有國家的所有校長皆有其目標，在做決定時，必須建立在教職員參與共識上。雖然某些人可能比其他人更接近達成的目標，但所有的人皆能達成成功的目標。

在這些卓越校長的研究資料中，很清楚地展示出其自身以及學校的卓越，是透過專業信念與個人特性的結合運用，並運用一些補救與增強的策略。

這個訊息可以提供給校長自己，也提供給那些規畫學校改進政策的人，並提供給那些招募、選擇與訓練的人。持續參與本計畫的學者希望，所有校長呈現出所涉及的議題，及卓越的校長領導與管理學校的方法；且在未來的專業發展上，他們將發現支持與挑戰兩種力量。對這些政策制定者、

家長與校外教育人員而言，我們希望這些訊息將同樣的明確：在變革時代中的領導，是認知與情緒的挑戰及兩者的綜合影響。儲備校長（aspirant principals）的招募、選用、教育與訓練等事項，以及校長自身，都必須把這些當作焦點，結合現有的研究（表 11.1），了解、取得以及應用五種建構與支持卓越校長的領導特質，以作為建構與保有卓越校長領導的過程。

參考文獻

Beatty, B. (2001, April). *The emotional aspects of teachers' encounters with administrators.* Paper presented at the annual meeting of the American Educational Research Association, Seattle, WA.

Blackmore, J. (2004). Quality assurance rather than quality improvement in higher education? *British Journal of Sociology of Education, 25*(3), 383–394.

Boler, M. (1999). *Feeling power: Emotions and education.* New York: Routledge.

Damasio, A. R. (2000). *The feeling of what happens: Body and emotion in the making of consciousness.* New York: Harcourt Brace.

Day, C., Harris, A., Hadfield, M., Tolley, H., & Beresford, J. (2000). *Leading schools in times of change.* Buckingham, UK: Open University Press.

Day, C. (2005). Sustaining success in challenging contexts: Leadership in English Schools. *Journal of Educational Administration, 43*(6). 573–583.

Denzin, N. (1984). *On understanding emotion.* San Francisco: Jossey-Bass.

Dinham, C., & Scott, C. (1997). *The teacher 2000 project: A study of teacher motivation and health.* Perth: University of Western Sydney, Nepean.

Evetts, J. (2005, October). *The management of professionalism: A contemporary paradox.* Paper presented to ESRC Seminar Series, Changing Teaching Roles, Identities and Professionalism, Kings College, London.

Fielding, M. (2001). *Taking education really seriously: Four years hard labour.* London: Routledge.

Fielding, M. (2003). *Working the soul: The earnest betrayal of high performance schooling. Challenging the orthodoxy of school leadership.* Falmer, UK: University of Sussex.

Fineman, S. (1993). (Ed.). *Emotions in organisations.* London: Sage Publications Ltd.

Goleman, D. (1995). *Emotional intelligence.* New York: Bantam Books.

Gronn, P., & Lacey, K. (2004). Positioning oneself for leadership: Feelings of vulnerability among aspirant school principals.*School Leadership and Management, 24*(4), 405–424.

Hall, D. T. (2004). Self-awareness, identity and leader development. In D. V. Day, S. J. Zaccaro, & S. M. Halpin (Eds.),*Leaders development for transforming organisations: growing leaders for tomorrow* (pp. 153–176). Mahway, NH: Lawrence Erlbaum.

Hallinger, P., & Heck, R. (1996). Reassessing the principal's role in school effectiveness: A review of empirical research, 1980–1995. *Educational Administration Quarterly, 32*(1), 5–44.

Harris, A. (2004). (Ed.). School leadership and school improvement: A simple and complex relationship. *School Leadership & Management, 24*(1), 3–5.

Hargreaves, A. (1998). The emotions of teaching and educational change. In A. Hargreaves, A. Lieberman, M. Fullan, & D. Hopkins (Eds.), *International handbook of educational change* (pp. 558–575). Dordrecht/Boston/London: Kluwer.

Kelchtermans, G. (1996). Teacher vulnerability: Understanding its moral and political roots. *Cambridge Journal of Education, 26*(3), 307–324.

Leithwood, K. (2005). Understanding successful principal leadership: Progress on a broken front *Journal of Educational Administration, 43*(6). 619–629.

Leithwood, K., & Riehl, C. (2003). *What we know about successful school leadership.* Nottingham, UK: National College for School Leadership.

Lyotard, J. F. (1984). *The postmodern condition: A report on knowledge.* Tr. G. Bennington & B. Massumi. Minneapolis, MN: University of Minnesota Press.

Moller, J. (2004). Old metaphors, new meanings: Being a woman principal. In C. Sugrue (Ed.), *Passionate principalship: Learning from life histories of school leaders.* London: Routledge Falmer.

Nias, J. (1996). Thinking about feeling: The emotions in teaching. *Cambridge Journal of Education, 26*(3), 293–306.

Roulston, K., Darby, A., & Owens A. (2003, April). *Beginning teachers' anger*. Paper presented at the annual meeting of the American Educational Research Association, Chicago, IL.

Sammons, P., Hillman, J., & Mortimore, P. (1995). *Key characteristics of effective schools: A review of school effectiveness*. London: Research for the Office of Standards in Education.

Sinclair, A. (1995). The chameleon of accountability: forms and discourses. *Accounting Organisations and Society, 20*(2–3), 219–237.

Sutton, R. E. (2002, April). *Emotional regulation goals and strategies of teachers*. Paper presented at the annual meeting of the American Education Research Association, New Orleans, LA.

Troman, G. & Woods, P. (2000). Careers under stress: Teacher adaptations at a time of intensive reform. *Journal of Educational Change, 1*(3), 253–275.

我們學到了什麼：
廣義的觀點

Kenneth Leithwood、Christopher Day

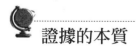 引言

在最後一章（本章），我們重新檢視第一章所表達的主要主題，其綜合了九個章節所描述的證據。在許多案例中，這些新證據證實了早期研究的結果。然而，我們的研究證據同時也顯露出新而深刻的理解。第一章圖1.1概述的架構，所討論的主題就是關於卓越校長領導的實踐，校長對學生學習的影響是間接與溫和的。此外，我們的研究打算澄清跨國文化研究中，卓越學校校長信念與行為的相似與差異，特別是大多數校長如何因應績效責任政策。

證據的本質

第一章結束時，我們討論了質性領導研究的優缺點，我們要問的是：像我們這種計畫的大規模研究，到底能夠看出此種質性研究的限制到何種程度？（例如，在小規模研究中，不太需要作跨研究的協調。）我們回到第一章所確認本研究的五點限制，考慮如何適當地在本書的章節中，以整

體的觀點來看那些已經浮出的限制。

研究成果是否為逐漸累積形成？質性領導研究經常是由獨特觀點所引導的一次研究所構成，無法由原來的研究者或其他的研究者在後續的研究中重新加以檢證。在強調研究限制時，本章也提供了進展的跡象。如此的進展似乎是由於每個國家團隊在多元個案研究的發展。因為資料蒐集技術的精煉及提供不間斷的概念，最終產生呈現於本書章節中跨個案的報告。這些章節已經提供一些指引，同時研究者在其他國家開始建構同僚的成果。本章大部分所提供描述之領導實際的類似架構即是一例。

質性研究常被認為是「紮根理論」的發展，從而減輕建構先前證據的壓力。確實，這樣的證據有時會被放在一邊，因為它限制了概念的發展。但在以英文進行的研究，現在至少會有一些關於校長領導關鍵觀點之有用證據，不但是因而且也是果。本章的研究報告是否建立在這個證據上？這部分我們已有所突破。幾個章節初始都有利用其他領域資料所理解之架構與概念（例如，第七章溝通理性的運用）。這對許多已建立的架構領域來說，會產生很重大的優勢，把自我感覺放一邊，理性地採用所提供的不同架構與概念。

質性研究最明顯的限制可能是缺乏外在效度。因此我們的國際研究計畫包含許多個案的理由，就是期待產生有力的內在與外在效度的可能性。我們某些國家團隊所發展的一些案例數量，並不少於量化研究中的樣本數，這在英國團隊最明顯。因此，在國內的研究被抨擊會降低外在效度。然而，一個國家的學校領導，量化研究不盡然可以做得較好。這項國際研究計畫結合大規模量化的證據，已經完整地蒐集在本書中。我們比大多數的其他計畫有更好的立場，去描述跨國的卓越校長領導之共同趨勢。然而，想要達成非常高的代表性與普遍性的層次，仍是不切實際的目標，除非我們很驚訝地發現我們的資料缺乏變異性（variation）。

關鍵的變項是否被適當地操弄？我們不能宣稱在典型質性領導研究的

限制下，我們建立了創新。即使在這種大規模的計畫中有合適的個案數量，但無論如何，仍不允許用傳統量化研究的標準去操作以形成結論。舉例來說，這些篇章真正識別出許多潛在的領導前置因素（potential leadership ante-cedents）與調節因素（moderators）。確實，這些篇章明確地調查這些因素對於領導產生變異的結果。因為個案的數量很多，因此系統性的操作變項是困難的。未來質性的領導研究，將會更積極的抽取校長和學校樣本，把握關鍵變項（如學校層次），而非只是為了舉證差異而採樣。我們第二階段工作的大規模量化研究的類型是比較適合這項任務的。

似乎沒有實際的質性領導研究可以提出所有我們這裡檢視的這種研究限制。然而，本書九個核心章節所載的證據，成功地克服了這些限制。

卓越的校長領導實踐

第一章摘要了卓越領導實踐的證據。我們認為，這個證據對於在這些範疇之內的四種領導實務的大類別，及其他十三種特定的實務，提供了大量的支持。本書大多數的章節發現，卓越校長都致力於這四種實踐的類型，數個章節（第八章與第十章）則是明確地說明他們在這些類別中的發現。

表12.1說明這些實踐（解釋正文）與其他我們呈現的研究（斜體字）。右欄指出每一個實踐章節描述的證據；斜體字部分是新增加的。

在「設定方向」的類別中，這些新增的實踐包括問題解決的描述（從四個國家研究的資料中獲得），以及清楚表達一系列的核心價值（已經在兩個國家研究中確認）。在「發展人才」角色的類別中，我們建議增加信任感的培養，與校長在校內的可見度，以作為卓越校長領導的實踐。建構一個安全無慮的環境被加入卓越領導實踐「重新設計組織」的類別中。同時，在「管理教學方案」部分，我們的證據建議新增推薦積極性的教學法給教師。

表 12.1　成功的領導實踐

成功的領導實踐	國家（本書章次）
設定組織的方向	
建立共同的願景、方向感與清楚的目標	2, 4, 6, 7, 8, 9, 10
設定並持續提升標準與期望	3, 6, 8, 9, 10
分析脈絡與澄清問題；建立改進計畫	3, 5, 8, 9
清楚地表達個人的核心價值觀	3, 10
發展人才	
提供個別的支持與關心	2, 3, 4, 5, 7, 8, 9, 10
提供智性的刺激；建構個人的能力與承諾；挑戰當前的教學實踐	2, 3, 4, 5, 8, 9, 10
建立信賴	2, 3, 4, 5, 6
促進學校廣泛專業的學習	2, 3, 5, 9, 10
塑造價值與實踐	3, 6, 8, 10
大部分的時間在學校可以看見校長	7, 10
重新設計組織	
鼓勵合作決策、團隊工作，與分佈式領導	2, 4, 5, 6, 7, 8, 10
建立支持性的（開放、參與）學校文化	2, 4, 5, 6, 7, 8, 10
協助創造安全無慮的環境	3, 6, 10
創造合作的組織結構和環境	2, 3, 4, 5, 6, 10
與校外利害關係人建立積極性的關係與網絡	3, 4, 6, 8, 10
管理教學方案	
監督進步並確保成員能在實踐中批判反省	2, 5, 6, 8, 9, 10
聘用合適的成員	7, 9, 10
提供適當的資源	3, 5, 8, 9, 10
緩衝學校與班級來自外界的干擾	3, 5, 8, 10
推薦積極性的教學法給教師	3, 9
策略聯盟的建構	
參與政府組織的決策	3, 4, 9
參與專業組織與網絡	3, 4, 7
與社區團體建立聯盟	3, 4, 5, 10
與地區的成員建立良好的工作關係	7

新增重要的核心領導類別，我們稱之為「策略聯盟的建構」（coalition building）。這種歸類反映了 Bennis 的主張，他依據的是有關政治與合作領導的證據。

> 一般說來，策略聯盟的建構是所有領導者必備的能力之一，……真正的領導者（authentic leaders）知道，明確的說，即使他們不四處散播，他們的權力是來自於能為共同的專業募集其他人才。獨行俠將沒有這項權力。（2004, p. 335）

卓越校長主動建構的策略聯盟，需要與學校的外部團體（政府、專業團體、社群團體與地區的職員）做連結。

透過我們的研究獲得相當數量的資料，支持最近認同（表 12.1 中斜體字）之領導實踐，並有類似數量的證據支持原始的領導實踐。但大部分所認同的領導實踐對研究領域來說，並非是新穎的。以前的研究也可以找出支持這些領導實踐的全部。我們的研究建議重新考慮，跨越不同情境的核心領導實踐給領導者。

卓越校長領導的中介因素

截至目前為止，誠如我們多次指出，卓越的校長對學生學習的影響是非直接的。在改進學生的學習上，校長必須運用對其他工作同僚（例如老師）的積極影響力，改進影響學生學習的教室與學校環境。

有相當的證據顯示，教室與學校環境直接影響學生的學習，但比較少為人所知的是，校長要如何成功影響這些情境。提供這部分的證據是本書篇章重要的貢獻之一。在大部分第一章所列出教室層級內的中介變項中，從領導的觀點，中間的章節提供了六項新的證據，包括：

- 工作的時間：這種強勢變項出現在教學效果研究中（Smyth, 1987）。塔斯梅尼亞的卓越校長在有關工作時間的措施，在第二章有所探討。

- 教學品質／教學的氣氛：這種變項已知對學生的學習上有積極的效果（Biddle & Dunkin, 1987）。第三章（新南威爾斯）、第五章（挪威）與第十章（美國）的結果描述卓越校長對於教學品質的作為。

- 課程：概念豐富的課程，對於學生的學習有重要的影響（Borphy，無日期）。第三章（維多利亞省）、第五章（挪威）與第十章（美國）探討卓越校長如何協助學校發展此類課程。

在國家報導中，學校變項被發現是校長影響的中介物，且此證據透過大量先前的證據來支撐，包括：

- 安全與守秩序的氣氛：有效能學校的「創始者」與此相關（Teddlie & Stringfield, 1993），第三章維多利亞省與第十章美國描述了校長的工作如何影響這個變項。

- 教職員參與學校性的決定，是十年來吸引許多研究興趣的變項（例如，Conley, 1991）。第九章探討中國校長的領導，說明了儘管在所謂「威權」（Hofstede, 2001）文化下，此種參與的重要性，以及校長要如何成功地促發它。

- 學校文化：此種中介變項對學生的效果被廣泛報導（Deal, 2005）。本書所有章節在探討校長如何成功發展以合作為基礎的文化，這也是第六章瑞典的核心主題。

- 對教師組織的承諾：卓越校長能成功影響這個變項的是第四章英國、第九章中國、第七章丹麥。依據以前大量的證據顯示，此種被認可的教師承諾對學校效能是極為重要的（Dannetta, 2002）。

簡言之，大多數章節都強調了以前研究所發現的中介變項的重要性。此外，這些章節的證據，透過描述卓越的校長在學校做了什麼，來發覺這

些中介變項，擴展我們的知識。當然，如第一章清楚地說明這些章節中所包括的中介變項，並不是校長關注到的唯一潛在中介變項。

卓越校長領導的調節因素

有九個章節提供六項領導調節因素（leadership moderators）的議題。這些早期調節因素的證據，清楚地描述於第一章。有關學生背景因素之證據，在七分之四個章節中有清楚的描述。在英國（第四章）、丹麥（第七章）、中國（第九章）、澳大利亞（第三章）、美國（第十章）等章節描述學校的位置（例如農村、城市）。美國（第十章）、丹麥（第七章）、中國（第九章）、挪威（第五章）等章節注意學校的規模與相互信任的程度，及領導者與教師間或師生之間所發現的尊重。公立與私立學校在英國（第四章）與維多利亞（第三章）等章節被提出。同時，美國（第十章）、丹麥（第七章）、中國（第九章）、塔斯梅尼亞（第二章）、維多利亞（第三章）與英國（第四章）等章節中，簡要的報導學校階層的調節因素（國小、國中、高中）。

總之，本書的九個章節，有效地注意領導的調節因素，這些調節因素在未來學校領導研究設計中負有相當的責任。在我們的觀點中，校長必須在職場上對這些調節因素的影響保持敏感的態度，開始思索如何在他們的實踐上做些調整，以減少或削弱這些調節對他們的衝擊。特別是，學校的規模與教師的信任，必須透過領導的角色做轉變，潛在地提升他們工作的效能。

卓越校長領導的前置因素

在第一章，我們認為影響校長領導方式及實務作為的因素，是與校長

內在因素及外在環境二者有關的。本書九個章節皆在探討這兩種類型，有時可能是無意，有時則是充滿意圖的。在這些內在因素中，我們的研究發現兩種特質與性格的證據，以及價值與信念。

特質與性格（內在的前置因素）

在第一章，我們得知學校校長領導的研究尚未專注於領導者內在生活之研究，排除了校長的價值與認知過程。然而，我們同時也提出，過去十五年來，在非學校背景的證據指出，注意到領導者性格的重要性（例如，Stogdill, 1948）。本段描述了我們的成果，並簡要地將其與非學校脈絡之情境作比較。本書大部分的章節，如表 12.2 所示，可以填補我們在卓越校長領導上，有關其特質與性格這方面的知識。表 12.2 左欄列出所發現的特質與性格，同時右欄標示報導證據的章節。

從表 12.2 有兩種可能的證據。一種結論是有些特質使校長致力於實踐卓越的領導實務。然而，當校長的同僚判斷他的特質與性格是否吸引人，或是令人滿意時，他們便強烈地解釋其領導是卓越的。無論何者，這些證據強烈地指出，領導者的特質與性格，在領導中都能獨樹一幟。

表 12.2 情感的特質與性格，是運用 Zaccaro（Zaccaro, Kemp, & Bader, 2004）的分類系統所組織的──認知能力、人格、動機與社會評價技能來組織。Zaccaro 及其同僚提出了**認知能力**與卓越領導的強烈持續證據。更高層次的領導以及領導者要對組織更有影響力，這是與高智能、高問題解決技巧與更多領域之特定知識有關。我們的證據顯示，卓越的校長與彈性的認知，還有創造與水平思考能力，是有相關的。這些能力已從非學校領導的研究證據可以證明。例如，Bennis 主張：「當我們談到領導典範時，我們經常討論的是獨特的、創造性的解決問題──對問題的新解決方法。」（2004, p. 334）對學校領導者問題解決之研究也顯示出，在與較不成功之校長比較時，這些特質更彰顯其有著顯著的不同（例如，Leithwood & Steinbach, 1995;

表 12.2　卓越校長領導的特質與性格

特質與性格	國家（本書章次）
認知能力	
彈性的	2
創造性與水平思考	2
人格	
開放性、坦誠	2, 5, 6, 7, 8
自信、內控信念	6, 9
與生俱來的美德	2
以他人為中心	2
對工作的謙卑態度	7
動機	
激勵與願景	2
高度的活力	3, 4
果斷、堅持不懈、勤勉	3, 4, 7
熱情、熱心、強烈訴諸感情的承諾，具備高度動機	2, 3, 4, 5, 9
成就導向：包含自我與他人的成就	3, 5
社會評價技能	
良好的傾聽	2, 5, 6, 7, 8
幽默感	7

Allison, 1996）。

　　表 12.2 是有關卓越校長的五種人格特質。最常被提及的是開放性（openness）與坦誠（frankness）。開放性是五種個性變項的一部分（情緒的穩定性、外向性、開放性、隨和性與嚴謹性），這是過去十年來聚焦於非學校背景領導之人格研究。它對卓越領導的貢獻不但不含糊，而是正面的（Zaccaro, Kemp, & Bader, 2004）。開放性也與參與式的領導風格相關。表12.2 其他人格特質中，自信與內控信念也在更多領導人格的研究中找到支持。

　　動機是領導人格特質的第三種類型。Zaccaro 等人（2004）認為，從非學校的研究發現，領導者在動機上大多有支配、權力、成就、歸屬和責任

的需求。但本書的研究中發現,卓越校長有強烈的成就需求,但支配、權力或歸屬需求則沒有明顯證據。

本書九個章節中的五個受訪者提供的證據認為,卓越的校長在他們的工作中充滿著熱情,強烈訴諸感情的高度承諾與高動機。相對來說,有二或三個國家的章節分別報導指出,校長如果具有高度的活力,則比較可能激勵他人,同時也果斷、堅持與勤勉。這些動機的狀態與 Zaccaro 等人認同的動機狀態中並沒有不一致,儘管對責任的需求與熱情及承諾是低度相關的。

最後一種人格特質是社會評價技能,Marlow 將其定義為:「了解人的感覺、想法與行為的能力,包括了解自己、人際間的情境,在理解後適當的行動。」(1986, p. 52)Zaccaro 等人的研究將這些技能的一些變項與卓越領導作了連結。九分之五的章節認為卓越的校長,是做一個好的傾聽者,有一個提到校長必須具備良好的幽默感,這在某些環境中是良好社會評價技能的象徵(例如,除去衝突或減少緊張的策略)。我們的證據並沒有反映出領導研究所揭露的多種社會評價技能。然而,它吸引我們推論以間接證據為本之卓越校長的社會評價技能。在非學校領導研究涵蓋的社會評價技能,包括自我監督技能,同時還有社會智商和情緒智商。將研究擴大至教育領導者的社會評價技能這種更為複雜的範疇中,似乎是未來研究的一個方向。

價值與信念(內在的前置因素)

在全部九章所報導的證據,亦描述卓越校長最值得注意的價值與信念,這是卓越領導實踐的內在前置因素的另一種類型。表 12.3 的十三項價值與信念,是 Leithwood 和 Steinbach(1995,第八章)早期研究價值在校長問題解決之角色,所歸納成的類別。對他人的尊重(第五章)和快樂——使教師樂於工作的需求(第三、九、十章),被歸類為基本的人性價值。由 Leithwood 和 Steinbach 所做的報告,也提到知識和生存的重要,但我們的研

表 12.3　卓越校長的信念與價值

價值與信念	國家（章節的編號）
基本的人性價值	
對他人的尊重	5
快樂（教師的快樂與感受到工作是有價值的）	3, 9, 10
一般的道德價值	
誠實	2
同理心、關懷	2, 9, 10
寬容不同價值觀	3
公平與社會正義	2, 4, 5, 9
專業價值與信念	
角色責任	3, 4
對學生的意義	
＊學生的最佳利益必須是學校的焦點	3, 5, 9, 10
＊所有的學生能學習、能成功並有學習的權力	2, 3, 4, 5, 9, 10
＊所有孩子都看重、都有未實現的潛能 　對其他人的意義	2, 3, 5, 9, 10
＊所有的利害關係人必須被支持	3
社會與政治的價值與信念	
知識傳播與責任分享	2, 4, 7
所有利害關係人的參與	2, 4, 7, 10
社區共享學校的願景	2, 4
組織承諾	2, 4

究中並未發現證據。在**一般的道德價值與信念**中，同理心與關懷（二、九、十章），以及公平與社會正義（二、四、五、九章），在我們的章節中也是重要的證據。雖然在 Leithwood 和 Steinbach 所提及的價值中，勇氣並沒有被提到，但如果把勇氣亦歸於高績效責任的卓越校長，也是值得肯定的，因為外來要求及壓力不斷，學校教育困難重重，他仍不斷給予教職員鼓舞與打氣。

　　在**專業價值與信念**的範疇中，我們的研究結果與 Leithwood 和 Steinbach

（1995）的結果極為近似。兩個篇章中（第三、四章）說明校長的角色責任。在四到六章中，指出卓越校長關心他們的工作結果，尤其是對於學生部分——學校的重點應該是放在學生的最大利益上（第三、五、九、十章），所有孩子都能學習而且應該要能成功（第二～五、九～十章），以及所有的孩子都擁有潛能（第二、三、五、九、十章）。

有許多證據指出，卓越校長的價值與信念在本質上是**社會性與政治性**的，如同 Leithwood 與 Steinbach 所定義的這些名詞。這些校長關心社區對學校事務的參與，特別是對願景的高度承諾（第二、四章），校長們對這些願景有著高度的承諾，並相信學校人員所擁有能力應該發揮在有益學生之上（第二、四、七章）。許多我們研究的卓越校長在學校決策中，也珍視所有利害關係人的參與（第二、四、七、十章）。

先前非學校的研究建議，當領導者在行動上面臨較少組織與政策的限制時，領導人的價值觀對其行動的影響會明顯增加（Hambrich & Brandon, 1988）。這意味著與中階領導者相比，高階領導者行動上與他們的價值觀更加一致。然而，依據我們卓越校長的證據，他們的行動與信奉的價值之間有非常強烈的相關，同時也被教職員、父母與他人所察覺。這種樂於朝向價值行動一致的工作，可能是區別他們與較不卓越校長的重要特質。它也是現今「真誠」（authentic）領導之特徵（Avolio & Gardner, 2005）。

外在的前置因素

各國都在探討在大眾要求學校績效責任之下，什麼才稱得上是卓越的校長領導。關注學校的績效責任，在三個北歐國家相對為初期（第五、六和七章），但在塔斯梅尼亞、維多利亞省、英國、加拿大和美國（第二、三、四、八和十章）是處於成熟階段。在高度績效責任下，卓越領導者很少會憂慮績效責任所帶來的負面影響。這些校長刻意將政府績效責任的要求作為自己學校的優先事項。美國個案一章也提到，「學校能力的改進階

段」是一種潛在的外在前置因素。

在績效情境中，大部分的卓越校長基於責任，甚而使用外在績效責任要求，作爲克服少數老師長期抗拒變革之工具。但在挪威，最近績效責任政策的發展，爲校長帶來持續性的壓力，因爲挪威的學校及社會，傳統上都贊同教師自主與普遍性的民主價值。

簡言之，在九個章節中，卓越校長的領導無法僅透過他們外顯的行爲而被充分地了解。校長的特質、人格、信念與價值等因素，也是卓越領導行爲的重要動力。此外，校長的許多背景因素也有可能是他們領導實踐的前置因素，這些章節提供了在不同學校及國家文化下，相似的政策脈絡如何影響校長行爲之罕見的合理看法。

從另一個不同的隱喻解釋我們的發現

透過第一章初始的概念架構，我們研究的結果是依據實證資料而來的。這些架構能協助我們有系統地描述跨國校長領導的相同與差異，及其相關議題；它使我們更貼近於我們的證據，我們也認爲必須對讀者再保證，我們聲稱的知識是根植於我們學校樣本中實際所看到與聽到的。

在這結束的段落，我們試圖進一步解釋我們的實證研究結果：我們在錯綜複雜的證據下發掘，尋找可以賦予更多的凝聚力與意義的基本現象。爲了追求更大的發現，我們聚焦於特定卓越校長在學校工作的本質上。現在，我們發現卓越校長，潛在的內在與外在前置因素，已經提供一些卓越校長工作本質的解釋。例如，對他人抱持開放的心態，會傾向於採取合作決策的過程。此外，若抱持孩子有學習的權力及能力的信念，會傾向於對教職員及學生有高表現的期待。

當我們詢問他人如何以我們所描述的性格成爲校長時，我們在過程中尋找解釋，校長首先是選擇成爲一位教師，然後再成爲行政人員。相當多

的證據告訴我們，人們選擇成為一個教師，是因為對孩子的福祉有著強烈的認同。作為一個專業團體的老師，同時也要有高於平均值的情緒智商，這是使用 Goleman 的用語（1998）；他要大多數人相信，如果你要日復一日充滿活力地與多元文化的二十五個七歲孩子們共同進行活動，敏察他人需求與情感是非常重要的。

但是，我們要在這些解釋之外發掘的是，這些實證證據下的深層片段。透過領導者和組織成員的基層隱喻（basic metaphors），我們可以解釋部分卓越校長領導的本質。實際上，這是 Margaret Wheatley 對舊概念賦予新意義，相當吸引人的面向。最近在她的書中《發現我們的路：不確定時代的領導》（*Finding Our Way: Leadership For An Uncertain Time*, 2005）。我們運用Wheatley的概念時，在其他的來源中有很多類似的概念出現，包括如Mintzberg（1973）、Sergiovanni（1994）以及 Bolman 和 Deal（1991）。在Wheatley對組織與領導的解釋中，兩種相互競局的隱喻——「組織即機械」（organizations as machines）與「組織即生命系統」（organizations as living systems），它們的功能與結果是截然不同的。我們所做的卓越校長研究建議將組織視為生命系統，而非機械。

Wheatley 所解釋的「機械」隱喻的觀點，認為組織是某種固定結構的類型，如果它們的功能要能持續運作順暢，則結構的部分組成需要被潤滑。由此觀點，組織需要持續的監控、協調與指揮，這是一個典型的領導者應該的作為。此外，這種隱喻：

> 讓我們相信，我們能忽視人類存在此種深度現實的機械生活。我們忽視人們帶來的心靈問題，及其在工作上的探求；我們忽視人需要愛與認可；我們假裝情緒不是工作生活的一部分。我們也可以喬裝我們沒有家庭，或健康危機，或深層憂慮。在本質上，我們接受人類生命的複雜性，並且遠離它……人可以被視為機器，以相同

的效率與可預測性控制我們的表現。（2005, p. 19）

組織機械的隱喻將家庭的樣貌用於學校，是一種科層體制的說法；實際上，Mintzberg（1973）在他的組織類型學中，包括了「機械式科層制」的概念。舉例來說，此種組織的學校已經被描述成擁有精確與封閉的目標，以及建立在個人成就與競爭基礎上的山頭主義文化（balkanized cultures）。此類型的學校結構是科層組織的，以個人中心的決策大部分是受到理性信念的影響。學校的政策是廣泛的，非常詳細地指定角色與責任。此外，與社區的關係是疏離的，僅有最低限度的回應（Leithwood Aitken, & Jantzi, 2002）。

Wheatley 提到：「在過去幾年，自從不確定性伴隨二十一世紀以來，領導的策略驟變，返回到我們熟悉的命令與控制的領域。」（2005, p. 4）命令與控制開始占有領導取向的一席之地，是受到學校組織即機械隱喻的激勵。這樣的領導增加學校成員工作的確定性（面對政府與大眾，提高學校績效責任的水平）。這意味在學校組織中，教師的動機被視為是透過外在的承諾、積極的獎賞，如金錢與地位等外在的因素，以及如學校再造（re-constitution），與透過測驗成績的排名而來的。

互易的（transactional）、命令與控制式的領導，進一步顯示出對教師是進行嚴密監視的，詳載教師必須使用的最佳教學模式，權威決定教師在教室的時間如何運用，規定冗長的課程標準與期望，要求老師依表操課。教師鮮少有自主能力可以在教室中逾越課程標準的課程，他們的聲音很微弱，學校權威的決定幾乎使教師必須為學生的成就負全部的責任。

一個「生命系統」的隱喻認為組織是一個過程、一種持續的適應，自然與必然的成長與形成，以回應學習與生存的強烈欲望。Wheatley 這樣描述：

組織的過程包含從共享目標意識、交換與創造資訊、持續地學習、專注於努力的結果、相互適應、相互逐步發展、學習發展智慧、堅持清楚的意圖、從所有的導向中做改變而發展的關係。（2005, p. 27）

組織是生命系統的描述，將學校視為近似學習型組織的概念。舉例來說，這類型的學校，有清楚但逐步形成的使命，植基於不斷解決問題的合作文化，無固定架構但依賴任務與情境。這類學校致力於團隊決策與最低限度的政策；政策存在的目的是用來提升學習與避免潛能受到限制。這些學校對於被視為教育合夥人的社區積極回應；這種組織的領導是轉型的，不斷強調自我管理；學校成為學習型組織，促進成員的自尊以及自我實現，假設學習是主動的、有建設性的，目的在形塑社會脈絡下的個人意義（Leithwood, Aitken, & Jantzi, 2002）。

我們的研究結果發現，在高度績效責任下，卓越的校長會努力避免命令與控制的領導類型。縱然在中國上海的兩位校長在命令與控制的文化之中工作，卻常以同情與高度敏察學生與教職員的困境。整體說來，我們研究的卓越校長展現深度的素養，認為組織是有機的生命系統，而不是機器的。因此，從我們的證據推斷，作為一個領導者，他們被要求對同僚提供協助，促使其發現有意義的工作方向，保護他們免受學校外在環境的干擾，培育、注意、刺激與鼓勵他們。如果組織需要潤滑劑，那便是彼此的信任，不要有太多的政策與規章。此外，這些校長在他們的工作上付出相當多的情感，他們不是不在乎、無所謂的功能論者。他們的熱情、熱心、承諾與興奮，每位與之共事的成員都可以感受到。這可能是校長認為學校與他的關係是：家（family）的感覺比生命系統（living system）更接近他們的描述。但它們（家與生命系統）幾乎是同一件事。

簡要說來，Wheatley 有關組織的論點，包含我們研究中大部分卓越校

長在其校內的特定行為。就生命系統的觀點來看，組織不是一個線性，也不是一個單純的過程。這些卓越的校長將深度評鑑 Wheatley 所聲稱：「生命尋找組織，但必須克服混亂才能到達那裡」（2005, p.18）。簡言之，我們研究的卓越校長，他們把學校視為一如 Wheatley 所言的「生命系統」，或是一個「家」，或者可能是「學習組織」，並為他們自己精心設計一個角色來培育這種組織。他們的實際工作中，明顯沒有將學校視為機械般的觀點。這與政策似乎不同。儘管卓越校長對他們及成員的工作有清楚的優先事項，但這些優先事項是被允許在超過時間下逐步完成。此外，卓越校長也高度保護教職員及學生，像父母一樣關懷他們，避免他們受到學校外在及教育勢力的干擾。我們的實證也無法讓我們以組織的隱喻來評論較不卓越的校長。但是我們懷疑他們有著強烈的組織機械隱喻觀點。這在未來的研究，可以進行試驗性的懷疑與解釋。

參考文獻

Allison, D. J. (1996). Problem finding, classification and interpretation: In search of a theory of adminis-
trative problem processing. In K. Leithwood, J. Chapman, D. Corson, P. Hallinger, & A. Hart (Eds.),
International Handbook of Educational Leadership and Administration, Part 2. London, UK: Kluwer
Academic Publishers.

Bennis, W. (2004). The crucibles of authentic leadership. In J. Antonakis, A. Cianciolo, & R. Sternberg
(Eds.), *The nature of leadership* (pp. 331–342). Thousand Oaks, CA: Sage Publications.

Biddle, B. J., & Dunkin, M. J. (1987). Effects of teaching. In M. J. Dunkin (Ed.), *The international
encyclopedia of teaching and teacher education* (pp. 119–124). Oxford: Pergamon Press.

Bolman, L., & Deal, T. (1991). *Reframing organizations*. San Francisco: Jossey-Bass.

Brophy, J. (n.d.). *Teaching: A special report presented by the laboratory for student success*. Philadelphia,
PA: The Mid-Atlantic Regional Educational Laboratory, Temple University.

Conley, S. (1991). Review of research on teacher participation in school decision making. In G. Grant
(Ed.), *Review of research in education 17*. Washinton, DC: American Education Research Association.

Dannetta, V. (2002). What factors influence a teacher's commitment to student learning? *Leadership
and Policy in Schools, 1*(2), 144–171.

Deal, T. (2005). Poetical and political leadership. In B. Davies (Ed.), *The essentials of school leadership*
(pp. 110–121). Thousand Oaks, CA: Sage.

Goleman, D. (1998). *Working with emotional intelligence*. New York: Bantam Books.

Hambrich, D., & Brandon, G. (1988). Executive values. In D. Hambrick (Ed.), *The executive effect:
Concepts and methods for studying top managers* (pp. 3–35). Greenwich, CT: JAI Press.

Hofstede, G. (2001). *Culture's consequences: Comparing values, behaviors, institutions and organiza-
tions across nations*. Newbury Park, CA: Sage.

Leithwood, K., Aitken, R., & Jantzi, D. (2002). *Making schools smarter* (2nd ed.). Thousand Oaks,
CA: Corwin Press.

Leithwood, K., & Steinbach, R. (1995). *Expert problem solving: Evidence from school and district
leaders*. Albany, NY: SUNY Press.

Mintzberg, H. (1973). *The nature of managerial work*. New York: Harper and Row.

Sergiovanni, T. (1994). *Building community in schools*. San Francisco: Jossey-Bass.

Smyth, W. J. (1987). Time. In M. J. Dunkin (Ed.), *The international encyclopedia of teaching and
teacher education* (pp. 372–380). Oxford: Pergamon Press.

Stogdill, R. M. (1948). Personal factors associated with leadership: A survey of the literature. *Journal
of Psychology*, 25, 35–71.

Teddlie, C., & Stringfield, S. (1993). *Schools make a difference: Lessons learned from a 10-year study
of school effects*. New York: Teachers College Press.

Wheatley, M. (2005). *Finding our way: Leadership for an uncertain time*. San Francisco: Berrett-Koehler
Publisher.

Zaccaro, S., Kemp, C., & Bader, P. (2004). Leaders' traits and attributes. In J. Antonakis, A. Cianciolo, &
R. Sternberg (Eds.), *The nature of leadership* (pp. 101–125). Thousand Oaks, CA: Sage Publications.

國家圖書館出版品預行編目資料

變革時代卓越的校長領導——國際觀點／Christopher
　Day, Kenneth Leithwood 主編；謝傳崇譯. -- 初版. --
臺北市：心理，2009.09
　面；　公分. --（校長學系列；41703）
含參考書目
譯自：Successful principal leadership in times of
change: an international perspective
　ISBN 978-986-191-284-4（平裝）

1. 校長　2. 領導　3.學校管理　4.教育行政
5. 文集

526.4207　　　　　　　　　　　　　　　　98011027

校長學系列 41703

變革時代卓越的校長領導——國際觀點

主　　編：Christopher Day、Kenneth Leithwood
校 閱 者：林新發
譯　　者：謝傳崇
執行編輯：林汝穎
總 編 輯：林敬堯
發 行 人：洪有義
出 版 者：心理出版社股份有限公司
地　　址：台北市大安區和平東路一段 180 號 7 樓
電　　話：(02) 23671490
傳　　真：(02) 23671457
郵撥帳號：19293172 心理出版社股份有限公司
網　　址：http://www.psy.com.tw
電子信箱：psychoco@ms15.hinet.net
駐美代表：Lisa Wu（Tel: 973 546-5845）
排 版 者：辰皓國際出版製作有限公司
印 刷 者：辰皓國際出版製作有限公司
初版一刷：2009 年 9 月
初版二刷：2010 年 10 月
Ｉ Ｓ Ｂ Ｎ：978-986-191-284-4
定　　價：新台幣 300 元